物流管理与内河运输

杜 敏 著

北京工业大学出版社

图书在版编目（CIP）数据

物流管理与内河运输 / 杜敏著. — 北京： 北京工业大学出版社， 2022.10
　ISBN 978-7-5639-8479-4

　Ⅰ. ①物… Ⅱ. ①杜… Ⅲ. ①物流管理－研究②内河运输－水路运输经济－研究－中国 Ⅳ. ①F259.221 ②F552.7

中国版本图书馆 CIP 数据核字（2022）第 183150 号

物流管理与内河运输
WULIU GUANLI YU NEIHE YUNSHU

著　　者：	杜　敏
责任编辑：	郭志霄
封面设计：	知更壹点
出版发行：	北京工业大学出版社
	（北京市朝阳区平乐园 100 号　邮编： 100124）
	010-67391722（传真）　　bgdcbs@sina.com
经销单位：	全国各地新华书店
承印单位：	三河市腾飞印务有限公司
开　　本：	710 毫米 ×1000 毫米　1/16
印　　张：	14.75
字　　数：	295 千字
版　　次：	2023 年 4 月第 1 版
印　　次：	2023 年 4 月第 1 次印刷
标准书号：	ISBN　978-7-5639-8479-4
定　　价：	72.00 元

版权所有　　翻印必究

（如发现印装质量问题，请寄本社发行部调换 010-67391106）

作者简介

杜敏,就职于济宁市港航事业发展中心,中级经济师,研究方向为水路运输。2020年在《新商务周刊》发表《浅谈新经济形势下水路运输面临的机遇和挑战》,在2021年度综合考核中被评为先进个人。

前　言

　　物流业是支撑国民经济发展的基础性、战略性产业。加快发展现代物流业，对于促进产业结构调整、转变发展方式、提高国民经济竞争力和建设生态文明具有重要意义。目前，我国物流业已步入转型升级的新阶段。但是，物流业总体发展水平还不高，发展方式比较粗放。面对物流需求的快速增长，物流管理水平的提升就显得尤为迫切。与此同时，中国内河航运资源丰富，内河航运作为连接国际、国内市场及沿海、内地的运输纽带，是综合运输体系和水资源综合利用的重要组成部分，是中国实现经济社会可持续发展的重要战略资源。基于此，本书针对"物流管理与内河运输"进行研究。

　　全书共七章。第一章阐述了物流与物流系统、物流管理与供应链管理、现代物流的发展趋势；第二章阐述了物流战略概述、物流战略环境、物流战略管理；第三章阐述了物流仓储管理概述、包装与流通加工优化、库存控制管理理论及方法、现代化仓储管理优化策略与共享模式；第四章阐述了物流运输及其合理化、物流运输方式与配送管理、物流运输市场、新型物流网络构建与应急信息系统优化；第五章阐述了内河运输供给系统及供给调控、内河集装箱多式联运、内河铁水联运；第六章阐述了内河运输可持续发展的理论与系统构建、内河运输可持续发展的对策与建议；第七章阐述了环境规制与内河运输绿色低碳发展、内河运输绿色低碳发展的财政与税收政策、内河运输绿色低碳发展的思路与实施路径。

　　全书秉承较为新颖的理念，内容丰富详尽，结构逻辑清晰，客观实用，从物流与物流管理进行引入，系统性地对物流战略环境与管理、物流仓储管理、物流运输管理等内容进行展开，并针对内河运输可持续发展与绿色低碳发展进行解读。

　　本书的撰写得到了许多专家、学者的帮助和指导，在此表示诚挚的谢意。由于笔者水平有限，书中所涉及的内容难免有不足之处，希望各位读者多提宝贵意见，以待进一步修改，使之更加完善。

目 录

第一章 物流与物流管理 ··· 1
 第一节 物流与物流系统 ··· 1
 第二节 物流管理与供应链管理 ··· 8
 第三节 现代物流的发展趋势 ··· 22

第二章 物流战略环境与管理 ·· 26
 第一节 物流战略概述 ··· 26
 第二节 物流战略环境 ··· 39
 第三节 物流战略管理 ··· 45

第三章 物流仓储管理 ··· 61
 第一节 物流仓储管理概述 ·· 61
 第二节 包装与流通加工优化 ··· 72
 第三节 库存控制管理理论及方法 ·· 82
 第四节 现代化仓储管理优化策略与共享模式 ·· 87

第四章 物流运输管理 ··· 103
 第一节 物流运输及其合理化 ··· 103
 第二节 物流运输方式与配送管理 ·· 107
 第三节 物流运输市场 ··· 115
 第四节 新型物流网络构建与应急信息系统优化 ······································· 118

第五章　内河运输供给 ····· 139
第一节　内河运输供给系统及供给调控 ····· 139
第二节　内河集装箱多式联运 ····· 148
第三节　内河铁水联运 ····· 158

第六章　内河运输的可持续发展 ····· 168
第一节　内河运输可持续发展的理论与系统构建 ····· 168
第二节　内河运输可持续发展的对策 ····· 175

第七章　内河运输的绿色低碳发展 ····· 181
第一节　环境规制与内河运输绿色低碳发展 ····· 181
第二节　内河运输绿色低碳发展的财政与税收政策 ····· 192
第三节　内河运输绿色低碳发展的思路与实施路径 ····· 210

结　束　语 ····· 225

参考文献 ····· 226

第一章 物流与物流管理

近些年，我国各地区之间的物流运输数量不断增加，尤其是在电子商务发展模式逐渐成熟之后，物流业务量、交易金额逐年增加，这些对我国物流行业管理提出了更高要求。本章包括物流与物流系统、物流管理与供应链管理、现代物流的发展趋势三部分。

第一节 物流与物流系统

一、物流

现代社会，各国在经济与贸易方面的合作越来越频繁，物流作为主要的社会服务业之一，在其中发挥着至关重要的作用。

物流是指货品从提供者到需求者的位置改变的空间运动，其主要目的是在时间上、地点上创造价值和在货品空间运动的过程中创造价值。"物流"一词最早出现在美国，英文是"Logistics"，用于军事物资的调运和支援。20世纪70年代，日本企业面对竞争激烈的市场，企业的效益越来越低，为了降低企业成本，增加企业利润，物流被日本企业运用到各个经济领域。而今，经济全球化发展使国家之间的经济合作越来越紧密，物流的概念也随着经济的发展趋向于更合理、科学。

（一）物流的内涵

20世纪初，美国学者提出了物流的概念。最早的物流概念并没有明确的界定，泛指物品的流通。在第二次世界大战期间，随着解决战争物资的供应问题而诞生了物流相关的概念。之后，随着物流的发展，物流的内涵逐渐丰富，不仅指物品的流动，还包括了从生产、销售到消费环节中的流通、加工、运输和仓储等活动。

现代物流是在传统物流的基础上演变而来的，是一个包含了运输业、仓储业、零售业以及生产加工业等多种行业要素在内的综合性概念，以满足客户需求为目标。具体来说，现代物流主要包括以下方面。

①实质流动，主要指原材料、半成品及产成品的运输。

②实质存储，主要指原材料、半成品及产成品的仓储。

③信息流通，主要指物流中的信息要能够有效流通。

④管理协调，主要指计划、实施和有效控制的过程。

（二）物流的基础理论

1. 企业物流系统理论

企业是加工制造产品或提供技术服务的经济实体。在企业日常运转中，由生产或服务活动形成的物流系统称为企业物流。

企业物流活动包括多层架构：首先，层级顶端为管理层，对企业生产过程中的物流活动进行规划、指导和管控。其次，控制层，主要执行对仓储物流的具体事项的调度。特别是采购、原材料库存计划与控制、用料管控、生产计划与控制、成品库存计划与控制、订单处理和顾客服务等多个方面。最后，作业层，主要是用来完成物料转移。这种转移既包括进货运输、原材料储存、工厂装卸、打包、流通和加工，也包括在制品的储存、交货、运输以及成品存储等方面。

由此可见，企业物流活动几乎渗入生产工厂的所有活动和管理工作中，对企业的影响甚为重要。而通过企业的物流状况，可以看出一个企业的素质。

2. 精益物流理论

精益生产是为解决当时丰田的资金不足、管理落后等问题而探索出的一种生产方式。自美国福特公司采用大规模批量生产方式，极大地降低了汽车生产的成本，一时成了世界汽车行业的领跑者。与福特公司的大批量流水线生产方式不同，丰田精益生产具有多品种、小批量等特点，更适合人们的多样化需求，从此，奠定了丰田公司在世界汽车制造行业的地位。

精益思想可以看作以最小的投入获得最大的产出，以消除浪费、提高效率为目标。

精益物流是以精益生产和精益思想为指导的全方位物流模式。精益物流主要以精益思想为导向。企业从不同板块实现精益运行的物流活动。随着供应链思想的发展，精益物流价值越发突出。在企业的物流活动中，通过精益物流管理消除浪费环节，持续优化企业物流。

精益思想和精益生产意识是实施精益物流改善的基本条件。树立好精益思想，使得参与物流活动中的人具有良好的精益生产意识，为进一步的精益改善实施的各项举措奠定基础。

3. 价值流理论

物流活动贯穿企业生产和销售过程，扮演着重要角色。从原材料到产品的流通过程中，存在三种流：第一种是物流，第二种是信息流，第三种是资金流。三种流都和物流活动密切相关。物流活动不仅保障了生产活动的连续性，还能降低生产制造成本。随着计算机软件技术在各个行业的应用，有软件公司专门针对物流过程进行研究开发软件调度设备，由此引出了价值流的概念：价值流是指相互衔接的、一组有明显存在理由的、实现某一特殊结果的一连串的活动。

价值流活动的具体体现包括产品流、信息流以及物流等方面。其中，产品流是指从概念构思、产品设计、工艺实现到生产交付的全流程；信息流是指用户需求、详细调度以及物流服务的总流程；物流是指从原材料到最终产品，并交付到用户手中的整体流程。通过正确认识价值流，有助于理解物流过程中的每一步、每一个环节，并准确描述和分析公司的运营治理情况。

作为企业高效运作的关键，按照最优方式来连接各项具体工作步骤，有助于确保各项活动可以连续不断的流动而不中断，避免和排除等待而造成的价值顺利流动到具体实践之中。具体来说，首先，明确流动过程和价值流动的目标，确保价值流动朝向正确；其次，整合增值流中涉及的所有参与企业，摒弃单纯追求利润最大化的传统立场。以终端客户的需求为共同目标，共同探索最佳物流路径，以减少或肃清一切不创造价值的行为。

在精益物流模式下，价值流更多的是依赖于下游需求的吸引，而不是上游需求的催生，如果没有需求来拉动，上游产品的任何一部分都无法应用到生产之中，而如果给定了需求，则可以快速地生产产品和提供服务。在企业的运转过程中，在确保需求稳定且趋势可预测性强的前提下，实现精准生产预测。而当实践活动具有高需求稳定性和低可预测性，应采用精确反应和延迟技术，以缩短响应时间，提高服务水平。

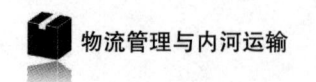

对企业物流活动的每一次优化改进都将促进价值流的流动，后续也会发现新的问题而继续完善，这一过程将使企业物流的总成本不断降低，效率也得以不断提升，从而进入追求完善的循环中。

二、物流系统

（一）物流系统的概念

物流的概念最初主要指"货物配送"，如今，"物流"这个概念已经不是最早的"货物配送"，而是强调"物质流通"。也就是说，物流的概念已经不仅要关注货物分配，而且要考虑供应者、生产者、保管者、信息等方面内容，从而实现市场主体控制成本、提高经济社会效益的目标。

物流系统是指在一定的时间和空间里，由所需输送的物料和包括有关设备、输送工具、仓储设备、人员以及通信联系等若干相互制约的动态要素构成的具有特定功能的有机整体。物流系统关注各功能单元的自身能力及效益，完成物流服务为目标的整体能力和效益。同时，信息技术对其发挥重要推动作用，强调物流资源深度整合和物流全过程优化，以最经济的成本，满足目标客户需求。

（二）物流系统的特征

伴随经济全球化和信息技术的推动，物流系统已经成为物流业发展的关键。在协同理论的指导下，物流系统以现代信息技术为核心，强化资源整合和各环节全过程优化，已呈现出新的特征。

1. 物流系统在时间上反应快速化

反应快速化不仅是物流系统企业的生命，而且是现代物流业的核心竞争力。市场资源配置的多样性和客户需求的及时性，客观上要求物流系统服务对采购、生产、配送的反应速度越来越快，必须考虑库存成本、配送间隔、终端服务环节的成本和效益问题。只有对物流系统采购、生产、流通环节的快速反应，才能保证物流服务前置时间、配送间隔、终端服务时间缩短，加大货品周围资料，提高物流系统服务效率和效能。

2. 物流系统在功能上体现为集成化

物流功能最主要的就是集体分配功能；物流系统更强调集成化功能，主要是将物流与供应链各环节进行系统组合优化集成，解决货物产品在空间上的位置转移、产品使用价值的增值、调节货品供需平衡的矛盾，使货物流通和商品价值进行集成、货物流通与货物流通之间集成、物流各功能的集成等，从而实现物流系统的柔性化、一体化、社会化功能集成，为物流企业实现更高更大效益。

3. 物流系统在运载工具上体现为智能化

人工智能技术、自动化技术、信息技术的迅猛发展，现代物流运载工具智能化水平越来越高。无人系统中的无人机参与到物流系统运输方式中，使物流系统的运载工具越来越智能化，这对库存水平确定、运输路径选择、自动识别跟踪、自动分拣控制、各端配送中心的管理问题发挥重大作用。物流系统的智能化，更有利于发挥其识别感知、定位追溯、优化决策的功能，切实提高物流系统智能化水平。

4. 物流系统在服务上体现为客户需求多元化

以市场（顾客）需求为中心的理念不仅是物流系统管理中的关键，更是体现物流系统多样性、精准性、个性化服务的体现。根据市场供应和需求的分析与预测，物流系统要考虑顾客所要求的可靠、安全、快捷、特殊、额外、个性等多样化需求，从而满足市场（顾客）对物流系统的需求。

5. 物流系统在运输方式组合上体现为复杂化

物流系统运输主要表现为海洋运输、铁路运输、空中运输、公路运输、管道运输。这些独立的运输方式既是一个独立单元，又各自有优缺点，如海洋运输成本低但速度慢，铁路运输速度快但灵活性差，航空运输速度快但成本大，公路运输灵活性强但运输距离受限，管道运输受损率低但货品单一。物流系统更强调同一货品采用多式联运方式实现货品空间上的转移和商品价值的转化，这就要充分考虑在供应链各环节，根据市场（顾客）需求，采用多式联运组合优化方式解决现实物流运输方式的复杂性问题。

（三）自动化物流系统的设计

1. 设计原则

作为企业现代化管理的有效工具和手段，自动化物流系统可以大大提高企业物流作业的效率，促进企业物料实现快速、准确和实时的流动，其重要性不言而喻。因此，在开展自动化物流系统设计工作过程中，需要遵循以下原则。

（1）完整性原则

在自动化物流系统中，需要确保生产的各项功能的完整性。要根据实际的生产需要进行系统的规划设计，保证出入库、货位管理、故障报警等功能都具备。

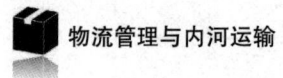

（2）可靠性原则

自动化物流系统的可靠运行需要确保一定的准确性和稳定性。原料物流系统能够准确反映企业当前的状况和定期活动，原料存储与物流的能力的强弱，直接影响企业的竞争力以及企业物流管理效益。而自动化物流系统在软硬件环境发生故障的情况下，仍能部分使用和运行，系统能够高效、稳定地执行物流任务，同时能够准确报出故障方便维护人员维修设备。

（3）经济性原则

自动化物流系统的设计成本应当在保证质量的情况下尽可能压缩。与此同时，自动化物流系统还要界面友好且易于操作，以便提升操作人员的工作效率。整个高架物流系统投入使用后，运行维护费用不应太高，应节约开支。

2. 设计流程

在自动化物流系统的设计流程中，首先，从企业系统的现状、车间高架物流的应用需求、车间业务流程、仓储的应用环境等方面分析自动化物流系统开发的可能性，开展有针对性的概念设计和逻辑设计，并建立总体的规划实施方案；其次，分析高架物流库要实现的功能、生产需求和物流局限性，并提出可靠、实用的系统方案；再次，进行系统的设计、实现和调试；最后，确定高架物流库系统目标，开展仓储功能分析，并对物流库子系统和功能模块进行分类。明确生产数据处理模式，选择可兼容和支持系统的软硬件。

（四）自动化物流系统的构成

随着我国经济的发展，在商品流通的过程中，物流扮演着越来越重要的角色，以信息技术为代表的现代物流技术在我国各行各业得到了广泛的应用，有力地推动了我国物流行业的发展。现代物流是依据物流需要，对需要进行物流的物件进行包装，通过装卸工具运输到运输设备和仓库的一系列作业过程。自动化物流可以实现运输成本的下降。自动化物流主要由存储单元、高架库货位取放装置、输送装置、控制系统等组成。

1. 存储单元

存储单元也称为存储货位，是立体库存储的基本构成。存储单元一般由多层货架组成，配合物流托盘使用，用于物料的存放。一般高架物流库的设计都比较高，存储货位多。

2. 高架库货位取放装置

巷道式货物存取装置也叫堆垛机，是高架物流的重要组成部分，所有立体库的物流都是需要堆垛机进行移入和移出。拥有伸缩式货叉，货位利用货叉存入取出。能够巷道里工作，通过 X 轴、Y 轴、Z 轴移动完成货物的取放。堆垛机设置由手自动操作，在需要手动进行取货存货时，由操作人员手动操作取货放货任务。自动的时候，接受执行调度指令控制取放货任务。

3. 输送装置

输送装置安装在高架库外。用来配合高架库将物料送入或者取出。输送设备一般是根据厂房、地点等的实际情况进行增加减少，实现货物的移动。在水平方向的传输输送装置包含了气动集放输送机、排链输送机。垂直方向输送物料的设备有升降机、升降台。将物料转向的设备是旋转输送机，或者利用升降辊道输送机进行 90° 转向。高架库外围的输送装置根据使用场地实际情况的安装排布。

4. 控制系统

控制系统把高架仓库的所有设备组合控制，利用调度管理以及数据信息管理来指挥原料物流运行。管理系统管理出入库信息、货位信息、托盘等信息，两者组合起来成为高架库的控制系统。

自动化物流设备是自动化物流技术的底层架构。越来越多的企业对自动化物流技术的运用，实现了人工成本的下降，提高了仓储的数字化，提高了仓储有效率。而外，物流的快速发展也对自动化物流技术与设备是一个反向推动。物流自动化物流设备先进程度高，现代物流的水平相对应就较高。自动化物流设备的改进直接反映现代物流技术的进步。

现代自动化物流设备自动化程度非常高，其主要表现在：工厂对效益的追求，自动化能带来高效稳定的产出。虽然前期投资巨大，但后期人力成本的下降，以及行业竞争的加剧，都促使企业对自动化的设备加大采购力度。同时反向倒推自动化技术研究、设计向更先进的方向发展。自动化物流设备也出现了四化趋势，即连续化、大型化、高速化、电子化。

（五）现代物流系统涉及的技术

现代物流系统主要涉及计算机控制技术、PLC 控制技术、自动运输技术、自动存取技术、自动识别技术、通信技术等。

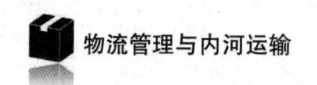

①计算机控制技术。计算机技术主要是对整个物流系统统一调度，对物料信息进行存储、识别等，下达生产调度任务、自动分配系统任务，保证系统自动运行。

②PLC 控制技术。PLC 通过程序的执行对现场设备的连续动作控制；包含单机控制、自动控制。

③自动运输技术。自动运输设备是将物料从投料段自动运输到指定位置。

④自动存取技术。自动存取技术就是自动存储设备执行计算机系统下达的搬运任务，自动识别，自动搬运货物从指定位置到指定位置。

⑤自动识别技术。自动识别技术是通过元器件包括光电管、接近开关、条码识别器等当物料到达此位置时，此位置的元器件能将检测到信息信号传递到 PLC 控制系统，PLC 控制系统收到信号后，又执行下一个动作。

⑥通信技术。通信技术是通过光纤、双绞线等采用 Profinet、Profibus、以太网等技术，将计算机下达的任务传达现场 PLC，PLC 将任务传达到现场设备，检测元器件将执行情况反馈到 PLC，通信技术是整个物流系统的经络。

第二节 物流管理与供应链管理

一、物流管理

（一）物流管理的职能

物流管理活动是企业经营发展的重要组成部分，物流管理是降低企业成本的重要边界，是企业的重要利润来源。通过科学、系统化物流管理体系的构建，企业的物流成本能够得到科学控制，物流服务水平能够得到提升，基于对物流资源的合理分配，最终使物流对于企业经营发展的促进作用更加明显。因此物流管理可以定义为企业在经营发展过程中，对于物流活动有计划、有组织的，基于科学发展目标而不断调整与完善的过程。经过物流资源的合理分配，企业的物流效率得到保障，使物流业务活动对于企业经营发展的积极作用更加明显。虽然不同行业物流管理活动开展的具体内容不同，但是总体上来看，物流管理与企业其他管理内容一致，职能总结如下：

1. 计划职能

物流管理活动开展过程中，需要充分发挥自身的计划职能。计划对物流管理活动开展产生的指导作用非常明显，由于企业的物流活动开展是为主营业务的顺利运作所支持的,结合企业的发展战略来对物流设备及资源进行充分使用,使物流业务活动的开展能够更好地为企业实现发展战略带来帮助。所以在物流活动开展过程中,企业需要制定科学的物流管理计划。

2. 组织职能

组织职能是指考虑到物流业务活动的开展是一个复杂的环节,企业各个岗位的业务活动都会对物流活动产生影响,只有基于组织结构而进行调整的物流管理模式才能够提高物流效率。同时,需要将各个岗位的协作功能得到充分发挥,通过科学组织结构的设置及权责划分,让各岗位的工作人员更好地参与到物流管理活动中,提升物流管理水平。

3. 经济职能

物流管理体系的科学构建需要充分考虑物流业务活动开展对于企业经营发展产生的影响,借助科学的物流管理模式,使物流服务企业经济发展的能力得到进一步提升。作为企业的第三利润源泉,通过物流业务活动的科学开展及经济职能的发挥,企业相关业务活动的开展将更为顺利,对于自身综合收入水平的提升将带来积极影响。

4. 控制职能

在高效率物流活动的开展过程中,需要加强对成本及服务质量的控制。物流活动的高效率性体现在企业与上下游供应商及消费者之间转移过程的有效性,通过科学控制体系的构建,提升物流活动发展的规范性与有效性,最终实现对物流业务活动发展的充分支持。

(二)物流管理的内容

物流管理的内容构成比较复杂,各个物流环节的科学开展都会对物流效率及综合服务质量的变化产生影响。物流管理主要包含以下内容。

1. 对物流活动进行管理

物流活动的内容构成多样,包括运输活动、包装活动、储存活动、派送活动等,结合物流活动开展的具体需求而积极对各项活动进行充分监管,使各个环节的衔接更加充分,提高物流管理效率。

2. 对物流成本及费用进行控制

作为企业的第三利润来源,当企业的物流成本高居不下,企业为支持物流业务活动所投入的资源将会造成企业的经营发展负担,同时物流成本的迅速增长也

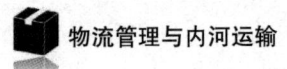

会使物流的收益性下降,所以应该结合物流管理活动开展的具体需求而积极进行资源的有效分配,实现物流成本的控制。

3. 物流的服务管理

在物流企业及物流部门开展物流活动的过程中,通过高质量的服务能够更好地满足目标客户的需求。而且现代物流管理的重要评判标准就是能否提升目标客户的满意度,所以在物流管理工作中应该致力于提升物流的服务质量,使现代物流的作用得到充分发挥。

4. 物流的信息管理

在物流活动开展过程中将会产生大量的物流信息,通过物流信息的收集、整合与利用,能够及时判断物流业务活动开展过程中存在的不足及具体的改进方向,使物流管理的目标更加明确。

(三)物流管理的目标

物流管理的最终目的是在使用有限资源的基础上,既能够实现物流业务活动的目标,又能够提高物流效率,最终发挥物流的经济效益,使物流成为企业发展战略构成的重要组成部分。物流管理的目标可以细分为以下四类。

1. 迅速反应

在物流管理活动开展过程中,需要结合市场竞争活动开展的要求及企业物流服务的需求变化而迅速做出反应,及时对物流内容及服务模式进行调整,这样才能够使物流管理活动的效果得到充分发挥。

2. 变异最小

在物流管理工作开展过程中,通过系统的改进或服务模式的改进很可能会造成物流服务内容产生变异。所以在管理工作的过程中应该尽可能实现变异最小,在物流管理得到改进的基础上,也不会对原有的物流系统产生较大的影响。

3. 流程改进

在物流管理活动开展过程中,需要构建科学的流程改进模式。各个物流流程对于物流管理活动开展产生的影响是比较明显的,结合物流活动开展需求而对管理流程进行重构与改进,能够使物流管理水平得到进一步提高。

4. 质量提升

企业在进行物流管理活动时,应该基于物流管理工作开展的需求而不断提升物流质量。借助信息化等技术手段对目前物流质量中存在的不足进行调整，使物流与企业的发展战略相匹配，更好地支持企业的经营发展。

（四）物流管理的理论

现代物流于20世纪90年代兴起，伴随着社会生产力的进步，信息技术支持能力的提升，在传统物流管理活动开展的基础上，现代物流充分实现了信息化、自动化、系统化及网络化，基于目标客户的需求提供高质量的服务。现代物流对于企业及区域经济发展的促进作用非常明显，而且现代物流区别于传统物流，不再单纯为企业的运输及配送工作服务，而是借助物流辐射范围的提升，企业也能够对自身的市场营销战略及发展战略进行进一步的调整与改进，为企业的目标市场扩张带来帮助。所以物流管理体系的科学构建，对于企业的持续发展产生的积极作用是非常明显的。而物流管理体系的科学构建，离不开对物流管理理论的深入了解。

1. 全面物流管理理论

基于物流活动开展的重要性，现代物流管理理论的内容日益丰富，其中比较有代表性的理论为全面物流管理理论。

在管理活动中，企业管理者往往会基于经营发展的需求而对某一个环节投入较多的资源。在传统物流管理模式下，该管理模式能够集中资源使物流管理效率提升，对于物流活动开展产生的影响是比较明显的。而现代物流管理的内容构成比较复杂，同时每一个环节的充分衔接都会对物流管理活动的开展产生显著影响。所以在全面物流管理理论的要求下，企业进行物流管理与改进需要积极结合物流活动开展的各个环节，从物流运输、仓储、配送等角度来积极进行改进管理资源的分配，这样才能够使现代物流管理水平提升，更好地形成对物流管理活动的支持。

管理者应该结合物流管理活动开展的要求而树立科学的物流管理战略，明确物流管理战略目标，结合物流管理活动开展的全部环节而积极进行物流管理活动。这样才能够使物流管理效率提升，对于现代物流体系的构建产生积极作用。

2. 协同物流管理理论

伴随着物流经济的迅速发展，物流活动已经不局限于传统的运输及配送，而是结合企业经营发展各个环节的流通需求而构建的复合性管理体系，在该过程中只有各个部门形成充分协作，才能够提升现代物流的管理水平。

在协同物流管理理论中，企业应该结合物流管理的各个环节而积极进行调整，同时考虑到企业内各个职能部门对于物流业务活动产生的影响，立足于对组织结构进行调整，进一步发挥物流业务对于整个企业经营发展的协同功能。这样才能够使物流管理的效率得到提升，也能够通过物流活动来更好地串联企业经营发展的各个环节。

在现代物流管理活动的要求下，企业需要充分分析整个物流管理过程中的各个供应链及价值链间的相互关系。作为先进的管理方法，利用供应链管理基于价值最大化的需求而对物流活动进行调整，使物流业务体系的科学构建，为企业的经营发展提供充分的支持。

3. 物流外包管理理论

第三方物流兴起于20世纪80年代中期，伴随着越来越多物流企业的成立，对于物流活动的专业性提出了更高的要求。虽然企业的独立物流与企业的经营业务贴合更加密切，但是独立物流的物流供给能力不足，而且企业也需要承担大量的资源来维持物流活动。伴随着全球经济一体化格局的逐渐形成，企业也需要通过国际物流等专业性物流供给模式的构建，更好地实现产品的远销。在此基础上，第三方物流企业能够结合市场需求而不断完成自身的业务结构。

物流外包是指企业结合自身经营发展的需求，将企业的功能与服务利用外部资源进行执行。通过外包业务的科学开展，企业经营发展的专业性能够得到保障，企业能够将优势资源应用于富有竞争力的业务中。而第三方物流发展的核心是第三方物流企业结合目标客户需求而提供的物流服务，其服务水平将直接影响第三方物流的综合竞争力。企业结合自身的物流需求针对性地与外部物流企业进行沟通，将应该属于自己处理的物流活动以合同或其他方式委托给第三方物流企业，并通过完善的沟通模式来保持对第三方物流业务活动开展的实时监管与密切联系，形成对物流活动开展的充分支持。

第三方物流业务的内容构成比较特殊，由于物流服务的提供方并非企业自身，也不是物流服务的最终用户，所以第三方物流所提供的产品不具有所有权，提供的只是单一的物流服务。但随着第三方物流的迅速发展，除传统的运输外包以外，仓储外包等多元化的外包模式逐渐形成，第三方物流对于企业经营发展产生的促进作用日益明显。

第三方物流的发展是建立在现代技术基础上的物流活动，信息技术能够使雇主与第三方物流企业保持对物流业务的时刻关注。雇主能够根据第三方物流信息的变化，判断第三方物流企业所提供的物流服务效率及综合服务质量；而第三方物流根据雇主所提供的相关信息，能够较好地判断自身的第三方物流业务发展方向。所以在第三方物流活动开展过程中，需要加强物流信息系统的建设。

第三方物流的提供者与客户方的现代经济关系是比较重要的，一般情况下，双方以合同为约束，根据客户方的第三方物流需求来提供专业的物流服务。但是由于物流是贯彻到企业经营发展的各个环节的，所以往往雇主与第三方物流的提供者会搭建持久的战略合作关系，第三方物流的管理者也会结合第三方物流活动开展的现实情况而为企业的经营发展出谋划策。所以第三方物流业务活动的科学开展能够使企业经营发展的科学性得到进一步提升，通过个性化及系统化的物流服务，第三方物流水平能够不断提升，未来第三方物流的市场需求巨大，是企业改进自身物流管理水平的重要途径。

（五）物流管理的优化

结合物流管理活动开展的具体需要，物流管理的内容也需要不断进行优化，这样才能够通过高效率的物流服务模式来更好地支持企业的物流管理体系。物流管理优化一般从以下方面入手。

1. 组织优化

物流组织优化能够使物流管理的效率得到提高，结合物流活动开展的具体要求对组织结构进行重构，对于原有的冗余环节进行相应的调整。这样不但能够使物流管理的权责得到科学分配，而且通过独立部门的构建，能够进一步提高物流管理水平的专业性。各个岗位的工作人员通过组织结构的变化，进一步了解到自身在物流管理活动中应该扮演的角色及发挥的作用，对于物流管理水平的提升将带来支持。所以现阶段越来越多的企业都通过建立独立物流部门的方式，积极形成对物流业务活动的有效支持。

2. 仓储优化

仓储管理是物流管理活动的重要组成部分。通过仓储管理的优化，企业的物流中转效率能够得到进一步提升，综合仓储成本也能够得到科学控制。仓储优化一般包括科学进行仓储选址或对仓储的盘点及出入库等管理模式进行调整与改进。仓储优化管理能够使仓储业务活动得到科学开展，对于物流业务的支持效果也更加明显，特别是部分企业（如农产品企业）对于冷链物流等业务活动的需求提升，通过冷链等现代技术的应用，仓储优化将成为企业物流管理优化的核心内容。

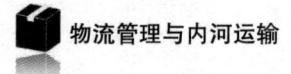

3. 外包优化

伴随着全球范围内第三方物流业务的迅速发展，第三方物流体系的科学构建能够使企业借助有效的物流外包方式，提升物流管理活动的有效性。企业可以结合自身物流活动开展过程中所遇到的问题及瓶颈，针对性地选择物流外包模式，将物流业务托付给专业化的机构进行服务。通过物流外包管理体系的有效构建，外包成本能够得到有效控制，借助外包也能够提升物流管理水平，对于物流管理活动的科学开展将产生积极影响。

4. 信息优化

物流管理优化的开展需要充分的物流信息来进行支持，所以结合物流管理活动开展的需要，企业需要构建科学的物流信息管理系统。在信息管理系统中整合物流管理信息及上下游供应商的供应量信息，基于充分、统一的数据信息分析模式来对物流管理工作开展的具体情况进行充分的整合与判断，使物流管理活动的进行有充分的数据信息进行支持。

二、供应链管理

（一）供应链与供应链管理的内涵

1. 供应链的内涵

20世纪80年代，供应链这一概念首次被提出，人们对于供应链的认识在不同的社会发展阶段有不同的理解。总的来说是从点到面，从局部到整体的一个发展过程。供应链客观的存在于社会和人类的生产生活中，属于一种链式结构。"生产—加工—配送"是每一个生活必需品从无到有直到传递给所需的人手中的一个完整过程，在这一过程中包含了很多物资的消费和制造，以及服务等非实体物件的生产。供应链是一个过程，主要包含产品的生产、运送、出售和消费等。

在20世纪90年代，人们认为供应链的起点是产品的生产，而最终的目的地是消费者，其有效地把材料提供方、生产企业和销售方以及最终的消费者之间相互关联起来，关联的过程和方法是增加产品的附加值以及控制产品分销的渠道。另有一种说法是，原材料供应商才是供应链的开始，并不是企业自身，其是从材料供货方购买取得材料之后，在企业内部进行一定的加工，从而产生最终的产品，最终依靠外部的分销渠道向消费者传递产品的一个完整过程，在这个过程中对于供应链的关注只停留在企业内部。

在社会经济的持续发展中，研究者们不再仅仅局限于企业内部，而是开始关注其自身中各个各业之间的关系，重视其自身的行为对于周边环境的影响作用，在这个研究阶段，人们认为供应链是从产品的生产直到被消费者消费的一个完整的过程，而不再只是一个生产系统，每通过生产链上的一个环节，就会使产品的附加值提升，进一步增强产品自身的价格，创建一个完善的体系。这种说法演变成，供应链是一种提升产品价值的体系，其主要包含了材料供应方、生产方和销售等，产品提升自身价格的最重要条件就是材料，原材料经过每个生产环节的加工都会提高自身的价值，这整个过程共同组成了一个完整的体系。

随着人们对供应链的研究热情不断增高，如今开始侧重于研究其在企业之间的联系，并定义了网链这一概念，网链是很多企业管理供应链的基础，例如苹果、丰田等。21世纪初，人们把供应链可以看作一个组织网络，经过该网络的每一个环节原材料开始向成品转变，并不断提升自身价值。在整个供应链中供应商、制造商、分销商以及最终用户被相互关联。与别的企业运营构造有着较大的不同，进一步使得覆盖的范围迅速扩张。供应链不仅仅是一种提升产品自身的价格的体系，还是一种资料和数据的传递体系，其中的各个流程都对其价格有着较高程度的提升使得企业获得了大量的利润。

2. 供应链管理的内涵

以往的认知中供应链的特点有两个，分别是自发性和松散性，供应链中的每个企业之间都没有良好的沟通，只以自我为核心。过去供应链这一模式并没有暴露很多缺陷是因为市场竞争相对来说并不激烈。然而随着近年社会经济不断高速发展，市场竞争开始逐渐激烈，为了面对全新多变的市场形势和更多的需求，让企业可以顺应社会经济的发展，不得不对供应链运行模式进行改进。所以，人们开始逐渐意识到要获得不错的业绩，形成相应的理念，进一步关注相应的工作实施状况。

不同时期、不同国家受到不同因素的影响，对于供应链的定义都千差万别，没有形成一个统一的供应链管理概念。为了尽量对市场上已有的需求进行满足，并且降低不确定性的风险，在对供应链的管理过程中不仅仅关注其中某一个环节的企业，而是要对整个供应链上的活动全面的关注。供应链以原材料供应商作为源头，最终将产品传递给消费者，属于一个集成化的业务流程，可以向最终的用户提供具有很高性价比的信息、服务与产品。供应链管理的定义是运用互联网技术对其制定完善的实施方案和计划，同时对其进行计划、组织、协调和管控。相应的理论和概念模式，对于整个运行的过程有着较大的管控能力。由此可以得

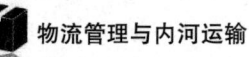

知,人们普遍认定物流、信息流、资金流是供应链管理的管理对象,并且认为供应链是通过集成或系统的方式在一定时间内在保证低成本的同时满足消费者多变的需求。

(二)供应链管理的理论

供应链不单单对于企业自身发展有着巨大的影响,还对于市场中大量企业的发展方向有着一定的引导作用。这一理论能提高企业的利润,实现共赢。理论侧重于各个企业之间的紧密合作,对于其中各个流程和环节进行统一管理,进一步提高企业的运行效率。和老旧的管理方式进行对比,以往的方案较为浅薄。运用这一理论,能把各个企业进行紧密联合,各自的生产方向进行了整合,降低了各个企业之间的产品库存,提升了资金的流动率。运用高效的管理方案,进一步提升了企业之间的资源共享,提高自身的生产效率和产品水准。不仅使得顾客对其有较高的认同,还进一步降低了企业自身的生产成本,获得大量的利润,可以保证供应链实现最佳的运行流程,形成一个良性循环。

供应链这一理论的实施对于企业有着较高的要求,要求其有较高的合作能力,对于紧急事件有着较高的处理效率,实施这一理论的主要条件如下所示。

1. 合作关系管理理论

合作关系管理理论不仅包含了各个企业之间的联系,还有企业和顾客之间的关系。其侧重于供应链中各个企业之间的紧密合作。如果企业和供应方有着较为良好的合作关系,就会使得自身的生产成本大幅度下降,运用较少的资源获得较为优良的原始材料,提升了材料的品质。如果企业要开发新的业务或者项目的时候,可以和熟悉的供应方进行联系,获得他们的支持和帮助,进一步使得自身企业的开发具有一定的资金保障,提高了产品的水准和品质,进一步提升顾客对于企业的认同。

此外,企业和供应商之间有着良好的合作关系,使得自身对于客户的需求有着迅速的反应速度和提供较高的服务水准,要以顾客的需求作为首要目标,所以客户对于企业的认同就是其自身发展的重要条件,进一步使得企业对于客户的需求进行尽快满足,并且降低了自身的生产成本,提高了资源的利用率,降低企业坏账发生的可能性,获得了大量的利润。

2. 资源共享理论

供应链中各个流程中间触及的企业都要进行紧密合作,对于信息、数据、材料的共同分享,是对于供应管理方面发展的前提条件。只有准确和精准的数据以及资料在其中进行传递的时候，才能使得企业的领导者对于企业的发展进行一定的规划。准确的信息其实就是指不同企业对于自身的生产计划，销售规划，客户需求度进行一定的整合，并且和其余企业进行分享，降低企业在运营方面出现较大问题的概率。在企业开发新的项目和工程时，不同的供应商可以对企业进行一定的帮助和支持，由于其自身对于材料有着深入的了解，进一步提升了企业内部工作人员开发新项目的进度。合理运用资源的共享机制，进一步使得各个企业共同获得较大的利润，实现共赢，并且有着一同承担经济风险的观念。

（三）供应链管理的目标

1. 加速现代流通方式的创新

完整的供应链管理中，不但是上游企业要求要不断创新，下游企业也是不能放松，只有彼此都达到最佳状态方能有效稳定供应链体系，创造新的利润源。一方面，上下游企业可以通过信息共享，达成双赢局面，最优化社会资源配置，最小化总和成本；另一方面，通过达成战略合作，减少甚至避免了企业之间的恶性竞争，最大化了各个企业、供应链体系和全社会的效益。

2. 促进现代生产方式的发展

供应链管理加速发展了现代流通方式，它也同时促进了中上游对现代生产方式水平的发展和提升。如今已经逐步发展成在企业核心竞争优势下，依靠高新信息技术手段，实现采购、生产、销售一系列流程经济全球化的局面。

3. 改变现代社会竞争的方式

传统生产流通方式下，竞争主要体现在同行业、上下游企业之间的竞争。在这样的竞争环境中，生产流通的秩序会逐渐破坏，企业效益随之降低，产品的生命周期缩短。而现代的供应链流通方式，上下游形成合作战略关系，竞争关系由原来的企业间的竞争转变为供应链间的竞争，更有利于产品的发展，对行业发展也能产生正向的影响。竞争现象本质上代表的是组织和管理方式的现代化程度，促进了社会现代化程度的逐步提升。

（四）供应链管理的组成

从理论上分析供应链管理的话，它是现代经济市场汇总的一种管理模式，在满足客户各项需求的前提下，有效调整原料供货商、生产企业、物流仓储等多个环节，力求最大限度降低供应链成本，确保产品能够顺利完成生产、运输和销售的一整套环节。现代供应链管理由五个部分组成，涵盖了计划、采购、制造、配送和退货。

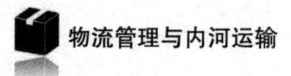

1. 计划

计划指的是供应链管理的统筹策略性的步骤。为了充分满足客户对产品的需求、管理企业所有资源，需要提出更好的策略。理想的计划是建立监控供应链的一系列方法，使之能够更高效、低成本地为客户提供更高优质的产品和服务。

2. 采购

采购其实是供应链实物流的最初的起点。生产企业在需要选择合适的供货商来为产品和服务奠定生产前基础，并进行监督和优化管理，结合提取货物、商品核对、转发到其他部门和支付货款等有关的环节。

3. 制造

制造指的是供应链管理中生产制造内容的不可缺少的一个环节。生产制造涵盖了产品的生产、产品的测试，产品包装的指定和产品配送等诸多流程。在完整的供应链管理体系中，制造不但涉及的活动数量最多，同时也是事关终端产品品质的关键所在。

4. 配送

配送指的是供应链管理中实现对目标客户进行订单交付的环节。在这个环节中需要制定收据、仓储物流、配货、终端产品的价格、收取目标客户支付的货款。

5. 退货

退货指的是在供应链管理中已经生产完成并成功售出到客户手上的产品退回的一个流程，借助完整的售后体系可以回收存在品质问题或不被客户喜好的产品，同时快速应对客户的所有问题。

（五）供应链管理的特点

与传统的企业管理不同，供应链管理有下面三个特征。

1. 企业重视客户的需求

供应链管理的目的是对于客户进行自身的满足，提供较高的服务水准。只追求其他目标而忽视客户，就会是无源之水、无本之木。

2. 供应链中各个环节所涉及的企业之间具有合作关系

从企业之间的联系进行分析，对于原始材料进行一定的改造，形成最终的产品，并最终将把产品送到消费者手中，这个过程中包含了企业采购、生产、销售等各个流程，如果其中一个流程出现了较大的问题，不单单对于企业自身的生产运营有着较大的消极作用，还使得之前的各个流程出现无效的情况，进一步使得顾客对企业的赞同感降低。所以各个流程中的部门进行相互合作是企业发展的基础。

3. 集中管理是前提条件

随着目前高科技的不断发展，集成化管理开始变得必不可少。在互联网技术的高速发展下，条形码技术、二维码技术、ERP、OA 等高科技的产生对这方面的管理有着较高的作用，助力企业发展。因此，企业从客户的需求方面进行探究，提升客户的认同感，运用网络技术对其进行服务，进一步降低自身生产成本，对资源进行充分利用。

如果想要对这一方面实施有效的管理，企业的领导者就要突破自身企业的束缚，开发新的客户，对相应的理论及概念有着较为深入的了解，较高程度的管理资金，在将成本控制在最低的情况下向消费者提供更高的价值。

对供应链的管理本质上是对物流、资金流以及信息流进行系统管控，以这一方面作为管理的前提条件，和客户有着紧密的联系，进一步节约自身生产成本，提升客户的体验感，提高客户的认同感。

供应链管理就是对原材料的获取、企业自身的生产规划、运输、客户自身的需求进行高度融合并管理；供应链管理的本质是对生产计划进行同步和集成化的管理，运用高科技技术使得顾客对于企业有着较高的赞同感，对于企业自身的运输以及销售有着显著的提高。进一步降低企业自身的生产成本，并提升顾客对于企业的认同，使得自身获得巨大的利润。

（六）供应链管理的要素

在社会经济的不断发展中，对于理论和概念也在进行深入的探究，学习成功的管理经验，并对其中的各个流程进行把控，才能使得这一方面的作用得到完美展现。

1. 战略性要素

对供应链管理来说，其自身就是一个具有高度规划和计划性的管理。对于企业领导者有着较高的要求，促使其运用相应的管理技巧和方式提高企业自身的收益。这一方面的探究主要发展的是企业自身的利润，进一步提升企业的效益。

2. 协调性要素

尽管在供应链上有着很多的供应方，但是最终的目标却只有一个：使得顾客

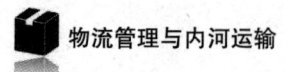

对于产品有着较高的评价和认同。在这一个目标的作用下,企业内部各个流程的部门要进行紧密的合作,提升企业自身的运营效率,进一步提高自身提供的服务水准,增强自身的发展潜力。

3. 互补性要素

各个企业不仅要紧密合作,之间还要有着较高的互补性,对于自身的业务要进行钻研和探究,开发出适合自身的实施方案。要明白一个道理:供应链需要自己,自己也需要供应链。不同企业之间有着较高的互补性,为自身获得更高的利润。

4. 简洁性要素

企业对于客户的需求要尽力满足,提高自身的服务水准和反应速度,这就使得要求企业对自身的制度以及政策进行优化。对于供应方,要进行严格的挑选,并不断地对自身进行提高。

5. 动态性要素

在不断发展的社会中,一切都存在着较大的可变性。客户对于企业生产的产品有着不同的要求,这就对于供货商有着持续变化的需求,企业的生产带来了巨大的可变化性,提升了企业进步的难度。因此,企业要不断优化自身的生产体系,提升自身对于市场变化的敏感度,降低因为信息而造成的经济损失,对于客户的需求有着较深程度的理解和认知。

6. 创新性要素

这一理论本质上是一种对企业进行创新的管理方式以及计划,企业要符合创新条件才能对这一方式充分利用,进一步提升自身的效益。和老旧的管理方式相比,我们要以供应链作为研究基础,把不同的企业进行整合,充分发挥各个企业的优势,进一步完善这一理论。

(七)供应链管理的方法

一套完整的供应链管理涉及的所有企业,不论是原材料供货商,还是产品制造、分销和零售商都可以进行优化,来实现生产、分销流程,将生产资料高效增值形成产品,送达消费者手中。通过集成式的管理,减少中间成本,降低社会库存,从而使社会资源高效利用和配置。相比于传统的管理,供应链管理充分利用发达的现代化网络,有效结合产品的生产和销售环节。生产企业要把控好企业资金流、现代物流管理和现代信息流,力求让消费者购买到合理产品之余,又能确保自身的利润点。完整而又有效的供应链管理需要注意以下方面。

1. 围绕顾客需求

获取最大利益是供应链管理的终极目标，这就要求各个环节的企业要满足客户的各项需求。简单来说，供应链管理的出现是建立在为客户服务之上，进而发展出这一系列产业供应链。不同客户有不同的需求，一套完整的供应链系统不能脱离客户实际需求，而是要以此为核心向外延伸拓展。从"拉式"系统的角度来看，当产品从研发设计起，立足于客户需求的设计实际上已经把顾客拉到应链系统，从而实现最终目标。

2. 强调竞争优势

供应链管理中，在企业内部、外部资源非常有限的情况下，要使企业在各方面都能具有竞争力难度比较大，所以强调企业的竞争优势就变得尤为重要。企业要想在竞争激烈的市场上占据一席之地，需要仰仗的便是自身核心竞争力。企业核心业务发展如受到其他业务影响时，需要将这些业务外发出去，这样形成的有效供应链管理才能让企业在市场竞争中占据主导地位。

3. 促进双赢合作

在传统企业的运营管理模式中，供、销型企业没有较强的相关性，相反的，往往是一种竞争敌对关系，整体系统的角度来看，协调性不强。当经销商与供应商没有保持一致的步调，产品的产销没有进行统一规划，不平衡的产销关系会导致双方企业整体运营效率。缺少协作和战略联盟，通常只能做出短期决策，最终导致各大供应商间开展一系列价格战，摧毁原有的合作基础。供应商和经销商两者间的关系并不是一成不变，彼此间合作的好或者不好其实是深受多变的市场影响。但是，在供应链管理系统中，供应、销售一体化，所有供应链条上的成员企业受益与否全都取决于顾客是否最终会选择最终的产品。因此，合作决定了不同供应链之间的竞争关系，是影响供应链竞争的关键。

4. 优化信息流程

优化供应链管理，需要切实按照供应链自身特点优化企业各项业务流程，最终让各个环节的企业都拥有对信息流、货物流的独立处理能力和协调能力。而在信息流程方面，需要实现整合供应链的数据信息库和信息集成系统，从而实现多个企业之间统一协调关键数据的集成，比如对生产计划、库存量状态、订货批量的预测、运输情况、缺货信息等数据的集成。

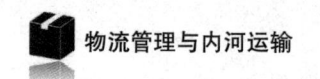

三、物流管理与供应链管理的联系与区别

（一）物流管理与供应链管理的联系

物流贯穿于整个供应链，它连接了供应链之间的企业，是企业间相互合作的纽带。从时间上看，物流管理的产生早于供应链管理，现代物流管理也呈现一体化的趋势。纵向上看，企业将供货商和用户纳入管理范围，并作为物流管理的一项中心内容；横向上看，物流行业通过多个企业在物流方面的合作而获得规模经济效益。同时，在网络技术的支持下，生产企业和物流企业之间形成多方位的协作有机体，即物流行业实现了垂直一体化、水平一体化和网络化。

供应链管理正是物流垂直一体化管理的扩展和延伸，但是供应链的范围更为广泛，涵盖了物流、资金流、信息流、业务流等，而且它的目标是将多个具有供需关系的企业通过合作协调机制集成一个共同应对市场的有机整体，这种供需关系不仅涉及产品需求，可能还有服务需求、资金需求甚至信息需求。总之，供应链管理比物流管理涉及的内容更复杂、范围更广。

（二）物流管理与供应链管理的区别

一般而言，供应链管理涉及制造和物流两个方面，两者的主要区别表现在：一方面，物流涉及原材料、零部件在企业之间的流动，而不涉及生产制造过程的活动，供应链管理则包括物流活动和制造活动；另一方面，供应链管理注重结果，物流管理注重过程，物流管理对物流的各个环节都要实时跟踪、监控，而供应链管理更注重各节点企业自身情况，对各节点企业之间如何运作不太关心。基于以上，供应链管理更偏向管理，而物流管理更偏向技术。

第三节　现代物流的发展趋势

一、物流技术管理水平提高

随着社会的不断发展，信息技术、运输技术、自动化仓储技术、包装技术、搬送运送技术、配送技术等围绕着信息技术形成现代化物流新格局。物流技术管理水平不断提高，主要表现为以下四个方面。

①信息化。信息化趋势主要表现在广泛采用无线互联网技术、卫星定位技术（GPS）、地理信息系统（GIS）、射频标识技术（RF）、条形码技术等。

②自动化。自动化主要表现在自动引导小车（AGV）技术、搬运机器人（mBot System）技术等。

③智能化。智能化主要表现在电子识别和电子跟踪技术，智能交通与运输系统（ITS）。

④集成化。集信息化、机械化、自动化和智能化于一体。

二、专业物流形成规模

随着制造商经营方向的不断变化，国外专业物流企业便应运而生，许多制造厂商为了满足客户具体、个性的产品需求，用高频度、少数量的生产和配送方式来节约成本，而且专业物流服务在发达国家已逐渐趋于完善，这种物流服务不仅可以节约流通成本，而且有利于企业发展自身核心业务。

在美国和日本等较为发达的国家中，共同配送往往是主要的运输方式，这种运输方式影响较为广泛，且更加高效，物流成本也能最小化，这是在长期发展和实验中所摸索出的新型配送形式，对整个社会的发展都有着不可忽略的影响。比如，共同配送可以削减车流数量，有效减缓交通压力，改善运输情况，提高车辆的装载数量，将物流运送时间压缩至最短，大大节省了资源消耗，对改善社会整体物流水平有重要的影响。

由此可见，共同配送这种新型物流方式在人力资源、产品生产及配送时间等方面都有着卓越的优势，不仅能压缩成本至最小化，还能提供更优质的服务，缓解社会的交通压力，节省社会资源。

虽然共同配送是整个物流行业的发展趋势，但是在实践过程中仍然存在很多问题。首先，市场上所经营的商品种类极其丰富，五金商品、厨房用具、医用药品、酒水饮料、日用百货、零食米面等林林总总，这对物流配送也提出了更高的要求，无形中加大了共同配送的难度。其次，各家企业在生产规模、客户维护、营销策略上也有较大的差异，在配送过程中还会涉及费用的均衡和泄露商业机密等问题。

三、电子物流需求强劲

近年来，电子商务的发展越来越迅猛，电子物流也随之兴起，企业通过互联网将供应商、消费者、生产方三者紧密联系，还与政府部门有效沟通、相互协调，大大节省了人力资源和生产成本。消费者通过互联网搜索所需物品的信息以更加直观的方式快速准确地捕捉到企业及商品信息，下单后，企业可根据客户发起的

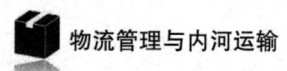

订单进行物流配送,实时更新物流信息和站点,全面掌控物品的配送流程。除此之外,电子物流在跟踪和规划路线等方面也表现出较大的优势,可实现多地联合跟踪。由此可见,电子物流已经逐渐成为现代物流方式的中流砥柱。

随着网络时代的快速发展和网购的逐渐兴盛,电子商务成为促成交易的重要手段之一,这为包裹的邮递和快递发展奠定了夯实的基础。举例来讲,这一过程可以概括为商家通过电话营销、电视展览和彩页促销等方式,加大产品的宣传,客户在接收到信息后,下单购买,商家通过邮寄方式传送货物到顾客手中。随着时代的发展,手机购物已经成为趋势,电子物流需求也随之增长。

四、绿色物流成为新增长点

虽然电子物流使人们的生活更加便利和快捷,但是对城市发展产生了副作用,交通工具的污染排放、鸣笛噪声和交通压力等都是不可忽略的因素。在生产过程中所产生的废弃物和污染物,对环境也有较大的危害,所以,绿色物流的概念便应运而生。

绿色物流的重要意义主要包括以下方面:首先,控制物流体系污染。在物流活动和配送过程中采用对环境污染小、资源消耗低、排量最小的货车运送,并尽量安排在夜间配送,以减小交通压力,降低排放,节约成本,针对污染源、交通量和交通流三个方面政府还制定了相关制度来限制污染的进一步扩大。其次,建立有关处理工业和生活废料的物流系统。

五、物流企业向集约化、协同化与国际化发展

为促进物流企业的发展,首先要在建设物流园区方面投入较大的精力和费用,其次要实现企业和物流协同发展。

物流园区可以将不同类型的企业物流和生产设备进行统一整合。日本在建立物流园区的历史上可谓是领先者,至今所建立的多所大型物流园区闻名于世。物流园区的建立可以帮助企业更加专业化和综合化,将自身优势发挥到极致。

随着网购的发展越来越快,各大企业之间的竞争逐渐激烈。国际贸易的货物流动逐渐实现经济全球化,为了适应时代的发展,欧洲许多大型物流企业逐渐进行跨国收购,花费较大的成本合并物流公司,占据国际物流市场,以此来提升自身竞争力,率先抢夺优势。

物流企业国际化不仅推动了世界各国物流多向发展,而且促进了各个企业的

合作和并购，对推动和促进各国物流企业联合协同发展起到了重要作用。随着经济发展和科学技术的进步，各家跨国公司充分利用网络优势，实时掌控客户的需求和动态物流信息，及时发展自己在世界各国的网络站点，逐渐勾画出覆盖全球的物流网络，节省大量运送时间和成本，将空载率降为最低，强有力地占据最大的市场份额。与此同时，物流企业之间的合作和建立战略联盟也为物流经济全球化提供了重要保障。

六、物流专业人才教培体系日趋完善

随着物流市场对人才的需求逐渐增大，很多经济发展国家为了适应市场需求，便逐渐建立起完善的教育体系，培养专业人才。以美国为例，其分别在职业教育、本科生和研究生三个教育阶级开展多层次的专业物流教育培训。很多著名的学校都设置物流管理专业，并且均形成较为完善的培训体系，为物流领域输送专业人才。这种物流专业与市场运输、产品营销和生产制造等紧密相关，尤其是在研究生课程中要投入更大的精力，坚持以培养物流方向人才为目标，并以形成一定规模的研究生教育体系为根本目的。

在围绕物流方向所开展的教育学院中，美国商船学院和佐治亚理工学院已经培养了大量的专业人才，具备完善的教育体系。除此之外，美国物流管理委员会还建立了美国物流业的专业资格认证制度。如配送工程师、仓储建造师等专业资格职位，所有从事物流业的专业人才必须接受专业的教育，经过资格认证才可上岗，严格执行一人一岗、持证上岗的制度。

第二章 物流战略环境与管理

物流战略管理是指从企业的整体出发,制定发展战略,实现企业的总体目标,进而增强我国综合国力和国际竞争力。本章探究物流战略、物流战略环境以及物流战略管理。

第一节 物流战略概述

物流业是融合运输、仓储、货运代理和信息等行业的复合服务行业,涉及领域广,吸纳人数多,能够促进生产,拉动消费。要加快发展现代物流,首先需要树立物流意识,认识到物流战略的意义,深入了解物流战略管理,以建立现代物流体系。

一、物流战略的内涵

企业管理原来的计划和策划是基于企业层面的,但是随着企业管理观念的进步,企业规划逐渐转变为基于企业未来的战略。在中国,物流行业尚不完善,没有太多可借鉴的经验,物流企业必须明确自己的战略,包括战略方向、目标、措施。物流具有高集成性的特点,物流服务具有综合性的特点,企业需要在战略上整合和合理配置资源。现代物流对于中国企业而言,有着极大的挑战性、复杂性和艰巨性。

物流企业的基本战略目标是减少成本和资金占用,提高服务水平。企业物流的战略目标与企业物流管理的目标相同,就是要求在实现用最低的物流成本保证较好的物流服务水平。

近年来,外部环境不断变化,营销体制不断更新,这些都对物流企业产生了新的要求,要求企业不断提高自己的竞争力。首先要求企业不断提高物流经营标准,这是因为货主的物流需求不断提高,要求在必要的时间配送必要量,要求必要商品多频度少量运输，要求准时配送。这就要求整个行业不断提高物流服务的水准。其次，物流企业间竞争日益激烈，这是因为经营环境和新型营销体制对企业战略供给和需求因素方面的影响。根据这一背景，企业谋求长远发展需要根据自身的经营特点，制定及时有效的物流战略。

企业物流的战略基础是企业对市场环境和自身条件的充分了解，企业物流的目的是适应环境的变化，能够长期生存和不断地发展。企业战略与企业实现物流有着同样的发展目标，确切地说，在保证物流服务水平的前提下，实现物流成本的最低化。

企业所处的行业不同，其物流战略也不相同。对于物流企业来说，物流战略就是企业的总体战略；对于工商企业来说，物流战略是企业的一项职能战略，与其他三项职能战略一起构成了企业总体战略，其他职能战略指的是企业的制造战略、营销战略、财务战略。总体而言，物流战略的特点体现为全局性、指导性、竞争性、稳定性、长远性。物流战略是为了实现物流的持续性发展，从长远、全局的角度确定物流发展的目标和达成目标的途径和手段。

二、物流战略的目标与内容

（一）物流战略的目标

物流战略不仅是企业总体战略的重要组成部分，而且是社会经济发展战略的组成部分。因此物流战略要符合企业和社会经济双重目标。成本最小、投资最少、服务质量改善是现代物流战略的终极目标。

1. 成本最小

这是指要降低运输、仓储的可变成本，如物流网络系统选择仓库的地址、选择运输方式等。因为竞争激烈，公司的服务水平不是朝夕可以提高的，那么在保持服务水平不变的情况下，企业为了追求利润最大的目标，一般会选择成本最小的方案。

2. 投资最少

减少投资物流系统的直接硬件，以期获得高投资回报率。在保持服务水平的情况，企业能够降低投资的方法有很多种。例如："零库存"处理，直接将产品从生产环节后送交客户；选择公共仓库，运用策略减少库存或者充分利用第三方物流服务。通过这些措施可以减少投资，但要注意，只有当这些措施产生的费用小于投资减少值时，才可以使用这种办法。

3. 服务改善

通过提高服务质量有效的提高物流企业的竞争力。在市场日益完善的情况下，企业间的竞争日益激烈，影响顾客的因素较多，除价格因素外，服务质量也是顾客考虑的主要因素，尤其是能否及时准确到货。当然，越高的服务水平，成本越高。所以，如何权衡高服务与低成本间的关系，是企业战略的重要内容。通常情况下，用顾客需求的满足率来评价服务改善的指标值，但是最终的评价是由企业年收入来决定的。

总之，企业在市场上的竞争能力的重要决定因素就是企业的总体战略，作为企业总体战略的重要部分的企业物流战略需要服从企业目标，并且要保持一定的服务水平。

（二）物流战略的内容

物流战略包括物流战略的态势、思想、目标、重点、方针、优势、部署等内容。其中，物流战略设计的基本要点就是物流战略态势、优势、目标等。

1. 物流战略态势

态势是一种不断演变推进的趋势，物流战略态势则是物流系统在当前市场上的有效方位及战略逻辑演变推进的趋势，尤其是服务能力、营销能力、市场规模。公司在进行物流战略态势研究时，应该了解自身定位，了解市场情况，了解对手情况，在市场获得与自己相应的份额。物流战略态势分析的角度主要是三个方面：企业自身、宏观环境、微观环境。物流战略态势分析在物流战略中有着重要的作用，为物流战略设计奠定了基础。

2. 物流战略思想

物流战略思想的一系列观念和观点，是企业高层对物流的重大问题和态度的综合，体现的是企业的物流发展观。战略思想是战略方针的前提，战略思想可以是进攻也可以是防御。

物流战略思想是企业物流战略的灵魂，指对企业物流发展的总体思路与设想。它由一系列观念或观点构成，是企业高层对物流重大问题的认知与态度的总和，是正确物流发展观的体现。战略思想一旦形成，就可进而确定战略方针。物流战略思想的确定要求企业领导者对物流发展态势有一定敏锐的觉察性，对市场环境进行科学的分析和判断。

3. 物流战略目标

物流战略目标是企业物流战略的核心。物流战略目标担负着物流系统的使命，并可以在一定时期内可实现、可量化。这是物流系统未来可见和可达到的，也是企业制定各项物流策略的依据，是企业物流设计的基本要点，是企业未来发展的方向。完整的战略目标应该明确三项内容：一是做什么，即企业物流的目的；二是发展标准，即企业物流要达到什么样的标准；三是完成实践，即物流的时间进程。物流战略目标是战略方案制定的前提基础。从物流管理的角度来看，定义物流战略的基本目标是降低营运成本，提高投资效益，改善服务水平。

4. 物流战略重点

确定了战略思想和战略目标后，物流战略就要确定"重点战役"和策略，尤其是关键的、能够影响全局的重点。

5. 物流战略方针

物流战略方针是在企业制定了战略思想、战略目标、战略重点后，确定的企业物流具体的基本的营运原则、具体的行动方略、指导规范。

6. 物流战略优势

物流战略优势是指与其他物流系统相比，该物流系统在战略上具有的有利形势和地位。物流战略优势可以体现在多个方面，如产品、资源、地理、技术、组织、管理。

现在物流系统为满足顾客的需求，服务水平越来越高。很多企业都将服务水平作为企业优势，不断地提高先进的技术来满足顾客的需求。

7. 物流战略部署

为保障战略计划的实现，需要周密策划战略行动，合理配置资源、全面进行思想动员。战略部署是为完成战略目标的战略手段和措施，主要步骤是设计战略阶段、战略步骤。

物流战略部署的内容一般包括三个方面：一是战略资源配置计划，主要配置的是人、财、物；二是战略动员计划，如员工培训，行业研讨等；三是编制战略计划文件。

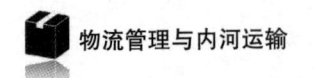

三、物流战略的类型与层次

（一）物流战略的类型

1. 基本物流战略类型

（1）最低成本战略

这个战略的关键是设置一套让固定和可变成本达到最低的物流体系。落实这项战略要把目标设定成满足相对集中的客户需求，把快递服务提供给客户相对集中的地方，经过合理分配运输资源和库存策略让物流成本降到最低。

（2）最佳服务战略

这个战略的重心是使物流服务水平达到最优，设置系统的关键点在于把优化成本转变到有效的体系及运输成绩上面，合理运用服务设施，详细规划线路布置，尽可能减少运输时间。最优的服务体系一定要给不同需求的客户提供个性化服务，建立一套区别于其他企业的服务竞争机制。

（3）最佳利润战略

实现利润最大化是每个物流体系经过战略布局所要达成的最终目的。该战略要对各种物流设施产生的利润做详细的分析，组建一套用最小的成本就能获得最大利润的物流体系。

（4）最强竞争力战略

这项战略是把上述几种战略进行整合，它要实现的目标不是某一项战略达到最优，而是要实现全方位的最强竞争机制，让竞争优势达到最大化。要想达到这种优势可以通过两种方式：一是提供个性化服务；二是做有效的市场定位。对小企业来说，有效的市场定位很关键。

（5）利用最少资产战略

这项战略是给物流系统注入最少的资金，用以减少物流体系的风险系数，提高总体灵活度。该战略的优势是让企业将优质资金集中用于主业经营范畴，以此提升投资回报率和运营效率。

相对灵活的企业大都不想把资金用于自建物流设施或成立专门部门，所以企业最常使用的物流服务来自外界。

2. 产品生命周期与物流战略

一个产品在市场生存期间要经历引入、成长、成熟以及衰退四个阶段。在产品生命周期的不同阶段，企业应采用不同的物流战略。

①引入期采用服务最优战略。
②成长期采用利润最高战略。
③成熟期采用竞争力最强战略。
④衰退期采用成本最低或资产占用最少战略。

3. 第三方物流企业的货运战略

（1）按时集散战略

这个战略最典型的特征就是按时，强调要把货物准时准点地安全交到客户手上。该战略既满足了当今市场多样和分散化及多层次的需求，又实现了现今企业批量少且时效性强、品种多的生产性要求。企业给客户提供这种集散服务有两种方式，即签署长久按时集散合同和实施按时集散代理制度。

（2）迅速集散战略

快速集散是按照约定的货物交付时刻表，以"站到门""库到门""门到门"或"桌到桌"方式实现的一种货物集散服务，重点要做到快捷交付、可靠服务、便于使用及实时监控。

（3）整车集散战略

这个战略是把一次承运整车当作基础计量单位，或用这种单位去签署贸易合约同时完成交付货物。这种集散大多不经过中间环节或很少出现中间环节，运送时间不长且物流成本少，一般以运输长途和过境货物为主，其优点是迅速和直达、简单又可靠且经济实用。

（4）成组集散战略

成组集散是主要以托盘等成组化单元作为受理、分销、配载、中转、送货与交付单位的货运集散一体化服务形式。成组集散和有关作业实现机械化的前提是确保集装箱和托盘化。

（5）专项集散战略

这类集散服务的货物类别一般都具有特殊性，像高科技产品和时装、冷冻食品等。落实此类集散战略要按照货物的数量和运输过程中的特殊要求进行，而且大多需要配置专门的设施设备以及对应的工具等一系列配套软硬件体系。

4. 其他物流战略类型

（1）延迟战略

这种战略目的是要降低预测风险，是力争将运输产品的时间与加工产品的时间放到客户确定订单以后。

①生产延迟。在客户未确定购买意向和消费需求以前,不会提前进入生产流程,待订单最终确定后根据订单进行生产。生产延迟可以用基础性产品来满足客户不同的个性化需求。②物流延迟。在物流网络体系内设置一些重点中央仓库,按照预测数据存储一些必备产品,无须考虑提前把产品储藏在消费场所,特别是高价商品,当收到订单后,由中央仓发动物流流程,将客户所需产品送到所属区域仓库,也可利用快运发给客户。

生产延迟针对产品而言,在物流体系里转移一些差异性不大的物件同时把客户的特殊需求在发货之前进行修改。物流延迟主要针对时间来说,根据中央仓存储的现有产品,于客户下单后迅速做出反应。选择延迟的种类时根据产品价值和数量、竞争机制和经济规模、和客户需求一致及其预期的发货速度。

（2）多种分拨策略

对企业而言,并不是所有产品都能提供同样的服务,针对相同产品一般采取多样性分拨策略。选择库存地点时也可执行这种战略,各个储存点都涵盖了不同类型的产品。对待各种类型的产品与客户,就可以实行多种分拨战略。

（3）集运战略

这种战略等同于集中运输,这种战略首先要确保进行订单处理和筛选以前要先做出相应计划,确保计划及时有效及有关信息准确无误。

①集中输送的区域化就是把一个区域内各类客户的物品全部集合一起实行输送。②和客户协商出一种运输计划就是预定送货,为确保货物及时送达,预定时间内会出现运输量比较大的情况。③我们把第三方供应的输送服务称作联营送货。

5. 非物流企业的物流战略

非物流企业的物流战略主要包括即时物流战略、协同化物流战略、经济全球化物流战略、互联网物流战略、绿色物流战略等。

（二）物流战略的层次

企业物流战略通常包含十个关键部分,分别被组织在四个重要层次上,构成物流战略金字塔,如图2-1所示,它确立了企业设计物流战略的框架。

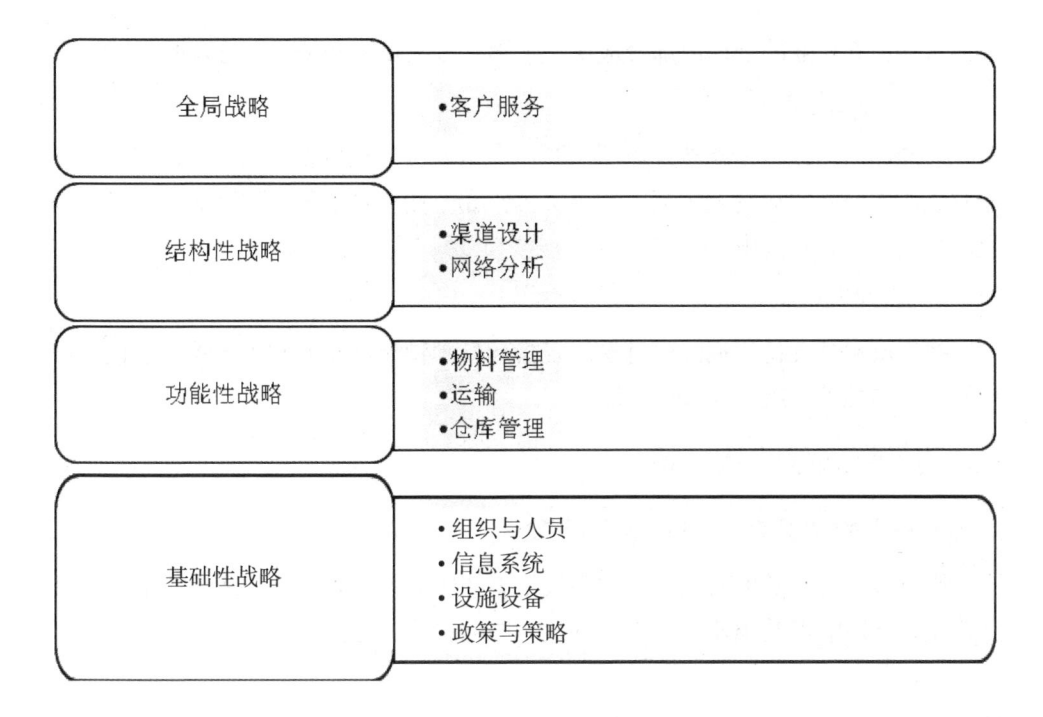

全局战略	•客户服务
结构性战略	•渠道设计 •网络分析
功能性战略	•物料管理 •运输 •仓库管理
基础性战略	•组织与人员 •信息系统 •设施设备 •政策与策略

图 2-1 物流战略的层次

1. 全局战略

顾客服务需求左右着包括制造、营销和物流在内的整个供应链的结构。清晰地了解顾客需要什么，才能开发出满足期望的顾客服务战略。顾客服务战略的简单或复杂取决于企业的产品、市场和顾客服务目标。

2. 结构性战略

（1）渠道设计

分销渠道是指某种货物或劳务从生产者向消费者移动时取得这种货物或劳务的所有权以及帮助转移其所有权的所有企业和个人。按照流通环节的多少，渠道可以分为直接渠道和间接渠道。

（2）网络分析

网络策略将解答以下问题：①需要多少设施，它们的地点应选在何处，每个地点的任务将是什么？②每个设施应为哪些顾客和产品线服务？③每个设施应保持多少存货以满足特定的服务水平？④应利用什么运输服务来满足顾客期望的服务？⑤在此系统下，返还品的货流（如待维修设备的返回，包装材料返回处理等）

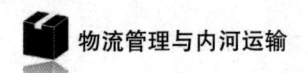

怎样管理？⑥作业的全部或部分应由一个第三方物流服务提供商管理吗？

3. 功能性战略

职能部门的战略考虑涉及以下问题：①企业应外包更多的物流活动吗？②企业应该考虑仓储或运输上的第三方服务吗？③企业对自己的仓储服务是自营、外租还是建立合同仓储服务？

4. 基础性战略

执行层包括支持物流的信息系统、指导日常物流运作的政策与策略、设施设备的配置与维护、组织与人员问题。

四、物流战略的选择

（一）物流战略选择的影响因素

影响战略选择的因素除了有战略决策者的影响和公司过去的战略影响，还有企业文化的影响以及企业内外不同利益主体的影响，除此之外还有一些其他因素的影响。

①战略决策者的影响。企业战略决策者在面对风险和外部环境时所表现出的态度会对战略选择产生一定的影响。

②公司过去的战略的影响。在战略选择的过程中，高层管理者最先想到的便是企业在之前采取的战略，而且之前战略所产生的效果会在很大程度上影响当下战略的选择。

③企业文化的影响。企业文化与战略选择之间有着密切的联系，企业文化会对战略选择产生一定的影响。企业要想成功实施战略，就必须对企业文化有深入的研究。

④企业内外不同利益主体的影响。不同的利益主体会对企业的战略选择产生很大的影响。此外，当企业十分依赖外部力量时，就要在战略选择的过程中参考外部利益相关者的意见。

⑤其他因素的影响。企业战略的选择还受到时间因素、社会道德因素等社会环境因素的影响。

（二）物流战略的选择方法

常用的物流战略选择方法有波士顿矩阵、战略聚类模型等。

1. 波士顿矩阵

波士顿矩阵将组织的每一个战略事业单位标在二维的矩阵图上，从而显示出哪个战略事业单位提供高额的潜在收益，以及哪个战略事业单位是组织资源的漏斗。波士顿矩阵区分出四种业务组合，如图 2-2 所示。

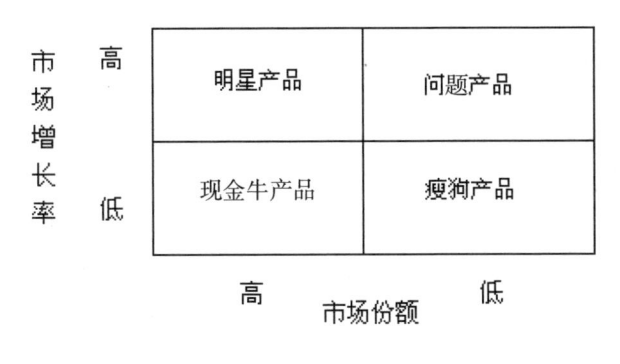

	高 市场份额	低
市场增长率 高	明星产品	问题产品
市场增长率 低	现金牛产品	瘦狗产品

图 2-2 波士顿矩阵

（1）明星产品

这个领域中的产品处于快速增长的市场中并且占有支配地位的市场份额，或许会产生正现金流量，这取决于新工厂、设备和产品开发对投资的需要量。明星型业务不一定可以给企业带来源源不断的现金流，因为市场还在高速成长，企业必须继续投资，以保持与市场同步增长，并击退竞争对手。

对明星产品来说，企业为了降低原材料供应产生的风险，同时在投资方面获得收益，可以采取纵向整合战略和联合型多种经营战略。

（2）问题产品

处在这个领域中的是一些投机性产品，带有较大的风险。这往往是一个企业的新业务，为发展此类业务，企业需要增加设备和人员，以便跟上迅速发展的市场，并超过竞争对手，这些意味着大量的资金投入，因此必须慎重做出决定。

对问题产品来说，在不改变企业使命的基础上，企业可以从内部转变资源的经营方向；或通过压缩战略简化当前的业务，减少浪费的现象；分离战略则可以减小阻碍，还能获得一定的补偿；若该业务只会浪费资源，同时给企业带来破产的风险，那么就可以清理该项业务。

（3）瘦狗产品

这个领域中的产品既不能产生大量的现金，也不需要投入大量现金，这些产

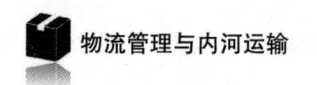

品没有希望改进其绩效。一般情况下，这类业务常常是微利甚至是亏损的，瘦狗型业务存在的原因更多的是由于感情上的因素。

瘦狗型业务适合采用战略框架中的收缩战略，目的在于出售或清算业务，以便把资源转移到更有利的领域。同时，企业也可以进行业务整合，多元化经营能够使企业获得更稳定的发展。

（4）现金牛产品

处在这个领域中的产品产生大量的现金，但未来的增长前景是有限的。由于市场已经成熟，企业不必大量投资来扩展市场规模，同时作为市场中的领导者，该业务享有规模经济和高边际利润的优势，因而给企业带来大量现金流。

现金牛业务适合采用战略框架中提到的稳定战略。企业可采取集中战略，加大资源的投入，进而让自己获得更稳固的市场地位。业务创新也是一种不错的方式。

2. 战略聚类模型

战略聚类模型是根据波士顿矩阵修改而成的，是在市场增长率和企业竞争地位不同组合的情况下，供企业选择各种战略的一种模型，如图2-3所示。

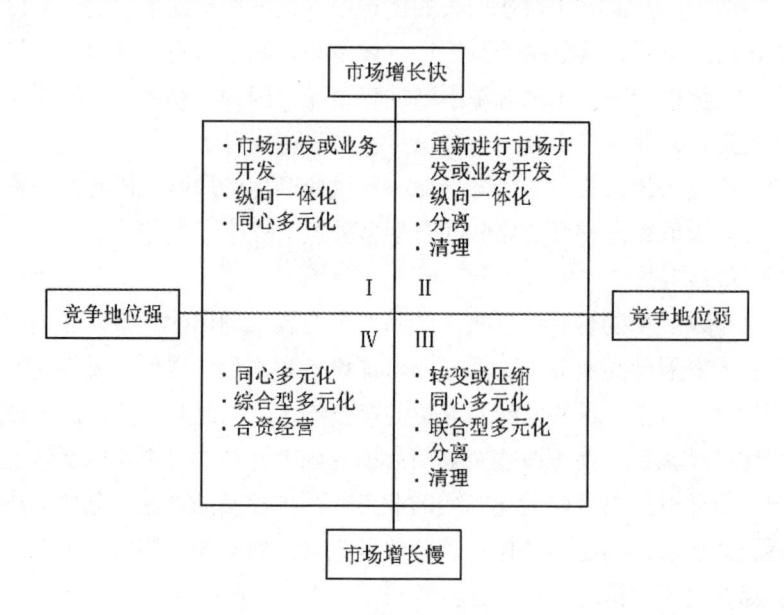

	市场增长快	
竞争地位强	I ·市场开发或业务开发 ·纵向一体化 ·同心多元化	II ·重新进行市场开发或业务开发 ·纵向一体化 ·分离 ·清理	竞争地位弱
	IV ·同心多元化 ·综合型多元化 ·合资经营	III ·转变或压缩 ·同心多元化 ·联合型多元化 ·分离 ·清理	
	市场增长慢	

图 2-3　战略聚类模型

在象限 I 中，企业处于最佳战略地位，适宜继续集中力量经营其现有业务，不宜轻易转移其既有竞争优势。在象限 II 中，企业必须认真审视其现有战略，找出效益不理想的原因，判断有无可能扭转局面，使竞争地位转弱为强。在象限Ⅲ中，通常是减少其对原有经营业务的资源投入。在象限Ⅳ中，企业可通过各种经营转向增长形势看好的领域。

五、物流战略的实施与决策

（一）物流战略的实施原则

1. 战略一致原则

设计物流策略时需全面考虑到策略的导向、优势和态势、选择和设置的类型，形成一种策略协同效应。

2. 力争优势原则

落实物流策略这一阶段其实也是一种竞争方式。因此，要力求在物流战略成功的关键环节、关键因素方面寻求、创立、维持和发展相对的、有差别的竞争优势。

3. 区域均衡原则

在创建物流体系阶段，物流链范围内的资源因素要尽量维持平衡，最大化运用现有资源，以进一步提升资源的利用率，不能一味追求体系以外的全新领域投入。

4. 合理化有限原则

实施物流策略管理的前提是利用有限的资源和信息、有限的技术途径和智能化，同时运行的基础是有限的时空性和空间性，只要和物流体系的主旨、战略方针和目标一致，并和物流策略的逻辑性相符，而且战略环境也没有发生质的改变，就能做出合理选择并实施，在必要情况下也可以在策略执行阶段做适当修改和调整，力争尽善尽美。

5. 阶段发展原则

在设置和实施物流战略时，并不能一举成功，各个阶段要根据具体情况而定，不同类别企业均要分别对待，如核心和密切型企业、松散型企业、核心和非核心业务范畴、重点和一般区域等。

6. 系统性优化原则

从所属经济圈子和物流体系发展需求层面来优化资源配置，同时把其当作规划战略和评价的准则。

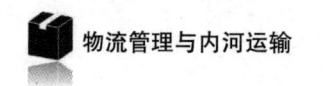

（二）物流战略规划的步骤

物流战略规划基本步骤如下：确定物流战略规划机构和人员、开展物流资源和需求调查、进行物流战略规划资源分析。

1. 确定物流战略规划机构和人员

企业在确定物流战略规划的机构和人员时可以采用上下结合、虚实结合的方法。上下结合是指规模比较大的企业，由于拥有分支机构，在设置物流规划机构时应当吸收基层（下属机构）的有关人员参加，这样可以全面掌握资源和需求。虚实结合是指企业可以设置两套任务不同的机构，比如，一个由高层或主要领导参加的议事机构和另一个由具体人员组成的办事机构，一个负责重大问题的决定，另一个负责具体事务的执行。

2. 开展物流资源和需求调查

物流资源和需求调查的基本内容主要包括企业内部的调查和企业外部的调查两个部分，具体内容包括：①物流基础设施装备调查；②企业物流组织机构调查；③物流从业人员调查；④客户资源调查；⑤物流流量和流向调查；⑥潜在用户的调查；⑦信息技术资源和需求调查；⑧无形资产；⑨宏观资源；⑩区域内的物流调查；⑪相关企业资源调查；⑫竞争情报调查和收集。

3. 进行物流战略规划资源分析

物流战略规划资源分析，其具体内容包括：①资源优势/劣势；②业绩/经验；③核心能力；④竞争分析；⑤环境机会和风险（机遇和挑战）；⑥未来环境发展预测。

（三）物流决策三角形

设计物流策略的目的是解决三种决策性问题，即以客户服务水平作为重心，针对物流设备的储存、输送及分布做出决策。而设备选址、输送和储存这三种决策构成了物流体系战略规划的重点内容，由于这些决策直接影响到企业的利润、资金流和投资回报，且决策之间有着紧密联系。所以对物流策略规划进行设计时要运用系统化的工程理论和方式做出合理计划，同时要把各种决策之间存在的利益关系及互相影响的因素都考虑在内。

1. 设备选址决策

物流设施的布局对货物由厂家到分销商再到客户手里这一系列供应过程的效

率及其产生的有关费用起决定性作用，同时物流体系的整体大框架也是由工厂和库存点以及供应点的区域分布所组成。其主要内容就是对设备数量和位置以及规模进行确定，同时把各个物流设施所服务的对应范围进行合理安排，由此来建立从产品到市场的路线。优质设施选址时要把产品转移过程和有关费用考虑在内，其中包含由厂家到供货商以及中途库存点最后抵达顾客所属地之间产生的转移成本。要利用各种途径来满足顾客的需求，可直接让工厂供货，也可供货商及其设定的库存点直接供货等，这些都对总体分拨成本造成了影响。而选址策略的关键就在于找寻最少成本的或利润点最大的需求分配方案。

2. 库存决策

这种决策具体指针对货物库存运用哪种管理措施。在此有两种不一样的库存管理模式，即把库存分配给储存点和利用补货方式自行带动库存，这也是不同的两种库存策略。采用的库存战略不同其分布物流设施的决策也不同。因设施选址上的决定受到企业相关库存政策的影响，所以做物流策略计划时要把其考虑在内。其他在库存层面上的决策涉及很多方面，如一系列产品中各类产品的选址存放问题是选择工厂还是基层或地区仓；还有就是采取各种方式来管控长期存货的库存能力。

3. 运输决策

这一决策涵盖了运输时间和方式、运输批量和选择的线路。仓库和顾客及其工厂间的距离都对这些决策产生一定影响，相反仓库在选址上的决策也受到它们的制约。而库存水平高低和运输的批次、批量有关。

第二节　物流战略环境

一、企业战略环境

企业战略环境包括宏观环境、物流行业环境、企业内部环境和物流体系环境。

（一）宏观环境

宏观环境所针对的是行业而不是单个物流企业，如目标市场的经济发展状况、政治稳定情况、社会结构状况、文化和亚文化、法律完善情况以及政策稳定性等。宏观环境是以国家宏观社会经济要素为基础，结合企业的行业特点而制定的环境

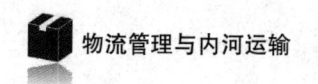

影响因素指标。它由社会约束力量构成，主要包括自然环境（包括原料资源、能源、污染等）、经济环境（包括购买力水平、消费支出模式、供求状态等）、人口环境（包括人口的规模及其构成、教育程度、地区间流动等）、技术环境（包括科技进步等）、政治法律环境（包括政治体制、法律法规等）和社会文化环境（包括风俗习惯、观念等）。

目前，我国政治稳定，经济平稳运行，民族和睦，人民生活水平日益提高，在未来相当长的时间内，仍会平稳、健康地发展。我国的经济发展前景看好，这对物流行业的长期稳定发展是一个很好的基础。

（二）物流行业环境

物流行业环境是物流企业研究的重要方面，它对物流经营的外部环境有着直接的影响。要想建立一个新的物流系统，就要对行业的发展前景、行业的现状、所处的宏观环境做具体化的分析。一般情况下，市场规模与发展、新技术新产品的影响、技术经济支持情况和竞争者情况都是行业环境分析的主要内容，与此同时，行业的潜力和发展空间也可以从市场目前的发展状况和市场规模来进行分析。

（三）企业内部环境

俗话说"知己知彼，百战不殆"，分析完企业外部环境后，我们也要对企业的内部环境进行分析，这样才能找出问题。对内部环境的分析主要从企业内部的生产要素和内部各职能部门两个方面来进行。生产要素的分析要从整体发展的角度出发，对其进行纵向分析，打破原来职能部门的界限，对各生产要素都要进行深入的研究。对内部各职能部门的分析是为了准确找出企业在发展过程中受到制约的根本原因，可以从各职能部门的当前现状、各部门之间的沟通情况、联系情况以及未来发展情况进行入手。这样做的好处就是方便企业制定出更合适的物流管理战略。

（四）物流体系环境

物流体系环境又称物流支撑环境，是指构成物流系统的内部环境，它主要包括商品产销地与市场环境、交通运输环境、仓储物流设施环境、物流信息传递处理环境、物流政策与人才环境等。通过加强对物流体系环境的认识，有利于充分发挥物流体系优势，更好地促进物流畅通，为经济发展服务。下面针对一些主要内容进行介绍。

1. 交通运输环境

交通运输业可以作为一个独立的物质生产部门，是物流业系统一个重要组成部分。而物流企业要想使物流的组织变得合理化，物流系统健全化、交通运输生产力全面化，势必要针对交通运输生产力合理地布局。日常生活中常见的交通运输环境是管道运输环境、公路运输环境、铁路运输环境、航空运输环境和航空运输环境。

2. 商业环境

在我国境内，商品的货源市场主要是土特畜产品货源市场、全国商品货源重要市场、农副产品及某些工业品货源市场和购进总额最大的货源市场。

按照人均社会商品零售额及销售总量来分，我国的商品销售市场可以分成商品销售次要市场、商品销售一般市场、全国商品销售重要市场和全国重大商品销售市场。

3. 资源环境

生产资料的主要货源市场以大城市和矿区为主，主要进口的货源市场以沿海城市和一些开放城市为主，这些货源市场较为集中，而且生产的规模一般都比较大。

从销售市场的分布情况来看，农业生产资料的销售是整个生产资料销售市场中最为普遍的，遍布国家各个地区。然而从人均销售量和总销售量来看，西南、西北部市场的销量较低较为分散，沿海省市、东北、河南、湖北等省份的销售量则比较集中。

在大城市里较为集中的销售市场是对工业品生产资料的销售市场，这种销售市场的投资规模都比较大，但是不够稳定，如果没有大项的投资支持，那么这些生产市场就会出现迅速收敛的现象。目前工业品生产资料销售市场主要集中在我国的大中城市，如西安、北京、南京、广州、上海、深圳、天津等。

生产资料在流向上是有要求的，必须要做到合理化，主要是针对花色较少、品种规格较为单一批量却较大的生产资料领域而言，如木材、水泥、化肥、沙石等。有些生产资料不能进行合理分流主要是不能同时满足这几个条件，有的品种规格单一但是批量达不到标准，有的是批量标准可以达到，三是品种规格却较为复杂多样。

①化肥流向。化肥的基本流向是：四川的氮肥流向甘肃、青海、新疆、陕西、贵州及内蒙古等地，山东的氮肥流向河北、山西、河南北部；江苏的氮肥流向安徽、河北、内蒙古，上海的氮肥流向浙江、安徽、广西，磷肥流向基本是由南向北。

②木材流向。木材的基本流向是：东北特种木材（如红松、白松）流向全国，一般木材流向华北、中南、西部及华东，南方木材基本就地使用，西南木材流向华南等地。

③水泥流向。水泥的基本流向是：东北水泥除本地用之外部分南流，河南水泥向南、北两方向流，山东水泥西运及南运，甘肃水泥部分东运及西运，四川、贵州水泥部分北运；广东水泥南运出口。

④煤炭流向。煤炭的基本流向是：陕西、内蒙古煤沿大秦、石灰岩、太焦、京广等几条铁路东运、南运，有的登船后南运出口，贵州煤东运，其他地区一般就近使用。

4.仓储业环境

我国的仓储业也可以称为储运业，除仓储外，还包括少量的汽车运输，但是以仓储为主。在我国，运输业务主要由交通运输业而不是由储运业承担。

根据历史形成和现状管理来看，我国的仓储业有以下五大系统。

①军队仓储业，用来储存军用物资，近年来部分向社会开放。

②外贸仓储业，用来储存外贸及进口物资，也从事外贸生产基地一般产品流通的储运。

③商业、供销、粮食储运业，统称商业储运业，是我国分布最广、储运物资种类最多的储运业，主要承担商业系统物资的储运。

④物资储运业，是我国生产资料的专业储运行业，主要用于储存及中转国家分配、地区分配、市场流转的各种生产资料，是我国一个庞大的储运系统。

⑤乡镇储运业，是我国仓储业突起的一支新军，主要集中于港区及大的交通枢纽附近，主要从事代储业务。

二、物流业市场竞争环境

我们在对物流企业市场的竞争环境进行分析时，不能从单一的角度出发，而是应该从正反两个方面来进行：一是原有物流公司因新加入者的出现而产生的压力进行分析，二是物流市场因为新加入者而使得原本的队伍变得壮大，物流市场的力量也会变得更强大。

1.国外物流企业对国内造成的威胁

近些年，中国经济快速发展，物流公司也发展得十分迅速，国外很多物流公司也想在中国物流市场分一杯羹，于是它们就在我国境内独资或者和国内一些企业进行合资创建物流公司，开展物流业务。英国的英之杰，日本的三菱、住友、通运，澳大利亚的 TNT 等在我国武汉、北京、上海、广州等大中城市建立了货运网络和物流机构。现在为了加速经济贸易的快速流动，我国对于服务市场的开放程度越来越大，国外物流企业为了给快速抢占中国市场，用丰富的经验和专业的物流知识让综合物流服务越来越完善，客户的满意度也越来越高，无形中使国内物流市场遭受很大的冲击。

2. 现代物流和国内传统物流业的激烈竞争

虽然现代物流较传统物流更先进，体制更健全，观念更新，但是传统物流业的硬件资源却远远超过现代物流，如果传统物流从体制上、观念上也向现代物流靠拢转变或创新，那么现代物流的竞争压力也会随着传统物流业的改变而逐渐增加，直接导致国内整个物流业的竞争变得更为激烈。

3. 大型企业自营物流呈社会化状态对物流业造成的影响

现在很多大型企业为了有自己专属的物流渠道方便企业的物资流转，都会专门建立一个自己专属的物流公司，有一套自己企业的物流体系。如今已经赫然在我国的物流市场上站稳了脚跟，我们熟知的有科龙和中远成立的安泰物流公司，海尔集团成立的海尔物流公司，苏宁电器成立了苏宁易购物流公司等。

4. 在物流企业建立时一些大型财团对物流项目进行投资

近些年国内很多项目都受疫情影响，发展较为缓慢，但是物流业却一直呈欣欣向荣之势发展，很多财团捕捉到这一商机，把自己大量的资金投入到物流业中，以现在的上海南方物流公司为例，它原本的主要投资项目是房地产，因为房地产近些年发展不景气才转向物流业。

除此之外，一些大型的投资商也捕捉到物流业发展中的巨大商机，开始转战物流业，把物流业作为未来发展的主要投资项目。他们的加入给原来的物流市场输入了新鲜的血液，使原有的物流公司利润空间变小，竞争压力变大。

三、21 世纪物流环境的特征

从 20 世纪末开始，全球经济开始进入快速发展的阶段，信息网络数字化发展的速度加快，科学技术也进入了日新月异的阶段，各类商品新旧更迭加速，也使各类新产品在市场上的竞争变得愈发激烈，物流企业的发展局面在内外环境的形势影响下也越来越严峻。经过分析总结，目前物流企业面临的主要问题有以下几个方面。

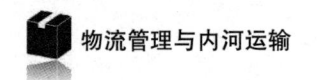

1. 信息爆炸的压力

物流企业原来的工作重心是如何迅速获得信息，现在因为你通信技术的发展和信息大量的迅速产生，把工作重心调整到如何有效利用和准确过滤各种信息。

2. 技术进步的加快

由于科学的不断进步，新产品、新技术的速度也逐渐加快，使得企业的压力不断增加，员工们也不能只吃老本，需要不断地参加进修培训，掌握新的操作技术，保障自己的各项技能跟上企业和时代的发展，否则就会被企业淘汰，无形中导致工作压力加大。

3. 高新技术的广泛使用

在物流企业中，21世纪发展的主要特色就包括高新技术，如自动条码识别技术、自动分拣系统、自动储存系统等，高新技术要想应用于物流企业中，前期就得投资很大一笔资金，但是和它带来的便利和优势相比，这些投资算的是物超所值。高新技术的应用可以使产品的质量和服务的质量有很大的提高，材料消耗和废品也会减低，成本降低，可以在人力减少的同时依旧满足用户的需求。

4. 劳务和市场竞争经济全球化

商品市场由原来的国家化变成现在的国际化，劳动力市场也变成了国际化，物流企业想要让自己的企业走向国际化的同时也不得不面对来自全球范围内与其他物流企业之间的竞争。

5. 商品研制开发的难度越来越大

想要研发一项产品，需要各种先进的制造技术、设计技术、质量保证技术等技术来支持，从而才能保证生产出来技术含量高、结构复杂的优质产品，然而在研制的过程中这些技术涉及的学科不是单一的，而且经常会出现各种学科知识的交叉。因此，如何使产品开发过程中出现的问题成功解决就成了企业面对的首要难题。

6. 可持续发展的要求

现在全球快速变暖，生态环境破坏日益严重，人们对环境保护和生态平衡问题的重视程度也越来越高，国家乃至整个国际都倡导走可持续发展路线，对于资源的开采的力度也大幅度降低，企业因为资源的短缺而导致生产受到速度大幅度降低，而且这种情况将会一直持续下去。企业要想长效稳定的发展，那么就要对企业的发展战略根据现实状况和未来预测状况重新进行规划。

7. 全球性技术支持和售后服务

企业要想在业内一直长久不衰，除了产品质量过硬之外，售后的技术支持和售后服务也很重要，全心全意地解决产品的是用户在产品使用中遇到的任何问题，这样才能不断提升自己在社会中的知名度和口碑，很多大型企业企业的售后都是全国乃至全球联保，让用户买得安心、用得舒心。

8. 用户的要求越来越苛刻

社会经济的快速发展，人们的生活也越来越高质量化，对于各类产品的期望和要求也越来越高，原来的基础需求已经无法满足他们的心理需求。通过调查发现，现在人们对产品的需求特征可以归纳为三点：一是产品要个性化、多样化，需要不断地进行创新；二是产品的质量、功能、可靠性也要越来越完善；三是产品要做到物美价廉，即产品要做到个性化、多样化的同时价格尽可能和批量生产的产品价格相同。

第三节　物流战略管理

一、物流战略规划

物流系统是一个复杂的社会经济系统，科学的物流系统规划是物流合理化的基础。物流战略的实现依赖于物流系统各个环节的规划、执行、控制和评估。而物流战略规划试图回答做什么、何时做和如何做的问题。

从服务项目、发展方向、战略行为和战略重点等方面，物流战略规划可分为以下类型：从服务项目方面划分，物流战略规划可分为准时货运集散战略、快速货运集散战略、整车货运集散战略、成组货运集散战略、专项货运集散战略、国际货运集散战略等。从发展方向方面划分，物流战略规划可分为物流服务导向战略、市场需求导向战略、专业技术导向战略、规模经营导向战略、资源优化导向战略、实时响应导向战略等。从战略行为方面划分，物流战略规划可分为扩张型物流战略、稳定型物流战略、收缩型物流战略、关系型物流战略等。从战略重点方面划分，物流战略规划可分为物流系统生存战略、经营战略、发展战略等。

（一）物流公司层级的战略规划

制定整个企业的长远、持续发展策略，推动企业长期利润最大化的实现，在

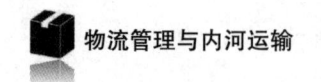

业务和产业竞争的进入、退出之间进行正确选择,是公司实施层级战略规划的根本目标。

1. 扩张型战略

就企业的发展来说,扩张型战略是每个企业走向成功必然会多次实施的举措,而且每次实施的时间长短都不一样,这主要是由于实施扩张型战略有利于推动企业规模的扩大和发展,让企业的竞争力不断增强,向具有强大竞争力的大企业靠拢。

(1)增强型战略

这种战略又分为市场开发战略和业务开发战略及市场渗透战略,是企业充分利用现有服务的潜力,通过强化现有服务地位来寻求企业未来发展机会的一种发展战略,重点是对原有市场或原有服务的开发

①市场开发战略是企业为了将自身的服务量不断扩展和延伸,以现有服务为核心对新的区域市场和顾客群体进行深入开发,对细分市场和其他地区的市场进行开发。

②业务开发战略是企业为了不断扩大自己的业务利润、市场占有率,将新的服务投放到市场、提供给消费者,或者基于新技术推动服务类型的扩展。对于航运企业来说,商品宽度的扩展是指企业要将货物运输的类型增加,对与保障运输相关的"产品"进行研发和生产,从而让市场中各种货物类型关于海上运输方式上的不同需求得到满足。比如运输产品类型从以前的日用杂活、电子产品扩展到向工艺品和工艺半成品提供运输服务。替代型开发战略、领先开发战略、混合型开发战略和追随型开发战略是业务开发战略的主要举措。

③市场渗透战略是企业以市场份额的巩固、市场份额的扩展、小众市场的开发等方面作为切入点,充分发挥营销策略的作用,推动自身市场份额的扩大和服务水平的提升。

(2)一体化战略

①横向一体化。这是指企业通过扩展现在开展的生产活动从而实现增长市场份额的目的。横向一体化战略的增长方向主要包括:一是增长原产品的生产技术或相关功能;二是扩大原有产品的生产和销售;三是以前两个方向作为重点挖掘新的客户群体或者向国际市场延伸。总体来说,这三种类别的增长都是企业早期围绕内部增长而实施的主要增长方式。比如,全球航运界排名前 20 的大企业的发展都发挥了购并和兼并等环节的重要作用。全球航运产业在 1990 年左右发生

的并购事件数量多、规模大，其中德国汉堡萨德公司先后对六家航运公司进行收购，对整个航运产业产生了较大影响。

②纵向一体化。纵向一体化指企业向原生产活动的上游和下游生产阶段扩展。现实中，多数大型企业均有一定程度的纵向一体化。该类扩张使企业通过内部的组织和交易方式将不同生产阶段联结起来，以实现交易内部化。纵向一体化包括后向一体化和前向一体化。后向一体化指企业介入原供应商的生产活动；前向一体化指企业控制其原属客户公司的生产经营活动。航运企业的后向一体化是指控制生产海运产品的上游企业，如造船、船舶修理、港口建设和码头装卸服务等。航运企业的前向一体化就是控制海运产品的下游企业，如货运代理、船舶代理、集装箱内陆运输、港口投资等。

③供应链一体化。该战略是在企业原先物流系统的基础上进行扩展和延伸，将传统物流纵向一体化发展的长度进行延长，其价值和作用对物流本身的功能进行超越，并且把完整物流过程的每个环节和对物流产生影响的其它因素都考虑入内，以资金流、物流和信息流作为出发点发展和完善供应链，最终形成一套相对独立和完整的供应体系。

（3）多元化战略

多元化战略主要是表示企业经营的业务或提供给消费的服务类型在两种或两种以上。这些业务或服务可以与企业的产品相关，也可以毫无关联。具体来说，非相关多元化战略和相关多元化战略共同构成多元化战略。

①非多元化发展战略是指企业在服务类型和业务类型方面的扩展，与它之前所拥有的服务和业务不存在任何关联，不属于上下游产业链中的部分，彼此之间不存在相关性和战略上的适应性，如业务和服务从物流产业向毫不相关的酒店行业和房地产行业扩展，但是企业实施这个战略的过程中要将主业和副业的关系调整好，通过发展副业对企业或主业发展过程中可能会遇到的风险进行合理规避。

②相关多元化发展战略是表示企业开发的新业务和新服务与公司现在开展的业务、服务存在一定关联，在"战略匹配关系"上存在一定的价值和竞争性。

（4）战略联盟

战略联盟是指拥有一致目标的两个或两个以上的物流企业进行组合或合作形成松散型网络式联合体，制定并实施共同的举措或方式，共同承担成本和风险、共享资源、取长补短。契约式联盟和股权协作式联盟是物流战略联盟的主要形式。

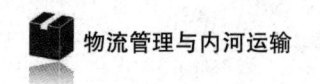

2. 稳定型发展战略

稳定型战略是指物流企业遵循与过去相同的战略目标,保持一贯的成长速度,对企业的经营范围和开发的产品保持不变。

(1)稳定型发展战略的特征

企业基于该策略坚持的宗旨是安全经营,利用以守为攻的策略经营市场和产品,存在的风险也比较小。从总体上来看,稳定和巩固企业以往的经营状况和成效是稳定性战略的本质,其特征主要包括如下几个方面。

①企业为了对现在所拥有的市场竞争力和市场份额进行巩固和稳定,采取稳定型战略,维持企业的整体利润和市场份额以及生产销售规模等方面的发展现状,或者稍微增加一点。

②企业非常满意自己在过去一段时间获得的经营成效和利润,因此经营目标的制定与过去或既定的目标类似。

③企业今后为社会提供的产品和服务与之前相似,这也表示企业创新研发产品和拓展新服务的可能性很小。

④在企业实施战略规划的时间内,企业每年的利润和绩效将按照大致的比例不断增加。稳定型发展战略的增加与扩张型战略的增加有很大的区别,前者的增加是平稳、预料之中的增加,后者的增加弧度较大。比如,如果企业实施稳定型增长战略的过程中,自身市场份额没有发生变化,但是企业的销售额和利润随着总体市场容量的扩展而有所增加,这种现象则不属于扩张型战略产生的变化。

总而言之,企业的前期战略是它是否实施稳定型战略的重要依据。企业之所以实施稳定型战略,主要是因为企业前期执行的战略对市场和产品做出了良好的选择,本阶段想要实现的目标是前期战略已经实现的目标。

当然,企业过去实施的战略获得了良好的效果是实施稳定型战略的重要前提和基础,稳定型战略的实施就大部分企业的发展来说,属于有效的策略之一。

(2)稳定型发展战略的类型

具体来说,稳定型战略包括维持利润战略、慎重战略、无变化战略和暂停战略等四种类型。

①维持利润战略。在该战略的作用下,企业为了对现阶段的利润进行维持而对未来的发展形成一定牺牲,也就是说对短时间内的效益更加重视,对长期效益有所忽视。企业一般在整体经济形势不够景气的时候实施这种战略,对过去企业

获得的经济效益和利润情况进行维持,能帮助企业稳渡过眼前的难题,推动企业稳定发展的实现,这是实施该战略根本目的

②慎重战略。慎重战略是指企业在实施战略的过程中非常谨慎、慎重,步步为营,将实施进度有意识地加以控制和降低,一般当企业外部环境所包含的部分重要因素发生较大变化或环境很难预测时会实施这种战略。

③无变化战略。无变化战略的实质是企业没有任何增长产生。企业实施这种战略的原则有以下两方面:一方面企业在经营发展上比较顺利,没有任何隐患和问题存在,所以企业不需要调整战略或者避免战略调整后会出现新的问题;另一方面,企业过去一段时间采取的经营战略获得了非常好的成绩,而且目前企业面临的内部环境和外部环境几乎不变。企业实施无变化战略,只需要以通货膨胀率为重要依据对利润目标进行适当调整,不改变其它因素。

④暂停战略。如果企业在很长一段时间都处于迅速发展阶段,企业受到其它因素的影响导致降低效率,那么便可以实施暂停战略,让企业进入休整阶段,以便之后厚积薄发。

3. 紧缩型发展战略

紧缩型发展战略是指企业从目前的战略经营领域和基础水平的收缩和撤退,且偏离起点战略较大的一种经营战略。如果说扩张型战略和稳定性战略具有积极的性质,那么紧缩型战略则比较消极,企业只会在短时间内实施紧缩型战略,实施该策略的阶段也是企业从艰难期转向其他策略的过渡期。企业有的时候为了对竞争对手的强势进攻进行抵抗,充分发挥撤退和收缩等防守策略的作用,才能对环境因素产生的威胁进行躲避,在最短时间内优化配置自身的资源。换句话说,紧缩型战略的本质是以退为进、以守为攻。

(二)物流事业层级的战略规划

在物流市场中,物流企业如何获得竞争优势,如何比竞争对手做得更好并实现企业目标,这是物流事业层级战略规划要解决的核心问题。成本领先战略、差异化战略、集中战略共同构成了物流事业层级战略。

1. 成本领先战略

人们经常使用低成本战略来指代成本领先战略。基于这种战略,企业作为生产厂家,在所处的产业中实施低成本生产的方式。实施该战略的企业一般拥有广泛的业务范围,将服务提供给许多个产业部门甚至跨产业经营其他业务或提供其

他产业服务。企业要想在成本上获得优势必须扩展自己的经营面。企业之间的产业结构不同会形成成本优势的差异，总体来说，企业的成本优势主要产生于专利技术、原材料方面享受到的优惠、规模经济方面的追求和其他因素。物流企业实施这种战略具有三个显著特征——价格相对比较低、服务相对比较标准、物流速度和服务质量受到大多部分顾客群体的认可和接受。

企业实施成本领先战略，表示企业降低成本的同时仍然为顾客提供与之前一样的服务效率和资料。基于该战略，企业对于供应商提高价格的行为更能应对自如；与替代品竞争的优势显著提高；对于竞争对手的攻击拥有更顽强的抵抗力量；推动进入障碍的形成和加强；对购买方的砍价能力进行抵抗。

低成本战略并不表示只有生产成本降低，而是整体的成本都降低，企业要想在成本上获得更多优势，则要以价值链上形成的总体累积成本作为重要竞争因素，与其他竞争企业形成的累积成本相比，只有自己的累积成本更低才能获得更多低成本的优势，具体措施包括以下方面。

①物流成本的降低。企业可以通过配送效率的提升、充分发挥地域优势的作用对运输成本降低、加强管理供应链等举措推动物流成本的降低。

②对物流信息技术灵活运用。企业将信息化系统运用到管理过程中，便可以提升物流作业的准确率和高效率，再利用信息系统整合数据，分析预测成本，从而将增加成本的可能性降到最低。

③规模经济的实现。当企业的技术水平没有发生任何改变，一旦增加累积产量则会降低企业的单位成本，这就是规模经济。

④紧缩间接费用和其他行政性费用支出。

⑤保持适度的研究开发、广告、服务和分销费用。从物流管理部门扩展到各个部门，从产品开发、生产到销售的整个生命周期中，企业都要进行成本管理。

2. 差异化战略

差异化战略又称别具一格战略、差别化战略，是将公司提供的产品或服务差异化，形成一些在全产业范围中具有独特性的东西。实现差异化战略可以有许多方式：设计品牌形象、技术特点、外观特点、客户服务、经销网络及其他方面的独特性。实施差异化战略的意义在于：建立起顾客对企业的忠诚；形成强有力的产业进入障碍；增强了企业对供应商讨价还价的能力；削弱购买商讨价还价的能力。一方面，企业通过差异化战略，使得购买商缺乏与之可比较的产品选择，降低了购买商对价格的敏感度；另一方面，通过产品差异化使购买商具有较高的转换成本，使其依赖于企业；替代品在性能上的无法替代性。

实现物流差异化可以从两个角度考虑：第一，定位差异化。企业在决定其服务范围及服务水平时，首先需要考虑的是顾客究竟需要什么样的服务和服务要达到何种水平。企业可以先选出在物流行业内顾客可能比较关注的服务要素，例如价格、准确性、安全性、速度等，并通过调查了解顾客比较注重哪些服务要素。航运企业在策略上各有优势，有的以优势航线吸引客户。第二，服务差异化。服务差异化是指对不同层次的顾客提供差异化服务。一般来说，物流企业依据其差异化战略把顾客分类，对不同类别的顾客采取差异化的服务方针，例如标准化服务、会员制服务及VIP服务。

将以上成本领先和差异化物流战略综合起来，考虑企业物流战略类型主要有以下内容。

（1）基于时间的物流战略

①敏捷物流。物流企业对环境差异和环境发生的变化作出敏捷迅速的反应，将高质量的服务提供给客户便是敏捷战略的根本目标。物流企业的敏捷性主要包括两个层面：一是针对客户的不同需求，为他们提供量身定做的物流服务；二是对于客户提出的需求和要求迅速反应、落实，迅速应对外部环境的变化。

②准时制战略。物流企业以和顾客约定好的交货时间作为重要依据和基础，对生产、交货、采购和运输等环节及时完成，将"无缝对接""一个流"战略贯穿于整个物流过程。

③延迟战略。物流企业为了对风险进行预估和控制，在客户订单生成之后再确定产生的加工和运输时间，分生产延迟和物流延迟两种形式。

④集运战略，也称为集中运输。a.与第三方合作进行联营送货，运输服务由第三方提供。b.区域化集中运输。将送货地址为同一个地区的货物进行集中运输，再派送到不同客户手中。c.预定送货。通过和客户协商对运送计划进行制定，以按时送达作为基础和前提，可能会有较多货物在预定期内进行运输。

（2）以服务作为基础和前提的战略

多样化分拨战略是将差异化水准的客户服务提供给所有产品。企业实施多样化分拨战略针对同一系列的产品。多样化分拨战略也可以在选择库存地点方面进行合理运用，将不同的产品搭配放置在每个储存点。

（3）基于成本的物流战略

①精益物流战略。该战略是物流企业在空间、时间和人力、设备等方面投入最少的资源，完成各项操作和流程，对物料的运输、流动进行高效组织，避免发生浪费行为，利用最短的前置期实现最小化的成本和库存。物流企业实施精益战

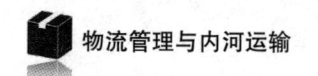

略更多的是将运输环节存在的浪费现象进行消除，寻找到最佳的消除方式。目前最常使用的消除方式是详细分析当前的操作和程序，将其中不能增加价值的操作和程序删除，对浪费和影响时间的操作取消，将运输过程简单化，促进运输效率的提升，与规模经济加强合作和沟通，使得运输费用不断降低，将供应链中不具备价值的程序和环节删掉。

②合作与联盟战略。物流企业对于与供应链其他部分的合作极为重视，战略联盟便是由客户、专业物流提供商和供应商共同构成，推动供应链的高效化，所有成员团结一心，实现共赢。

3. 集中战略

集中型战略即聚焦战略，是指把经营战略的重点放在一个特定的目标市场上，为特定的地区或特定的购买者集团提供特殊的产品或服务。即企业集中使用资源，以快于过去的增长速度来增加某种产品的销售额和市场占有率。该战略的前提思想是企业业务的专一化，能以更高的效率和更好的效果为某一狭窄的细分市场服务，从而超越在较广阔范围内竞争的对手们，这样可以避免大而弱的分散投资局面，容易形成企业的核心竞争力。

集中战略实施途径主要有以下两点：①服务内容集中化。物流企业面向多个行业提供某一项或几项特定的物流服务内容，例如分别就运输、仓储、配送、报关、系统设计等可以由不同的企业完成。②服务对象集中化。中小物流企业为某一具体行业提供完备的综合服务。

（三）物流职能层级的战略规划

1. 物流职能层级战略类型

职能层级战略是物流企业各部门根据企业总体战略和竞争战略的要求而制定的具体实现方法和手段，主要有研发战略、市场营销战略、人力资源战略和财务战略等。

（1）研发战略

业务流程再造，优化整合物流与供应链管理体系；培养复合型高级物流人才，实现研发阶段物流管理理念的创新；推进企业信息化建设，搭建物流信息化平台；适当发展第三方物流管理，形成企业间战略联盟。

（2）市场营销战略

服务市场细分与服务定位策略；服务创新与差异化战略；服务营销渠道策略。

（3）人力资源战略

根据企业中长期发展的要求，满足其对人力资源总量的需要；优化人力资源结构，形成合理的人才结构，满足企业各层次、各专业对人才的需要；提高每个劳动者的素质，使之与其岗位工作的要求相适应，提高员工队伍的整体素质，发挥人力资源的整体效能；努力把人力转化为人才。此外要注意人力资源规划工作实施过程中的相关事项：管理决策公司业务；完善员工的工作职责；建立人事培训机制；建立有效的激励制度。

（4）财务战略

质押仓单、信用担保等融资战略，投资战略以及资金运用和分配战略。

2. 职能战略组织结构协调

物流管理组织要解决的一个主要问题是合理安排企业内部与物流活动各类人员，使他们能够更好地相互协调、合作，共同完成物流管理的职能，实现物流管理的目标。

设立物流组织结构可以协调企业各职能部门之间的矛盾，同时便于对物流活动进行有效管理。

（四）物流功能的战略规划

1. 物流功能战略

根据物流功能的基本内容，物流功能战略主要包括以下内容。

（1）物流运输战略

物流运输战略包括运输承运人选择、运输方式选择、运输路线选择、物流运输组织的协调等。此外，新型运输战略包括管理改革型、产业渗透型、政府促动型、技术革命型等。

（2）物流仓储战略

物流仓储战略包括仓库的物权决策、集中仓储或分散仓储、仓库规模及选址、布局、库存策略选择等。

（3）物流配送战略

物流配送战略包括混合战略、差异化战略、合并战略等。

（4）物流信息战略

物流信息战略包括信息资源战略、信息技术战略、信息组织战略及电子商务战略等。

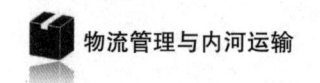

（5）物流客户服务战略

物流客户服务战略包括成本最低战略、利润最高战略、竞争力最强战略等。

2. 物流功能战略协调

物流功能之间存在着效益背反，因此，在制定物流战略时，需对物流功能战略进行协调。一方面，通过确定客户服务水平决定战略方向；另一方面，物流战略中功能部分的协调管理。

二、物流战略的实施

（一）物流战略实施的挑战

物流战略实施是把物流企业的战略方案转化为具体的行动，通过战略变革实现战略物流管理方案所要求的各项目标，进而达到全局制胜的动态过程。在实施物流战略的过程中可能会出现如下困难，导致战略无法完全有效执行。

①战略意识薄弱。与一般企业相比，物流企业的战略拥有更广的设计范围和更复杂的战略环境，有许多困难阻碍着战略的实施，所以要对战略的动态性进行充分考虑，避免战略失效。

②不能对物流战略进行系统认识。在理论层面上，物流战略与公司是两个不同的概念，员工很可能在实施过程中，混淆物流职能与物流公司战略，因此，要对员工进行针对性的战略导向培训。

③战略制定者与执行者没有良好沟通，建立共识。管理者若想以过去日常管理活动的语言为依据来分解战略，将其分为各个职能、层次或某一员工的工作任务是十分困难的，所以，战略实施必须解决将战略向各执行面能理解的语言转化这一问题。

④组织及管理系统与战略不协调。将企业原有的管理流程及体系调整，将战略核心作为资源与业务分配、组织运作的核心，这对于企业战略的实施来说十分重要。

⑤企业制定不合理的相关激励制度。短期成果和财务指标是传统目标管理和绩效管理机制所偏重，而忽略了企业的长远竞争力，要想在每一位员工的个人工作目标落到实处，就必须要围绕着战略建立管理与绩效制度，匹配合理的奖励与激励制度。

⑥信息在战略实施过程中没有得到良好反馈。企业必须在战略实施的过程中找出关键点上的战略绩效指标，以此来对原先的战略假设进行检验，并作为修正

的依据，当假设条件变化时，要做出调整与否的决策。

⑦企业的变革存在内部阻力。组织惯性和人们对改变的抵制是组织变革的困难所在，人们成为战略实施的阻碍，通常是因为他们对所发生变革的原因及即将出现的变化不够了解，制定者必须将正确的信息提供给雇员，然而，管理者对有利于变革的环境的营造是战略实施成功的关键点。

（二）物流战略实施的原则

物流战略实施应遵循以下原则。
①物流服务与成本相互协调的原则。
②适度合理性原则。
③统一领导、统一指挥的原则。
④权变原则。

（三）物流战略实施的要素

物流战略的实施包括硬件要素和软件要素。
①硬件要素，如战略、结构、管理制度等。
②软件要素，如风格、共同价值观、人员以及技能等。

（四）物流战略实施的模式

物流战略实施的模式包括指挥型、变革型、合作型等。
①指挥型。企业总经理考虑的是如何制定一个最佳战略。
②变革型。企业总经理考虑的主要是如何实施企业战略，他的角色是为有效地实施战略设计适当的行政管理系统。
③合作型。企业总经理考虑的是如何让其他高层管理人员同他一起共同实施战略。
④文化型。企业总经理考虑的是如何动员全体员工都参与战略实施活动。
⑤增长型。为了使企业获得增长，企业总经理鼓励中下层管理人员制定与实施自己的战略。

三、物流战略的控制

物流战略的控制主要指在实施物流企业经营战略的过程中，对企业实现目标的过程中所进行的各种行动的进展的检查，对企业战略实施后成效的评估，并与事先设定的技校与战略目标相比对，找出偏差及其产生的原因并进行纠正，让企

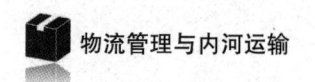

业的战略实施能够与企业目标及企业现阶段的内外部环境同步,进而实现企业战略目标。

使企业实际的效益尽量与战略计划相符合,是战略控制的重要目标之一,下面是物流控制过程的四个步骤。

①确定评估标准。对实现目标的过程中需要完成的任务加以明确,将企业文化、控制系统和组织结构等可以保障战略实施成功的领域作为评价的重点,长短期目标两手抓,推动企业的持续性发展,对交货效率、顾客满意度和发货周期等非财务性绩效评价加以重视。

②监测绩效信号。物流管理人员需要对数据进行收集处理来控制职能,并对环境变化时出现的信号进行实时监测。

③评估实际绩效。在这一步中,企业要找出实际绩效与目标绩效之间的差距,评价其中的仓储、包装、加工和运输等物流的各环节,以评价为依据,确定能对客户所需求的服务能力、服务水平与要求进行的最大程度的满足的限度。

④纠正措施和应变计划。企业一旦在生产经营活动中判断出可能出现的威胁与机会及相应的结果,或企业的实际技校与目标绩效差距较大时,就必须采取行动来进行补救。应变计划指的是企业所设定的备用计划,主要用于应对战略控制过程中出现的重大意外情况。

四、物流战略评价

战略评价与选择是战略方案制订与战略实施控制间的桥梁和纽带,战略选择的正确与否直接关系到企业的命运。不同的战略及其评价特点及评价方法各有不同。

(一)物流公司层级的战略评价

1. 多元化战略评价

为了使企业能够更正确地对战略进行取舍,可以选用多元化战略评价方法。

(1)波士顿矩阵

波士顿矩阵的主要功能为对企业产品组合的方法进行分析规划。这种方法对企业生产的意义进行了界定,那就是企业要尽可能为了与市场需求的变化相适应,要不断改进产品品种和结构(见图2-4)。同时,企业要想获得激烈竞争中的胜利,就要考虑如何在合理的产品结构中分配企业有限的资源,使企业效益得到保障。

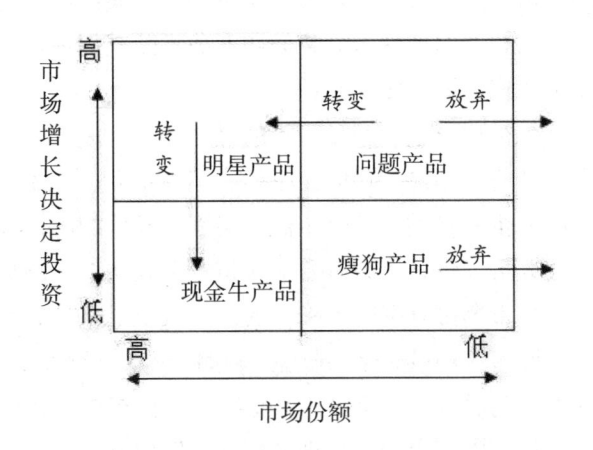

图 2-4 根据波士顿矩阵进行优化

①明星产品，指的是市场占有率高、正处于高速增长的产品，这种产品可能会成为企业的大量收益来源，需要对其进行大量投资来推动产品发展。要采用如下发展战略：对市场机会和经济规模进行积极扩大，放眼长远，通过市场占有率的提升来稳固市场竞争地位。以事业部的形式来组织管理明星产品和发展战略，将负责人由精通销售与生产技术的经营人员来负责。

②问题产品，这类产品有较低的市场占有率和较高的增长率。问题产品有良好的前景和较大的市场机会，但却存在市场营销方面的问题。因此，这一象限内的产品不具备充足的资金，负债比率高且利润率低。这类产品包括正处于引进期的产品，但因为某些问题而无法将市场局面开拓出来的新产品。应当采用选择性投资战略应对问题产品，也就是对这一象限中，可能会因改进而成为明星产品的产品进行确定，并对其大量投资，通过市场占有率的提升，完成其向明星产品的转变；对一些有成为明星产品潜力的问题产品可以进行一段时期内的扶持。

所以，通常企业会在长期计划中纳入对问题产品的扶持与改进方案。最好应用项目组织或智囊团等形式来组织管理问题产品，选择负责该类产品的人才要敢于冒风险、有规划能力与才干。

③瘦狗产品，也被称作衰退类产品。这类产品市场占有率和增长率都较低。高负债比率、亏损或保本状态及低利润率是其财务特点，企业无法从中获得收益。应采用撤退战略应对这类产品：首先，对批量进行减少，逐渐退出市场，立即淘汰市场占有率和销售增长率非常低的产品；另外，向其他产品转移剩余的资源；将瘦狗产品与其他的事业部一同管理。

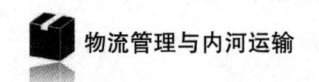

企业高层管理者可以通过波士顿矩阵清晰观测到企业各部门的投资特性、现金流动和需求，良好的企业发展状态为将问题业务不断向明星业务转化，将明星业务不断向金牛业务转化，淘汰瘦狗业务。

④现金牛产品，也被称作厚利产品，指的是已经进入成熟期的、市场占有率高且增长率处于低水准的产品群。负债比率低、销售量大、产品利润率高是其财务的主要特点，可以为企业提供大量资金流，但因其较低的增长率，不需要企业的投资扩大，所以企业可以将其作为后盾，来将资金收回以支持其他产品。对于这类产品，必然要面临市场占有率的下降，所以，收获战略是更理智的战略，也就是使投入资源在短期内获得最大化的收益。例如，尽量将设备与其他投资压缩；尽量在短期内获取大量利润，将资金投入其他产品的生产中。在这一象限内，若销售依然有增长的态势，则应当进一步细分市场，使现有的市场增长率维持住或使之下降速度延缓。最好应用事业部制来管理现金牛产品，应用市场营销型人物来经营产品。

（2）行业吸引力—竞争力模型

行业吸引力矩阵法，也被称作九象限评价法，它相比波士顿矩阵法改进很大，将一个中间等级加在了两个坐标轴上，使分析考虑因素增多。它用加权评分方法对企业实力、各产品的行业引力进行分别评价，以加权平均的总分为依据，将其划分为大（强）、中、小（弱）三部分，建立多样化的组合方格。

2. 物流战略联盟评价

共同客户及客户的客户是战略联盟所面对的，物流企业要想达成双方预期合作目标，建立成功的战略联盟，就要以下面的标准选择联盟伙伴。

（1）战略目标相似程度

企业联盟应有相似或相容的管理方式、经营战略和文化等。

（2）兼容性

联盟企业若不具备兼容性，则很难长时间进行良好合作，共同面对环境与市场的变化，所以企业必须考虑战略伙伴与自身的兼容性，主要从组织文化、经营方式和企业战略等方面综合考虑。

（3）可靠性

联盟合作的投入、企业信誉和企业经营状况等都是考察企业可靠性的方面。

（二）物流事业层级的战略评价

物流企业有效的事业层级战略是企业巨大的竞争力，可以获得竞争优势，取得大额利润。物流企业核心竞争力主要有以下六类：物流服务产品开发与设计能力，当然开发与设计必须与货主的需求相适应；专项定制能力、一体化服务能力、快速响应物流需求的能力；能够规划物流系统和管理物流活动，帮助货主企业实现价值最大化的能力；能够诊断物流运营情况，帮助货主企业实现物流合理化的能力；能够开发物流软件并构建物流信息系统的能力；能够追踪物流并实时预测市场信息、及时决断的能力。

现在常用评价物流综合能力的方法主要有四种，即专家评价法、数据包络分析法、层次分析法、模糊评价法。

1. 专家评价法

专家评价法出现早，应用广。具体评价方法为：以定量和定性分析为基础，通过打分制，得出量化结果，并进行数理统计。具体步骤为：一是了解评价对象的具体情况，选定评价指标，并将评价指标确定评价等级，将评价等级量化变现为分值；二是在确定标准的基础上，邀请专家按标准对评价对象进行打分，也就是分析评价；三是对于专家所打分值运用适当的方法进行统计，获得评价结果，常用的方法包括加法评分法、乘法评分法、加乘评分法。专家评价法的优点是能够进行定量估计，尤其是在缺乏统计数据和原始资料的情况下，很有意义。

2. 数据包络分析法

数据包络分析法又称 DEA 法，具体评价方法：根据生产函数理论，通过被评价产业的投入和产出指标，对相对有效性的数学规划进行评价的方法。这种方法常用于企业的效益分析、规模经济分析、产业动态分析等。数据包络分析法优点在于可以帮助企业找出自身优势，缺点在于计算复杂，局限性大。

3. 层次分析法

层次分析法又称 AHP 法。具体的评价方法：分解复杂问题，形成多个有序的层次，将方案两两对比，再将每一层次的元素重要性进行定量并构造判断矩阵，以层为单位计算出相对重要性的权值，然后评价其综合排序。

4. 模糊评价法

模糊评价法的具体评价方法：第一步制定因素集，根据评价指标体系制定；第二步制定评语集，根据确定的评判标准制定；第三步根据单因素评判得出交换矩阵；第四步确定评判指标分配权数，最后综合评判。

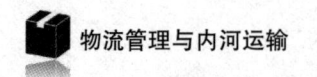

(三)物流职能层级的战略评价

在企业确立战略目标的基础上，企业会选择公司层级战略、事业层级战略，下一个步骤，就是每个职能部门制定相应的职能战略。制定平衡计分卡，有机连接企业的业绩评价系统和企业的使命与发展战略。通过平衡计分卡具化企业的使命和发展战略，形成具体目标、评测指标，达到企业战略和绩效相结合，实现职能战略与企业总体战略互相促进的良性发展。

平衡计分卡被认为是最有效的战略管理工具，可以用来增强企业战略的执行力。可以从财务、客户、内部运营、学习与成长四个维度，分解企业战略，将其具化为可操作的衡量指标和目标值，从而实现建立"实现战略制导"的绩效管理系统的目的，保证企业的战略落实到位。

1. 财务指标

财务业绩指标主要衡量企业的战略以及实施和执行战略的具体过程是否能提高企业的盈利情况。财务指标的内容主要是企业的获利能力，具体的指标内容包括：营业收入、资本报酬率、经济增加值、销售额的提高量、现金流量等。

2. 客户指标

客户指标指的是企业在确定的业务范围及范围内的客户和市场中的衡量指标。客户指标的具体的内容包括客户满意度、客户获得率、客户保持率、客户盈利率、目标市场的占有率。客户指标的确立有利于业务单位的管理者明确客户和市场战略，从而打造良好的财务回报。

3. 内部经营流程指标

内部流程指标主要是帮助企业管理者确认企业的优势，以及企业发展的关键点。通过内部流程指标的确定，业务单位更明确价值主张，目标细分市场，从而吸引和留住客户，达到股东期望的财务回报。

4. 学习与成长指标

学习与成长指标是未来成功的基础框架和关键因素，一旦确立，能够帮助企业达到长期的成长和改善。企业现有能力及达到目标业绩所需能力间的差距可以通过平衡记分卡的财务指标、客户指标、内部经营流程指标显示。为了弥补这个差距，突破新业绩，企业需要提高员工的综合能力，理顺企业的组织程序，做好日常管理工作。平衡计分卡具体的学习与成长层面目标大部分都是驱动因素。例如：员工满意度、员工保持率、员工培训和技能等。

第三章 物流仓储管理

高效合理的物流仓储可以加速物资周转效率，降低成本，保障生产顺利进行，实现对资源的有效控制和管理。本章对物流仓储管理概述、包装与流通加工、库存控制管理理论及其方法、现代化共享仓储管理模式进行阐述。

第一节 物流仓储管理概述

一、仓储管理的内容

仓储在物流活动中处于中心地位，涉及供应链的多个环节。仓储活动通过调节生产和消费上的时间差、价格和价值的波动，可以在一定程度上避免生产过多导致价格下跌或供应断档导致价格上涨等情况发生。至今，现代仓储业已经融合成供应链一体化仓储，成为物流系统中的重要环节之一，它反映了一种经营活动的过程。在一定条件下，运用现代物流技术手段对仓库的各项流程应该做到有效规划、组织、执行与协调，满足整个物流供应链上下游的需求。

仓储管理的内容是综合的，涵盖了经济、技术、信息层面上的，他们之间互相制约，所以在实际的运营管理中，要综合考量，不能单方面地去思考，要从整体出发。

仓库的选址和布点要遵循基本原则和相关的理论方法，还要考虑交通、环境、成本等基本因素，仓库的数量和规模也要有相应的对位衔接。

仓库作业设备的选择和配置是综合考虑仓库的特点和仓储物的种类、理化特性等因素，选择适合仓库的设备（装卸搬运设备和储存搬运设备），同时，在选择设备时也要考虑设备的成本和方便性以及后期的维护费用。

仓库规模的设计和内部合理布局要依据公司整体战略的需求来设计仓库的大小和结构，仓库内部布局要清晰明了，各个功能区域布局既要兼顾自己的作用也要同其他功能区互相协调。

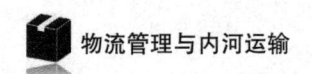

仓库库存管理和运营管理方式的选择相对其他内容是较为复杂的内容，也是主要内容之一。库存管理主要是调整库存能力，是现代仓储业发展的重要标志；运营管理的选择主要体现在企业组织、协调等方面，不同的企业有不同的资金实力，不同的企业文化，所展现出来的运营管理模式也就不一样。

库存控制是仓库的基本功能，为了市场竞争和客户需求，现代仓储需要对货物进行一定的提前预测，科学合理的预测可以提高服务水平，减少供大于求或供不应求的现象，避免企业造成浪费。

仓储作业活动及信息技术的应用主要是仓储作业的管理和利用信息技术手段辅助管理仓储活动。从平面和竖向的角度优化作业流程设计，企业的组织架构、岗位分工等都参与到作业活动中。信息技术的应用增强了传输的准确性和稳定性，也提高了仓储活动的便利性。

二、仓库管理的模式

仓库管理模式是一种方法与库存管理手段相结合的管理模式。仓库管理的一般模式可以分为自建仓库、租赁仓库和第三方仓库，具体取决于仓储操作的工作方式。

1. 自建仓库

自建仓库是指企业内部自己的建筑仓库。优点是控制方便，管理灵活，有助于确保生产的正常运行，提升企业的竞争力。

2. 租赁仓库

租赁仓库属于公共仓库的存储，企业通常租赁这些仓库以提供商业服务。使用租用仓库时，企业的业务活动可以更灵活，允许企业控制存储和处理成本。

3. 第三方仓库

第三方仓库是一种存储方法，可提供专业、高效、经济和准确的物流服务。第三方仓库管理专业，管理理念创新，物流效率高效，高标准。

仓库管理研究是多种多样的。无论采用何种模式，其主要目标都是提高企业的管理水平和服务水平，提高效率。在企业的业务流程中，仓库管理主要响应企业的生产、经营和销售服务，同时仓库的利用率和资金的利用情况影响着业务的进一步改善。

三、仓储精益化管理

仓储管理优化是指针对仓储管理中存在的问题或者不足采取一定的方法、技术和措施使之得以解决与提高。如进入和离开的商品组是单向和线性的，因此避免了由于重复运动导致的低效操作；利用高效处理设备和操作程序优化仓库处理效率，利用现有机器进行作业处理。

现今，仓库不仅仅是存储中心而是代表增值中心，它已然是物流业务的重要组成部分，在供应链中，不同层次的产品需求和供应匹配起着重要的作用。为了提高仓库的效率并优化其运营，可以借助精益管理理念的方法做持续改善，消除仓储活动和非增值流程的浪费。精益仓储主题涉及在仓储操作中应用精益概念和实践，以提高仓储效率。

（一）仓储精益化管理的目标

仓储精益化管理要求降低企业的各种浪费，减少多余的毫无价值的活动，以便于提高效率。其出发点是以最少的投资（劳动力、物质资源、设备、资金、材料、空间、时间等）交换更多的生产，以创造更多的生产并为客户提供优质的服务。投资少，生产量多，浪费少，管理效率高，行事良好，使公司彻底消除了商业活动中的浪费现象。

精益化管理的宗旨是通过将浪费降到最低，来实高质量的产品与服务的。企业通过实施精益化管理，可以到达如下目标。

1. 消除其中的浪费，提高作业的效率

使用精益管理的思路作为指导的思想，通过对浪费环节的识别和消除，将管理的目标逐级分化和传递，使管理流程不断优化和完善，最终促进员工愈加尽职尽责、作业标准愈加明确具体，然后员工能够自觉高效地承担起各自的责任，作业效率显著提高。

2. 现场标准、整洁、有序、高效

通过实施5S（整理、整顿、清扫、清洁和素养）活动，能够使企业的现场更加整洁、有序，推进现场员工作业的标准化、目视化和节省化，提升现场员工的素养，为企业管理的其他可改善环节打好基础。

3. 转变管理思想，改善工作方法

通过持续的精益化管理的循环，管理者能够及时发现管理过程当中存在的问题，有利于对管理方法进行及时的调整，找出管理当中的漏洞，并及时解决。

4.提高员工素质，促进共同发展

通过员工参与精益管理实践，培养"消除浪费，减轻和改善所有员工"的管理理念，让员工感受到参与企业管理的氛围。实施精益管理，然后推广员工的业务。树立思路，增强质量意识，鼓励员工识别和解决问题，以提高员工整体素质为目标，增强员工素质管理的活力和希望。同时，加强基层员工以及企业的业务培训和人才培养。

（二）建立精益化仓储管理模式

在精益思想的指导下，仓储管理以客户需求为中心，在低成本、高效率的同时，给客户带来准时、快速的服务。建立仓储精益化管理的模式，首先，正确认识价值流。这是精益仓储的前提，价值流是企业所有价值活动的总和，主要体现在业务流、信息流和物流上，对一个产品或服务必须有流程划分标准，认识价值流就要搞清它的步骤和环节，能描述和分析，并区分出价值与浪费。其次，确保价值流的顺畅流动，这是精益仓储的保证，以顾客需求为最终目标，探索优化某一项工作任务的最佳物流路径，价值流的顺利流动需要排除一切不产生价值的活动。最后，重视价值流动力看顾客需求，这是精益仓储的关键，在精益仓储中，价值流的流动主要依赖于下游客户，当顾客没有需求时，上游的所有产品都不生产，反之则为顾客提供快速服务。

四、仓储业务流程优化

（一）仓储业务流程优化的演变

传统的管理模式会导致仓储企业出现突发性的问题，需要改革和创新来解决各种问题，因此企业需要对仓储业务流程进行深入的分析，及时发现潜在的问题和风险，开发仓储管理业务流程优化或业务流程重组，以提高企业的市场核心竞争力。

当企业面临转型升级的时候，只有仓储业务流程效率高、流程合理，才会有利于企业提高经营效率、管理流程和能力建设。随着我国经济的快速发展，企业的竞争越来越激烈，很多企业开始大规模扩张，员工数量和产品种类急剧增加，企业管理者逐渐发现现有的业务流程和管理方法已不能满足企业发展的需要。随着企业的发展，企业在不断的改革当中研究出有关业务流程优化的一些理论。

经过长期的努力，企业可以通过流程优化达到提高企业绩效的目的。通过制定明确、有效、前瞻性的战略，树立以顾客服务为基础的价值观和市场导向，企业过程管理可以看作是支持战略管理的一个系统。优化仓储业务流程不仅可以刺激整个企业的变革，而且可以提高企业管理的效率。优化过程不仅可以提供最佳的业务流程改进，同时实现企业资源合理化，完善组织结构，优化业务流程，可提高企业工作效率给企业新的力量和机遇。

结合流程优化的基础内容，企业可以在最初的仓储业务流程基础上获得优化的业务流程；通过满足客户对服务的需求和提高产品的满意度，在业务流程中系统分析、梳理、调整的问题环节，利用先进技术和管理理念进行重组和进一步优化，重新分配企业内部和外部资源，进一步明确不同部门在组织结构和管理结构中的各自作用和任务，加强内部和外部的互动和协作，实现跨部门和互利的成果；最终，优化和调整企业的质量、工作速度、服务和效率。

企业在成长中，在仓储业务流程方面，通常会面临管理、改进和再造的问题。

1. 仓储业务流程管理

仓储业务流程是为了实现特定经营目的而采取的一整套逻辑相关的活动的组合体，以达到市场需求的产品或者服务的要求。业务流程管理是将70%以上的内容需要通过两人以上协作的任务全部或者部分换成计算机处理，实现该任务的自动化。

仓储业务流程管理是对企业流程不断进行规范管理的过程，通过对企业流程的分析，明确各个业务流程对企业的重要程度，随后对各流程进行设计和描述，仓储业务流程管理处于一种不断变化的状态。企业业务流程的管理一般分为生产流程层、运作层、计划层和战略层，各层次之间相互联系、相互依存，且每个层次均相对独立且有自己的处理方法。

2. 仓储业务流程改进

仓储业务流程改进能够辅助企业在业务流程操作上进行重大改进。企业进行业务流程改进是通过制定切实可行且符合要求的执行报告，让流程的成果更加丰富、帮助企业节省资源并让流程更有效率、能够在业务或者顾客需求发生变化的时候迅速做出反应、增加流程的灵活性。

仓储业务流程改进按照五项步骤开展：①研究，研究企业现在的仓储业务流程，发现其中需要改进的地方；②说服，确定仓储业务流程改进的价值及可行性后，说服其他成员及管理层同意；③计划，制定有关业务流程改进的计划书，说明实施步骤及人员组成；④设计，根据现行业务流程设计新的业务流程；⑤执行，应用新的业务流程，对结果进行记录并进行必要的修正和调整。

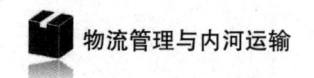

3. 仓储业务流程再造

仓储业务流程再造是指为了大幅度改善企业的成本、质量和服务等运营基础，需要对业务流程进行重新思考和彻底改革。业务流程再造希望用更少的人力完成更多的工作，不仅需要对业务流程进行很大的革新，还需要对组织结构等进行改革，事故比业务流程管理有更大的风险。

仓储业务流程再造的方法包括：整合相关工作或工作组，增加员工的责任感，明晰权责；各步骤按自然顺序开展，让工作能够同时进行或交叉进行；工作方式因业务而定，避免一概而论；淡化组织界限，缓解各部门间的摩擦，减少协调工作。

（二）仓储业务流程的优化作用

1. 提升企业运营管理效率与市场应对反应灵敏度

为了更好地适应行业中的激烈竞争，企业必须优化和简化其仓储业务流程。为了确保企业内部的有效和合理运作，以及对市场信息作出反应的能力。迅速了解客户对服务的需求，及时回应客户的需求，利用最短的时间提供满足客户需要的产品或服务。只有迅速的反应和及时的反应，企业才能抓住市场机会，赢得客户的好感。在这个时候，提高仓储业务流程的效率和优化设计过程特别重要，这也有助于企业提升自身的核心竞争力。

2. 提升客户对服务和产品的满意度

有效满足客户对服务的需求和产品的满意度，是每个服务企业的一项强制性要求，仓储企业应面向客户的需求，否则企业不能良好的发展。从产品本身到变成服务，以满足客户的需要。

只有满足企业对客户服务的需求，企业才能得到客户的认可，仓储并获得相应的利润。因此，仓储只有符合客户方的标准和要求，客户才会愿意支付购买企业产品的费用。该服务的需求要求企业非常了解现有的商业理念和管理方法，通过仓储业务流程优化进行企业治理，及时解决企业潜在问题和风险。

3. 提高企业价值增值服务

企业内部的活动可以分为两类：直接创造产品价值和间接创造产品价值。优化业务流程应保证工作正常，服务质量不下降的情况下，企业将主要花费大量的时间和精力，为了缩小差距，优化公司的核心业务环节，加强管理，提高企业整体业绩和交易质量，降低交易成本。

（三）仓储业务流程的优化策略

1. 自动化立体仓库的建立和使用

自动化立体仓库的建立和使用，能够帮助公司有效处理大批量货物的入库、存储和出库作业。遵循仓储业务流程优化的原则和相关理论，从布局整个自动化立体仓库的角度，对公司的仓储业务流程进行了优化，提高其智能化水平。一个订单所对应的一种货物的进、出库数量都是较大的，故可直接以一个订单中的一种货物进行入库和出库业务，即直接以整个托盘的形式进行货物的入库和存储业务（一个托盘上堆码的是同一种货物）、出库时一次操作也只需要处理一个订单中的一种货物（同样以整托的方式运出），不需要设置分拣系统来进行货物入库业务或出库业务时的二次分拣工作（分拣系统多适用于具有少批量、多品种、高频次特点的电商仓）。

优化后的自动化立体仓库仓储业务的流程如下。

①货主根据公司的要求，按时到达指定等待区，将货物卸载到仓库提供的标准化托盘并置于待入库区。

②检查货物数量及外包装完整度，货物检验合格后，员工用手持 PDA 完成货物的扫码入库工作，由叉车将整托货物从待入库区运至入库区，同时，手持 PDA 完成的入库信息上传至仓库的信息系统，更新订单及货物信息。

③叉车式 AGV 将货物从入库区送至入库缓存区。

④货物再由入库缓存区进入入库台。

⑤巷道堆垛机根据信息系统的指示将货物从入库台送至既定货位。

⑥巷道堆垛机同时接受出库指令，将货物从货架取出，运至待出库台。

⑦货物由待出库台运至待出库缓冲区。

⑧码垛机器人拣选特定数量的货物至有出库托盘的出库口，如有剩余货物则经出库返回区到达入库台、再由巷道堆垛机重新运回原货位。

⑨出库口的货物进入出库缓存区。

⑩出库缓存区的货物进入出库台，员工用手持 PDA 完成货物的扫码出库工作，并将信息回传系统，以更新订单和货物信息。

⑪叉车式 AGV 将完成出库扫码的货物从出库台送至出库区。

⑫叉车将出库区的货物运至运输车辆所在的等待区。

在公司的仓储业务运作过程中，通过部署在整个仓库内的网络摄像头，实现对仓储环境和货物流动的远程监控，监控系统以画面的形式记录仓库内的全部操

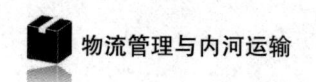

作，并实时分析接收到的信息，如果有异常状况存在就会启动紧急报警功能。同时，仓库内还有环境控制系统，确保货物能够处于科学且适宜的存储环境，保证货物的存储质量。

在优化后的仓储即自动化立体仓库业务的运作过程中，涉及许多机器设备的运转，这些机器设备都需要电力的支持，如果只是单纯地依靠从供电公司购买工业用电，无疑是一笔持续性的巨大开销。公司可使用太阳能发电板，这样既可以提供本公司所需的电力，解决长久性电费支出问题；也可以在产电量充足的情况下，化身为"供电公司"，为其他需要用电的公司提供电力，扩展了公司的盈利业务，增加了公司的盈利收入。

2. 入库业务流程的优化

入库业务包括入库前准备作业和入库作业两部分内容，本部分内容也将对上述两部分的流程进行优化。

（1）入库前准备作业

入库前准备作业为整个仓储作业的运行奠定了基础，做好入库前的准备工作，能帮助库内作业更顺利、更迅速地进行。入库前准备工作的流程如下。

①货主将包含货物种类、名称、数量、规模、合格证书等信息的到货通知以及期望的到货时间发送给公司。

②公司收到货主发送的到货通知后，根据将要到达的货物类型及数量等，结合该时段内，公司已约定进行入库操作的货物量，安排该批次货物运输车辆的到达时间、等待区（停车区）以及货位等，并将上述信息反馈给货主，同时生成入库清单。

③货主根据公司的安排，准时到达指定等待区。

（2）入库作业

入库作业是整个仓储系统作业流程的开始，优化后的仓储入库流程如下。

①货车按约定准时到达等待区后，将同种类型的货物卸载到仓库提供的标准入库托盘上，并置于相应待入库区。

②公司按照入库清单，检查货物数量及外包装，如果外包装没有破损，则视为符合货主提供的货物信息即满足入库要求；如果外包装有破损则进行开箱检验，在进行检验过程中，如果发现货物的数量、质量等不符合要求，公司拣选出不满足要求的货物，更改这批货物的入库清单，并将信息反馈给货主，由货主决定残次品的处理方法。

③经检验合格后的货物，用手持 PDA 完成货物的扫码入库工作，并将信息回传至公司的信息系统，整托货物由叉车运送至相应入库区。

④如果此时叉车式 AGV 空闲，则叉车式 AGV 从入库区将货物以整托的形式运到入库缓存区；否则，货物滞留在入库区等待。

⑤货物到达入库缓存区后，如果入库台空闲，则货物直接进入入库台；否则，货物在入库缓存区的队列中等待。

⑥货物到达入库台后，如果巷道堆垛机空闲，则直接将入库台的货物以整托的形式根据系统生成的货位放置到相应货架上，完成货物的入库工作；否则，货物在入库台等待。

3. 在库业务流程的优化

（1）保管养护

保管养护能够防止或者延缓货物的变质，公司需要采取科学的方法，对货物进行分类：将对存储环境有特殊要求的货物结合仓库内的环境控制系统，创造此类货物应满足的储存条件，实现仓储环境的可视化，并达到保证货物品质的目的，避免存储时因保管不当造成公司不必要的损失，影响公司在客户心目中的形象。

（2）盘点检查

盘点作业是在库作业中必不可少的一部分，盘点检查是对在库货物的种类、数量和总价进行统计，帮助公司理清库存量和账务信息。如对特定货物进行部分盘点；对在库的货物进行实际盘点，确定货物实际数量。其中在实物盘点部分，可以采用无人机完成此项工作，一改以往用人工进行盘点工作的局面，降低了人力成本，避免了员工与货物的直接接触，减少了货物的搬运次数，提高了实物盘点的效率。

实物盘点的具体流程如下：①操作员根据实际盘点的作业要求，操作信息系统确定需要盘点的区域，并设置无人机盘点的飞行路线；②系统将包含盘点货物所在位置及飞行路线的盘点指令发送至无人机；③无人机依据系统给定的信息，到达指定区域，然后根据图像识别结果和 RFID 计数结果进行叠加对比，实时读取货位上的货物信息，保证盘点数量的准确性，并将盘点结果传回系统；④系统将无人机盘点之后的结果与系统记录的库存货物信息进行对比，保证实际拥有的库存量和系统记录的库存量的一致性，如果出现不一致，则应尽快查明原因，并手动平账。

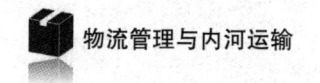

（3）库存预警

仓库对每种货物的库存数量都有上限和下限的规定，确保库内货物量处于合理的状态，避免出现货物存储量不足或者货物大量积压的情况。信息系统根据对在库货物数量的统计判定是否存在超过既定库存数量上下限的货物，如果存在，系统就会产生预警报告；同时，系统还会对库存货物进行定期检查，如果有货物即将超过保质期，系统也会产生预警报告，供操作员查看，库存预警在一定程度上避免了公司的利益受到损害。

4. 出库业务流程的优化

出库业务包括出库前准备作业和出库作业两部分内容，本部分内容也将对上述两部分的流程进行优化。

（1）出库前准备作业

出库前准备作业为出库工作的开展奠定了基础，做好出库前的准备工作，能帮助出库作业更顺利、更迅速地进行。出库前准备工作的流程如下。

①货主将需要出库的货物名称、数量以及期望的出货时间以出货通知单的形式发送给公司。

②公司收到货主发送的出货通知单后，确定将要出库的货物类型及数量等，结合该时段内，公司已经确定需要进行出库操作的货物数量，安排该批次货物的出库时间、运输车辆等待区（停车区）等，并将上述信息反馈给货主，同时生成出库清单。

③货主根据公司的安排，准时到达指定等待区。

（2）出库作业

出库作业是仓储系统的终止，其好坏直接影响着用户的满意度和服务质量，优化后的出库作业流程如下。

①公司收到出库指令，由计算机控制系统分配要出库货物所在的货位。

②如果此时巷道堆垛机空闲，则巷道堆垛机从货架上取出货物；否则，货物在货架上等待。

③巷道堆垛机取出货物后，如果待出库台空闲，则巷道堆垛机将货物放置在待出库台上；否则，货物在巷道堆垛机的货叉上等待。

④货物到达待出库台后，如果待出库缓存区空闲，则货物直接进入待出库缓存区队列；否则，在待出库台等待。

⑤货物进入待出库缓存区后，如果待出库口空闲，则货物进入待出库口；否则，货物在待出库缓存区等待。

⑥货物进入待出库口后，确定需要出库货物的数量，如果码垛机器人空闲，则码垛机器人抓取货物；否则，货物在待出库口等待。

⑦货物被码垛机器人抓取后，如果出库托盘位于出库口（位于出库口的出库托盘是叉车式 AGV 从托盘存储区叉取堆码好的托盘、置于托盘输送区、并经过拆盘机分离后、由输送机运至出库口的），则码垛机器人将货物放置在出库托盘上；否则，货物在码垛机器人处等待。

⑧码垛机器人按照出库指令，抓取既定数量的货物放置在出库托盘上，如果出库缓存区空闲，则货物直接进入出库缓存区；否则，货物在出库口等待。

（四）仓储业务流程优化的保障措施

1. 更新管理理念

公司的管理理念在一定程度上决定着公司发展的前景，业务流程的变动需要较前沿的公司管理理念的支撑。对于公司的仓储管理而言，只有可以借鉴的整体框架或发展理念。

管理者在学习其他公司管理理念的时候，应融合本公司的发展思路及其他先进的管理理念，形成具有公司特色的管理方法；为了能形成有竞争力的管理理念，公司管理者需要接受新鲜事物，能够把握仓储行业的发展趋势与动态。同时，要做好宣传工作，帮助员工了解公司文化，得到员工认可，这样理念才能得到贯彻和执行。公司管理理念的形成并不是一蹴而就的，需要在保证公司理念主旨不变的基础上，根据实际情况进行修正。

2. 制定优化制度

仓储业务流程的优化，只从管理、资金、技术、人才进行考虑是不全面的，制度是方案实施的保障。公司应该制定相关制度，从企业层面让员工知道进行仓储系统优化是公司势在必行的一项任务，并对相关内容做相应书面及强制性规定，给员工提供一个参考，督促员工更好地按照标准或要求工作。制定仓储业务优化过程中，整个公司应该遵循的规章制度；为了提高员工的工作素养，需建立可行有效的激励机制，调动员工学习自动化立体仓库相关理念和技术的积极性，帮助员工尽快适应新的工作环境及工作任务；同时，还应制定相应的绩效考核制度，让认真、努力且能力强的员工得到以报酬的形式得到鼓励；提高企业内部员工的质量，优化员工队伍结构。

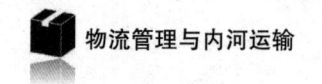

3. 加大资金投入

仓储业务流程的优化需要引进大量的机器设备、软件设施及相关人才，是故公司需要有充足的资金。我们要从公司长远发展的角度看待前期资金投入大的问题，先进的软、硬件使用恰好可以节省大量的人力成本，优化的仓储系统也能节省部分资金。为了让公司能够更好地发展，智能仓储是公司必然的发展方向，而资金的保障是必不可少的一环。

4. 恰当的技术支撑

仓储业务流程优化的顺利开展需要有相关技术的支撑，即引进符合公司自身特点的机器设备及软件设施，要在众多软、硬件当中，根据它们的特点，选择出最适合公司需要的产品，或者可以请相关人才针对公司设计出一套针对性更强的软、硬件基础设施，例如引入的技术设施主要包括叉车式AGV（自动引导搬运车）、双立柱巷道堆垛机、高层货架、无人机等以及能接入上述设备的WMS（仓库管理系统）、WCS（仓库控制系统）、OMS（订单管理系统）和BMS（计费管理系统）等信息系统。适宜的技术支撑，能够确保仓储业务流程优化的良好有序地进行，优化后的仓储系统能够帮助公司保持仓储方面的竞争力，促进公司更好地发展。

5. 引入高素质人才

随着仓储业务流程的优化，企业除了引进了许多软、硬件设施设备，还需要引入具有高素质的专业人才，他们可以保证机器的正确运转，确保各环节作业任务的出色完成。企业应该加大对现有员工的培训力度，提升员工的实际操作能力，帮助积极进取的员工更好地适应企业发展、与企业共同进步。同时，引进有经验的自动化立体仓库管理和操作人员，借助专业人才的职业技能帮助企业在流程优化初期更好地运转。企业甚至可以成立自己的研发团队，一方面可以根据企业的实际情况，设计更适合企业运作的机器设备及应用软件；另一方面，随着研发团队的不断成长和历练，研发团队也可以承接其他企业的研发需求，为企业赚取运作资金。

第二节 包装与流通加工优化

一、物流包装优化

包装是生产的最后一道工序，是把运输、储存、装卸等物流活动有机联系起来的重要手段。因此，合理化的物流包装作业对保护商品、方便流通、降低物流费用起着重要作用。

（一）物流包装的绿色环保发展策略

下面以冷链物流运输包装为例，解读物流包装的绿色环保发展策略。

我国冷链物流行业正在以迅猛的姿态飞速发展，至2025年，冷链物流行业市场规模将突破5500亿元。如此大的市场规模，对于冷链物流包装相关行业是一次发展的契机。在冷链物流运输过程中，包装的作用是隔绝外界空气让包装内的产品保持新鲜。目前，我国使用的冷链物流包装材料还是以塑料制品、纸制品为主，而这类包装在使用后回收率不到40%，塑料包装的回收率只有25%。使用聚乳酸（PLA）、聚丁二酸丁二醇酯（PBS）等生物可降解材料可以有效解决冷链物流包装造成的环境污染问题，但是目前大众对此类材料接受度不高，成本也相对较高，产品市场也没有完全打开。可通过以下措施来推动冷链物流的绿色环保发展。

1. 制定统一标准

冷链物流包装国家标准的制定，是促进包装标准化的实施和提高冷链物流包装水平的重要举措。包装标准化的推广与实施有利于解决市场中过度包装和包装作业不规范的问题，使用标准化、规范化、统一化的冷链物流包装并进行标准系统的包装作业是包装标准化的重点。

政府作为推动者，应当根据市场现状和已有标准，推行适用性高的权威国家标准。标准中应具体详细地对冷链包装的尺寸、材料、设计和作业等各个方面进行规定和限制。同时政府要发挥作用，推动并监督标准在市场上的实施，确保相关企业与个人严格遵循标准，并且对标准实施的效果进行评定，进一步修改和规范。

2. 规范作业流程

推进冷链包装规范化的第一步就是统一冷链物流包装模式，建立从市场到民众再到政府普遍认同的合理规范，减少随意包装作业的行为。应由政府或龙头企业引领，在整个行业中建立共识，结合市场现状和行业水平，制定一个符合我国现阶段冷链包装的规范化作业流程，包括包装设计、包装生产、包装作业、冷链运输和回收等覆盖冷链物流全过程的各种方面。并在行业范围内使用互联互通的冷链物流信息系统，此举不仅可以使冷链物流包装作业更符合规范，同时方便运输、利于销售和监督。

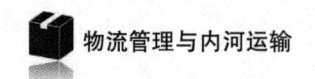

包装作业过程的规范化势在必行，在规范化作业建立的同时，还要培养专业人员进行冷链物流包装作业。包装作业的过程应根据不同的货物规定不同的包装流程和方法，以规范冷链包装各个环节的作业内容，减少资源的沿用和浪费，可使得作业效率提高、成本降低。

3. 推广新型环保材料

在未来，新材料的使用是新型冷链包装的重点和关键。冷链包装应当使用绿色环保、无毒无害且可降解的新材料，逐渐降低普通塑料包装、胶带等材料的使用量，减少传统包装材料对环境的污染和对人体健康的危害，做到可持续发展。

应开发对环境友好、高效的生鲜果蔬物流保鲜新材料。可将纳米材料技术、生物技术与智能技术结合，研发绿色防腐保鲜、环境友好的活性智能新包装；开发新型高效储冷材料以及减振，隔热新材料，有效降低生鲜果蔬冷链物流的能耗。新材料的推广需要政府的支持和企业的配合，在各方的共同作用下，新材料才可以逐渐代替旧材料成为行业主流。

4. 建立回收循环体系

建立完整的回收系统，制定一套合理的回收规范，在冷链运输终端通过直接回收或统一回收的方式对包装进行回收作业，将货物送到顾客手中时可以带回可回收和有重复利用价值的包装，如回收冷链包装箱、冰袋等。在回收后，回收工作人员要将已回收的包装进行消毒、分类、筛选、再加工等工序，使这些包装在处理过后可以再次投入使用，做到循环利用。

包装废弃物回收体制的建立，需要多方的共同努力。快递公司、包装公司、政府、消费者要明确自己的责任，为快递包装回收体制的建立共同努力。同时，包装的设计和材料也应当满足可回收、再利用的要求，为回收工作降低难度，符合可持续发展的理念。

此外，在整个社会范围内应当积极宣传回收再利用的理念，出台回收和循环利用的相关法律法规以形成规范，促使全民响应国家"全面节约资源"的号召，减少一次性包装的使用。同时，要使回收的渠道便捷可行，在社区、街道和快递点等各处设立回收点，让人们可以做到随时轻松地回收再利用。

（二）物流包装的绿色标准化与回收

下面以生鲜农产品为例，解读物流包装的绿色标准化与回收。

1. 物流包装的绿色标准化

标准化与绿色化是未来物流包装发展的重要趋势，绿色包装标准化是通过对包装尺寸、包装类型、包装整体结构进行了制定统一的标准，做到绿色包装标准化，应当做到的内容包括：包装材料试验方法的统一；规范包装规格，防止包装乱象；包装标志整齐划一；制定严格的产品保护方。绿色包装标准的制定，需要对产品以及包装特性进行综合考虑，设计出符合实际需要的绿色包装，以应对市场产品类型的易变性。

（1）生鲜农产品物流绿色包装成本构成

①持有成本。包装持有成本一般包括在途库存成本、安全库存成本。

②运输成本。运输成本是指企业在接收到消费者订单后，根据消费者地理位置分布情况，制定相关的运输计划，安排相应的运输车辆进行生鲜农产品这期间产生的物流成本。对于可循环包装，在消费者取出生鲜农产品后，需要退回空包装，退回的空包装容器则需要安排车辆将其送至企业，这又是另外所需要考虑的运输成本。

③采购成本。采购成本是指生鲜企业为了满足其企业发展需求，需要采购符合其产品规格尺寸的包装容器，企业可通过购买以及租赁包装容器。因此，做好包装采购计划，可以有效地降低企业包装成本乃至整个企业的运营成本。

④回收成本。回收成本是指针对绿色包装后期回收处理工作所付出的成本，如绿色包装的分类整理、回收包装的存储、包装的拆解再利用等物流环节中所产生的一系列成本。做好包装回收处理工作，在节能环保的同时，也能够减少相关类似包装的再设计成本。对于可回收再利用的包装，通过科学规范的处理，对包装进行翻新再造，减少包装的生产成本，节约绿色包装生产资源。

（2）物流包装绿色标准化需要多方支持

①政策支持。政府应当及时出台与生鲜农产品绿色包装标准化的法律法规，制约与激励并行。构建多渠道监督体系，发挥消费者、媒体等的监督作用，完善市场监督机制，对不符合标准的企业应当公开处理信息。

②体系支持。生鲜农产品绿色包装标准化应当融入节能、环保理念，加快推进绿色包装标准化体系建设，包括基础性标准、包装工艺标准、包装材料标准、包装容器标准和包装管理标准五大标准。绿色包装基础性标准指的是绿色包装商标以及绿色包装，主要包含商标的统一、包装容器表面明确生产日期、保质期、单价、净含量等基础产品信息；包装工艺标准指的是真空包装工艺、气调包装工艺以及活性包装工艺标准的制定，主要针对的是产品内部二氧化碳、氧气和氮气

的调节，以保证产品质量；包装材料标准指的是产品保鲜包装膜材料、包装箱材料标准的制定；包装容器标准指的是冷藏周装箱、社区自提箱、快递保温箱标准的制定；包装管理标准冷藏物流运输、保鲜包装设备和人员标准的制定。

③企业支持。企业作为实施包装标准化的主体之一，其在标准化建设中扮演重要角色。

第一，企业应当严格执行包装标准，杜绝违规生产。

第二，企业应当变被动为主动，积极参与生鲜电商绿色包装标准制定以及修订工作，熟悉其标准及相关信息。通过参与生鲜电商绿色包装标准的制定，包装生产企业可以全面了解相关信息，严格按照包装标准来进行生产，加强产品质量检验，落实包装标准，严禁生产不符合标准的产品包装。电商企业按照标准来推行绿色包装，从而能够保证生鲜农产品质量，提升企业信誉与竞争力。

第三，电商企业应当积极宣传绿色包装，引导消费者自觉遵守绿色包装回收规则，重视包装回收，提高消费者对绿色包装的依赖性。包装生产企业可以采用引进国外先进技术，并且按照国际标准来进行包装生产，生产出具有国际竞争力的包装产品，扩大国际影响力。

④人才支持。绿色包装标准化的推行不仅仅需要政府政策的实施，同时也需要培养、引进大量的专业人才，加速推进绿色包装标准化建设。

第一，设立专项研究项目，企业聘请专业包装技术人员，指导其绿色包装标准化的实施，并对实施过程中出现的问题进行解决，帮助企业尽快落实绿色包装标准化。

第二，完善人才培养机制，应当积极培养绿色包装方面的人才，提升物流从业人员的专业技能与专业素养。

2. 物流包装的绿色回收

（1）政府层面

①完善回收政策。吸收优秀回收政策，结合我国经济发展的实际需要，建立起一整套完善的回收再利用激励机制。政府可适当加大对进行包装回收工作企业的政策扶植，对进行包装回收的电商企业实行一定的政策倾斜，给予其一定的财政补贴，从利益角度让电商企业看到做好包装回收工作的前景。政府应当发挥其宏观调控的作用，制定出一系列清晰可操作性强的回收流程，鼓励包装生产企业、电商企业以及消费者等包装回收流程中的直接参与者树立包装回收意识，推动绿色包装的普及。

②规范行业标准。统一行业标准包括两个方面：对包装生产企业规范管理具体指的是生产材料的统一、包装尺寸的统一等；统一生鲜农产品电商企业的使用标准，鼓励生鲜农产品企业使用绿色包装，减少一次性包装的使用。

（2）企业层面

①推行绿色包装。绿色包装可以更好地储存产品，因为绿色包装都是标准化的包装，搬运作业更为方便，从而增加了货物的整理流通率。

绿色包装的使用，能减少因运输包装破损造成的产品破损。另外，绿色包装因其生命周期比一般包装的生命周期长，运输长期产生的包装成本按照年份进行分摊，这使得每次周转的包装材料成本降低。当然，使用绿色包装，有益于环境保护，一方面，可以减少包装废弃物处理或掩埋场地；另一方面，温室气体的排放以及资源消耗也会随之减少。企业应当根据企业自身发展需求做好绿色包装的购买与租赁决策，短时间看，租赁绿色包装更具有成本优势，而从长远角度，绿色包装则会是最优选择。

②拓宽回收渠道。生鲜农产品电商包装的回收，可充分学习其他产品成功回收经验并加以运用，找到适合产品特性的包装回收方法。为响应国家对于包装回收体系的相关要求，电商企业应当担负起包装回收领导责任，随着信息技术的进步，建立健全起包装回收系统，让包装回收不再成为难事，以生鲜农产品电商包装为回收主体，建设一系列生鲜农产品电商包装回收体系。通过对生鲜农产品电商包装的逐级追溯、质量把控，以期能够全面促进生鲜农产品质量的提高。

第一，现场配送，现场回收。配送人员进行生鲜农产品配送时，消费者接受并取出生鲜农产品后，配送人员将空包装进行回收。为了更好地保证包装回收工作的进行，企业可以对配送人员进行奖励，将包装回收纳入绩效管理机制中，以增加配送人员主动进行包装回收的积极性。另外，企业应当对进行包装回收的消费者予以一定的物质奖励，以刺激消费者进行包装回收。

第二，搭建回收信息平台。企业可以通过平台对消费者所填写的包装信息，包括包装破损程度、包装类别、包装使用次数等方面，可以对包装进行一个初步的判断。并且企业可以在不同配送区域内设置相应的回收点，做好包装回收车辆的合理安排、运输路径的合理优化工作，以满足配送区域的包装回收需求。

第三，第三方回收。企业可以将绿色包装回收业务外包给专业的第三方回收企业，由专门的第三方回收企业负责包装回收，企业可以集中精力发展优势业务。

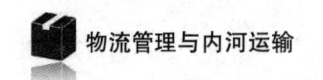

③引进物联网技术。企业可以对绿色包装进行统一记录和编号；企业可以对每日配送和绿色包装回收的数量做好统计；对每日对在包装生产企业、在途和消费者中的绿色包装进行盘点；针对绿色包装出现的破损和丢失问题，及时对绿色包装编号进行标记，做好包装补充工作，并且分析绿色包装出现的破损和丢失的原因，总结经验教训，以便有效降低此类情况的发生。

企业可以通过物联网（IOT）技术以及 RFID 技术对所有绿色包装进行追踪管理。对每个绿色包装编制 RFID 标签，通过 RFID 标签，企业可以识别绿色包装标识信息、包装内部产品信息以及承运信息等，既可以了解绿色包装的进出情况，也可以对绿色包装运输过程进行实时信息处理。单个绿色包装在产品配送过程中呈现出多方对接、多点存储、循环使用等特点，因此必须利用物联网技术和应用网络创建信息网络平台（WMS 等），以便对绿色包装进行更好的管理，促进绿色包装循环流通。

（3）消费者层面

消费者作为终端层面的践行者和促进方，应当积极参与到回收工作中，积极推动行业快速转型发展。在终端消费领域，消费者应与平台方相互促进，加强宣传，转变消费者的观念，对包装物进行有目的的分类处理，主动协助快递员关于包装物的回收工作，增加回收率。未来，只有通过物流流通中各个环节的共同配合，相互监督，才能真正落实快递包装回收工作，促进快递包装向绿色化转型，进一步推动电商包装行业的转型升级。

二、物流流通加工优化

（一）流通加工作业发挥的作用

①流通加工有效地完善了流通。流通加工在整个物流过程中的地位是不可轻视的，起着补充、完善、提高、增强的作用，起到运输、储存等其他功能要素无法实现的作用。所以，流通加工的地位可以描述为是提高物流水平，促进流通向现代化发展的不可缺少的形态。

②流通加工是物流中的重要利润源。流通加工是一种低投入高产出的加工方式，是物流中的重要利润源。

③进行初级加工，方便用户。用量小或临时需要的使用单位，缺乏进行高效率初级加工的能力，依靠流通加工可使使用单位省去进行初级加工的投资、设备及人力，从而搞活供应，方便了用户，提高了原材料利用率。

④利用流通加工环节进行集中下料，将生产厂商直接运来的简单规格产品，按使用部门的要求进行下料。

⑤提高加工效率及设备利用率。由于建立集中加工点，可以采用效率高、技术先进、加工量大的专门机具和设备，因而提高了加工效率及设备利用率。

（二）流通加工作业的优化目标

在流通加工的运作过程中，面向以物联网驱动的原料选择、生产排产和成品存储三个环节实时联动的流通加工集成优化问题，在满足其管理约束的情况下，其主要目标是合理配置流通加工资源，缩短生产周期，降低生产成本，提高流通加工作业效率。具体表现在以下三个环节。

①在原料选择环节，其主要目标是制定合理的选料决策，决定客户订单的各产品选择哪个批次的多少原料进行上线生产，以实现原料区的原料得到合理利用。

②在生产排产环节，其主要目标是制定科学的生产排产决策，决定各客户订单被安排到哪几条生产线上生产及生产顺序，以确保各客户订单在交货时间窗内能生产完成，并同时合理配置生产资源。

③在成品存储环节，其主要目标是制定合理的成品入库决策，决定各客户订单被安排到成品区的哪几条货道上存放，以方便产成品装车运输。

（三）流通加工作业的优化原则

在流通加工过程中，既要合理配置流通加工资源，保证设备、原料、劳动力得到合理的调度，又要保持生产的均衡性和连续性，充分发挥加工能力，提高加工效率。那么流通加工管理必须遵循相应的管理原则，才能使加工过程有条不紊地进行下去。流通加工的集成优化原则主要有以下类型。

①合理调度原材料。原料区存放着种类繁多的原材料，且按照入库批次进行管理。在备料过程中，管理员要根据现有库存信息，合理调度原材料，以免造成上线原料质量参差不齐或者库存区原料因为过期而浪费等现象。

②启用生产线最少。生产区有三条生产线，每条生产线都配备有相应的生产小组。启用一条生产线需要付给员工工资和支付生产费用及维修费用。仓储部门管理员为了节约生成成本，想启用最少的生产线来完成生产。

③生产周期最短。由于生产区总的生产能力有限，又必须在交货时间窗内完成生产，因此仓储部门希望能尽量缩短生产周期，才能增加企业的客户订单量，提高企业效益。

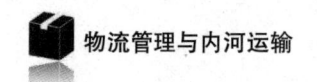

④出库效率最高。货运公司的货车会提前5～10分钟在发货车道上等待装车。为了使出库效率最高,在制定入库决策时,要把订单安排在发车货道相对应的货道上,以方便装车;仓储部门员工要准时在每张订单的发货时间点上装车。

(四) 流通加工作业的优化策略

①先进先出策略。原料区的每种原料至少存有一个批次,每个批次都是有入库日期,要保证先入库的原料要先出库,避免早期进的原料失效,变成呆料,所以采用先进先出策略。

②同单同批次策略。原料区同一种原料的各个批次因为生产条件和入库条件的不同,造成各批次的原料质量也有所差别。为了保证产成品的质量一致,在选料时,要采用同一订单用同一批次原料的策略。

③同单同线策略。生产区有三条生产线,每条生产线都配备有相应的生产小组,由于设备和员工的不同,造成每条生产线的生产质量也有差别。为了保证订单的生产质量一致,在排产时,要采用同一订单尽量安排到同一条生产线上的策略。

④同单多线生产时各生产完成时间尽量相近策略。当一张订单被分到多条生产线生产时,为了使总生产完工时间最小,缩短生产周期,提高生产效率,在排产时,要采用同单多线生产时各生产完工时间尽量相近策略。

⑤当订单需求量小于货道容量时同单同货道策略。仓储部门规定成品区每条货道只放一张订单的产品,当订单需求量小于货道容量时,为了避免一单占多条货道,浪费货道资源的现象,在入库时,要采用同单同货道策略。

⑥当订单需求量大于货道容量时同单放相邻货道策略。当订单需求量大于货道容量时,要分多条货道存放。为了方便搬运工找货装车,提高出库效率,在入库时,要采用同单放相邻货道策略。

综上所述,流通加工集成优化策略是根据实际的流通加工作业特点和仓库现行的管理策略提出的,不仅利于流通加工的科学化管理,还提高了流通加工作业效率。

(五) 流通加工作业的工业优化

下面以农产品为例,介绍如何应用工业工程方法优化农产品流通加工作业。

1. 加大物联网的使用力度,为信息服务提供有利条件

政府出台相关政策大力促进农户使用物联网,建设信息服务平台,更新最新的采收、生产信息,为农产品的生产流通奠定坚实基础。同时,通过物联网技

术将影响农产品销量的负面因素压降至最低，全面推广物联网不仅有利于消费者更直观的监督产品质量，还能减免中间商差价利润，更加直观、透明的与商家沟通。通过物联网平台上消费者们的真实评价，使农产品销量大幅增长，拉动农业经济效益稳定发展。

2. 倡导农民建设自己的农产品包装系统

为了减少农产品在运输过程中出现损坏的意外情况，应当大力鼓励农民在生产源头对产品进行包装保护，提升农产品品质，加强保护力度。与此同时，可引进先进的生产技术和设备，以更高的效率和更低的成本生产产品，并使其成一定规模进行产出。

3. 帮助农民改善科学技术，引进先进的生产设备

为了保证农产品产出的稳步进行，先进的生产设备是必不可少的条件之一，建立完善的农产品流通加工系统，使配送物流同步更新信息，从而提高道路运输的质量和农产品的收益。与此同时，还应当保证信息传输的时效性，加强网络设施建设，保证信息能及时更新并送达，进一步加强电信网络，使农民能够通过网络和电话与外界加强联系，提高生产效率。

4. 大力推广使用保鲜技术和包装技术

保鲜技术对农产品的流通有非常重要的影响作用，农产品在加工源头包装后开始运输，而保鲜技术可以在极大程度上保证农产品的质量，降低被退货的风险。同时，包装技术也尤其重要，这个环节可以把运输、装卸、搬送、仓储等环节统一连接起来。此外，运输农产品的运输工具也要引起重视，这对运输和存储环节降低损失都有一定的影响。

总而言之，各个环节都需要有相应的技术与之匹配，尤其是在工程工业的管理技术上更要引起重视。在流通过程中，加大管理技术的推广力度可以将各个生产环节进行统一调配，规范管理，从而使生产效率最大化。随着经济的迅速发展，农业生产规模也随之进步，农产业逐渐加快了向产业化发展的 脚步，大力鼓励农民在生产源头进行自主包装，形成自己的流通运输体系，并鼓励农民使用保鲜技术，这些环节缺一不可，相互影响，相互促成。同时在推广和实践过程中也要与我国的农业发展状况相匹配，教育培训也要跟上脚步，只有提升了整体的综合生产素质，才能够促进管理水平的提升，从而加快农业向现代化发展。当然以上环节只是处于理想状态下所设想的，具体实践还需要一定的时间。

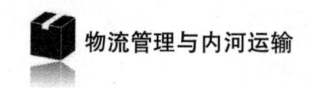

第三节　库存控制管理理论及方法

在物流仓储管理中，要重视对库存的控制管理。

一、库存控制管理的理论

库存是指企业生产经营过程中具有一定经济价值、能够为企业生产及销售活动提供帮助的资源及材料。包括企业在仓库中所存放的各类原材料、生产过程中产生的半成品及产成品、生产经营活动中的工具及设施。由于企业经营发展是一个复杂的环节，为了保障生产过程的连贯性，在销售过程中能够满足目标客户的需求，企业需要保障库存安全，所以库存是企业生产及销售环节中不可或缺的必要条件，也是企业经营发展连贯性的重要保障。

合理的库存水平既能够支持企业生产与销售活动的连贯性，同时也能够避免企业承担较高水平的经营负担，所以库存控制管理作业的科学开展到最终目的即是通过科学的库存控制管理方法保障库存能够支持企业经营活动，同时也能够控制库存成本，提高企业库存控制管理的综合竞争力。在现代库存控制管理要求下企业能够通过科学的库存控制管理体系来通过较低水平的库存量、较高水平的响应速度、更加便捷的供货方式来满足企业日益丰富的经营发展要求，库存控制管理是企业经营发展过程中的重要环节，需要得到企业管理者的关注。

通过库存控制管理作业的科学开展，企业能够保障销售与生产安全。企业开展库存控制管理活动的最终目的还是为了支持自身的生产经营活动，当企业的库存控制管理水平提高，库存规模能够达到既满足企业生产与销售活动的临界点，又不会使企业生产经营遭遇较大的库存压力，占用资金资源规模较小，企业就能够通过所节约的资源来进行多元化经营及技术创新。

作为企业战略的重要组成部分，通过库存控制管理模式的科学构建企业也能够及时判断生产与销售活动中对于各项资源的使用情况，使企业对于自身在制造行业市场竞争中的地位有更加充分的认识，所以库存控制管理活动的科学开展也是企业及时分析自身经营发展优劣势的过程，这也是越来越多制造企业投入大量资源来加强库存控制管理控制的重要原因。

库存控制管理活动开展，既需要企业及时调整自身的库存控制管理制度，加强对库存信息的分析与甄选，同时也需要供应商在整个供应链中提供充分帮助，企业为了提高库存控制管理效率，需要与更多供应商搭建战略合作关系，此时制造企业也能够供应链运作过程中进一步提高自身的影响力，同时根据各个供应商所提供的原料质量、成本情况来进一步择优筛选供应商，使企业通过科学的供应模式来提高生产及销售效率，有助于企业的持续发展，所以库存控制管理作业的科学开展对于企业经营发展影响显著，企业需要构建富有竞争力的库存控制管理体系。

（一）全过程管理理论

全过程管理体系能够形成对制造企业库存控制管理作业的全面支持，使制造企业库存控制管理效率得到提升。在该管理模型下，企业的库存控制管理活动被分为三个环节，分别是库存的基础作业、库存的业务管理及库存的监督管理。

1. 库存的基础作业

库存的基础作业是库存控制管理的基础环节，只有企业明确了库存控制管理的基本目标，立足于整体加强库存控制管理作业优化库存控制管理制度，才能够使库存控制管理作业的效率得到保障，整个企业也能够基于统一的目标来共同开展库存控制管理作业，有助于库存控制管理资源的科学分配。库存基础作业的内容构成比较丰富，包括库存控制管理组织结构的调整，库存控制管理风险的识别，库存的精细化管理等。

2. 库存的业务管理

库存的业务管理需要结合企业经营发展的具体业务进行调整，业务影响库存控制管理内容，结合企业的生产经营活动需求而进行库存控制管理体系的优化及调整才能进一步体现出库存控制管理对于企业经营发展的影响。一般情况下库存的业务管理包括库存计划的科学编制、采购流程的优化、信息系统的建立等，业务管理模式需要随着企业主营业务结构的变化及市场竞争的具体需求而不断进行优化。

3. 库存的监督管理

在明确库存控制管理战略目标、实现库存控制管理业务模式调整的基础上，企业需要加强库存控制管理的监管作业，由于库存控制管理的内容构成比较复杂，各个职能部门作业人员的业务活动都会对库存控制管理的最终效果产生影响，所以企业需要结合库存控制管理作业开展的具体要求而落实监督机制，保持对库存

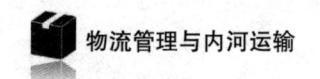

控制管理信息的时刻关注，通过预算管理、绩效考核、审计作业的充分介入来实现库存控制管理效率的提升。

对于全过程理论，整个制造企业的库存控制管理内容构成相辅相成，在明确战略目标的基础上通过业务调整与监督机制的落实来提高库存控制管理效率，使制造企业的库存控制管理安全得到保障。立足于公司库存控制管理作业开展的现实情况，基于全过程角度来对公司库存控制管理的现状及问题进行充分分析，并提出公司库存控制管理的优化策略，希望能够协助公司进一步明确库存战略管理目标、优化库存控制管理业务活动，加强库存控制管理监督体系，实现对库存控制管理作业的全面支持。

（二）供应链库存控制管理理论

在制造企业库存控制管理活动开展过程中，供应链管理理论的应用已经非常充分。基于供应链环境的库存控制管理能够将企业的库存控制管理作为供应链系统中的重要组成部分，从供应链的整体角度来对企业的客户从管理活动进行调整与优化。

在整个供应链系统中各个节点能够基于资源共享来实现互信互惠的经营发展模式，形成战略联盟，最终使供应链企业之间的生产与销售效率提高，最大化地降低企业闲置资源而产生的浪费，最终基于供应链系统的效益最优原则，实现运行成本最小化、运行效率最大化。

在供应链管理思想的影响下，越来越多的制造企业已经将库存控制管理由传统的物流、采购控制转变为过程控制，企业开展库存控制管理不再局限于传统满足销售与生产活动的措施，而是根据企业经营发展及市场竞争的要求而实现供应链系统中上下游企业之间的库存平衡管理，最终目的是在企业生产与销售活动基础上实现库存的最小化。相较于传统的库存控制管理模式，供应链库存控制管理具有以下特点。

①供应链库存控制管理实现了物流一体化与管理的协同化，供应链库存控制管理不再局限于企业内部的库存控制管理行为，而是基于整个供应链系统来实现物流管理、采购管理、信息管理、资金流管理。在供应链系统中各个管理环节实现协同化，使库存控制管理效率进一步提高。

②供应链库存控制管理使管理资源的范围进一步扩大，因为整个供应链系统中各个节点企业都需要从供应链系统角度出发来进行资源的充分投入，最大化供应链资源效应，所以企业在开展库存控制管理过程中能够应用的资源内容更加充

分，由此实现库存控制管理效率的提高。

③供应链库存控制管理打破了传统行业的孤立状态，各个供应链节点企业都能够形成战略联盟合作关系，通过统一的战略思想来进一步发挥企业在整个系统中的作用，避免过去企业各自为战、决策制定与执行存在不足而制约整体运作效率情况的出现。

④供应链库存控制管理模式使企业库存控制管理信息对称性得到保障，在供应链系统中信息流的充分运作能够使库存控制管理信息更加对称，企业能够更好地在供应链系统中判断目前库存控制管理的优劣势情况，由此进行科学的决策制定与执行。信息是支持供应链库存控制管理的基础，通过对称的信息管理模式企业能够控制库存控制管理风险，提高库存控制管理效率。

（三）PDCA 循环管理理论

PDCA 循环管理理论又称戴明环，是制造企业开展质量管理活动的重要理论，质量管理作业的科学开展将使企业所生产的产品提供的服务能够更好地满足目标客户的诉求。通过循环管理体系的全面应用而形成标准化质量管理模式。PDCA 管理理论被广泛应用于制造企业质量或风险管理环节。PDCA 分为以下四个环节。

①计划（Plan）。在计划阶段，企业需要结合现阶段质量管理作业开展的现实要求、目标客户的具体需要而编制科学的质量管理计划。质量管理计划的编制应该立足于现阶段企业所拥有的质量管理资源及组织结构而进行调整，使质量管理计划能够更好地指导企业质量管理活动。

②执行（Do）。在执行阶段，根据质量管理计划需要及时开展必要的质量管理活动，执行是质量管理作业的核心环节，包括质检部门作用的充分发挥，对于产品质量数据信息的充分监管都能够对质量管理活动的开展提供帮助。

③检查（Check）。在检查阶段，根据质量管理计划所提出的具体要求而对质量管理作业进行评价。一般情况下制造企业因生产经营活动所涉及的内容构成比较复杂，质量管理的实际结果相较于质量管理计划往往是存在一定偏差的，通过偏差分析能够判断质量管理作业开展过程中取得的成绩及存在的问题，问题的出现到底是因为主观因素还是客观因素。

④处理（Action）。在处理阶段，要对检查结果进行处理，对于其中取得的成绩应该加以鼓励，对于存在的不足要进行经验的充分解决，没有解决好的质量管理问题则交付给下一阶段的 PDCA 循环管理体系进行调整与优化。

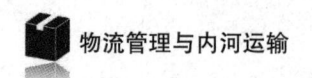

在制造企业风险管理作业进行过程中应用 PDCA 管理理论也可以较好的形成闭环风险控制模式，协助制造企业控制风险。

二、库存控制管理的方法

（一）订货点法

订货点法，又称为 OPM 法、安全库存控制管理法。由于企业经营发展过程中某一类物料销售或生产需要从仓库中所提取，所以该类物料的库存水平会因为生产而销售需求下降到某一关键点，此时剩余的物料无法为其后续销售及生产活动提供帮助，企业需要对该类物料的库存进行补充，这个补充的临界点被称为订货点。

如果企业的订货点达到一定水平，但是并没有发出订货单，那么企业的销售与生产活动就会遭遇瓶颈，值得注意的是订货点并不是一成不变的，需要根据企业的产能情况、市场竞争情况、销售与生产活动的具体情况而不断调整订货点，形成对企业生产经营活动的全面支持。要与客户需求进行联动，保持与客户预测变化而变化。

（二）企业物资重点管理法

企业物资重点管理法，又称为 ABC 分类法，基本原理是考虑到不同物料在企业库存控制管理中的数量，比重与价值比重不成比例的物料特点来开展科学的管理活动，有助于企业平衡物料资源数量与价值的关系。

企业物资重点管理法，将企业的库存分为三类：①A 类物料资源的库存量占库存总量数量不足 20%，但是占用库存资金总额往往超过 80%；②C 类物料资源数量占库存总量超过 70%，但是所占库存资金总额却不足 20%；③B 类物料资源的价值与输入量在 A 类物料资源与 C 类物料资源之间。在 ABC 分类法下，企业管理者需要对企业的库存类型与价值进行全面分析，通过合理的物料构成比重调整来提高库存控制管理水平。

（三）供应商库存控制管理法

供应商库存控制管理法，又称为 VMI 法，制造企业生产经营活动开展过程中，供应链库存控制管理得到了较多企业管理者的重视，越来越多的制造企业与供应商搭建了战略合作关系，此时供应商库存控制管理能够使供应商与企业的需求信息及时并完全地进行共享，实现资源的互补，供应商根据供应链下游客户库存的变动与生产经营情况来进行库存规模及结构的预测，及时进行订货、补货，通过供应商的合理决策来保障企业的生产与销售安全。

在供应商库存控制管理法下，传统的库存控制管理条块分割与各自为战的现象被打破，整个供应链中的信息更加对称，供应链上下游库存控制管理效率提升，最终实现同步化的库存控制管理运作模式。VMI 法应用下信息技术是支持 VMI 应用效率提升的核心环节，包括 EDI、条形码等技术的充分应用能够使 VMI 效率提高、信息运作更加对称，所以 VMI 模式对企业信息化建设程度的需求较高。

第四节　现代化仓储管理优化策略与共享模式

一、现代化仓储管理优化策略

（一）树立大物流发展理念，建立需求感应系统

大物流概念对物流管理现代化有着重要意义，不仅有利于物流仓储管理，而且能够促进经济发展。通过大物流的革新，很多传统的概念、设备、管理方式都有了质的飞跃。采用更符合现代化的管理模式，有利于促进物流仓储系统进一步完善，从而降低物流成本，提高工作效率。

建立现代化多功能数据平台有利于将物流信息进行共享，但是需要在建立需求感应系统上多下功夫。某物流单位需要仓库提供某种货品，从而在网络系统上提出自己的需求，系统通过大数据平台搜索信息匹配出适配度最高的仓库，这就是需求感应系统的工作原理。

（二）利用科学技术手段，强化业务管理

随着科学技术手段不断进步，互联网技术逐渐应用到物流系统管理中，使整个仓储管理实现转型和升级。在计算机互联网的基础上，又有了入库、在库、出库等环节，使整个物流管理系统更加完善。

物流系统账务对整个物流系统起着至关重要的作用，将产品在库内的数量清单和销售清单一览无余。通过对比和分析，可以筛选出优先入库的产品并将这些产品的分析报告提供给相应的买家，而且可以根据入库清单安排出每日的出库计划。通过计算机的运算制定生产方案。与此同时，互联网技术可以提前安排出库、在库、入库等计划，通过网络计算安排最佳库存产品的数量和分布空间，优化重要订单，优先安排出库等。

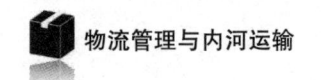

（三）推动仓储管理自动化、智能化建设

仓储操作机械化在仓储管理中是必不可少的一步。近年来，我国的科学技术在制造业和生产业等领域取得了重大成果，其中对仓储操作的研究也有了质的飞跃，如果将仓储中的货物存放和运输等环节，向集装化、托盘化发展，那么会将仓储操作机械化的优势充分发挥出来，先进的仓储操作设备在市场中也能够发挥出最大效用。分配车、升降机、链式输送机、智能机器人等先进的仓储设备，可以帮助我们实现仓储自动化，而且在计算机的运作下，很多办公系统、仓储管理软件以及自动分拣机等先进的技术，都可以应用到仓储管理自动化和智能化的建设中，以此来推动整个仓储系统的进步。先进的仓储管理，可以使仓库产品透明化，从而减少商品缺失的风险，还可以节省人力资源，压降成本，提高工作效率，同时可以帮助仓储信息更加准确和可靠。自动化的设备可以在一定程度上减少失误，自动采集数据的功能可以提高工作效率。具体可通过以下几点来推动仓储管理自动化、智能化建设。

①改良仓库工程建设。此应选择离生产、供应地点距离较近的地区建立仓库，可以节约运输成本。

②建立立体仓库模块。这种立体式存储系统不再依赖传统的库洞存储，而是使用全自动起重机来搬运货品，在计算机的控制下开展作业。

③仓储网络化经营。仓储网络化经营对企业管理有非常重要的意义，不仅能节省人力资源，还能提高工作效率，节约成本，减少意外事件的发生，然而实现这一理想模式，还需要推动操作、管理等环节向自动化和智能化方向发展。

（四）提高仓储管理人员的整体素质

仓储管理的发展受到诸多因素的限制，专业人才培养方面的不足导致人才的匮乏，文化水平方面的落后使产业停滞不前，就算引进先进的生产设备，也无法充分发挥最大效用。因此，提升仓储管理工作人员的综合素质是首要任务，要重视理论与实践相结合，提升专业技术水平。要加大人才引进力度，建立完善的福利制度，吸引人才。此外，要多借鉴发达国家的先进经验和优秀的管理模式。通过国内外交流会进行技术交流，提升整体水平。

二、现代化仓储共享模式

（一）共享经济理论

共享的意义是指在自己仍保有物品所有权的同时，与他人进行共享，让他人也行便利之处。共享的内涵十分丰富，所涉猎的范围也十分广泛，甚至可追溯到远古时期，无论是书籍还是食物，都可共享，直到如今共享仍在时时发生着。

"共享"概念包含"共享经济"这一子概念，共享经济包括了个人和企业，两者之间的组合方式也丰富多样。比如，个人与个人之间共享资源、个人与企业之间、企业与企业之间等模式。共享经济的概念逐渐被应用到互联网共享平台的建设中，个人将闲置资源在平台上进行资源共享，消费者下单后重复利用，这一过程充分体现出了共享经济的意义。共享交易行为是指个人将自己闲置的资源通过平台与需求方进行共享，并从中获得一定的回报。

（二）共享经济的商业模式

1. 共享经济商业模式的优越性

（1）交易流程与价格更具优势

随着互联网的发展越来越迅猛，共享经济商业模式逐渐渗透到人们的日常生活中，买卖双方可以通过互联网直接沟通，更加方便快捷，省去了传统购物方式的复杂环节。对买家来说，直接搜索关键词在互联网上浏览自己所需物品的信息，可快速锁定目标。对卖家来说，可在共享平台发布出售物品的相关信息，吸引消费者的关注，快速出手转卖。两者都节省了大量的时间并减少了中间环节的支出。共享平台的交易一改传统的商业模式，省去了中间环节和不必要的花销，使买卖双方无障碍沟通，更加快捷便利。所以共享经济商业模式正在向主流模式发展，它具有成本低、运营操作步骤简单等特点，受到了广大群众的青睐。

（2）对市场趋势把握更加精准

消费者和买家在共享平台上展示出产品信息和所需物品的信息，在大数据系统的运作下，推出适配度最高的选择。在市场变化不断的情况下，共享平台仍具有较大的优势，通过整理当前产品信息进行资源合并，并根据市场变化，及时调整经营模式，能更加精准地把握市场方向，从而为消费者提供更加便利、更个性化的服务，大大弥补了传统商业模式中所存在的缺陷。

（3）充分利用闲置资源

交易双方将闲置资源进行置换，并通过共享经济互联网平台实现二次分配，以满足对方的需求，也为企业提供了一定的经济回报，提高了资源的利用率，减少了资源浪费，同时也缓解了压力，为之后的持续发展奠定了基础。这一过程充分体现出共享经济商业模式给人们生活带来的改观，也为之后的发展指明了新方向。

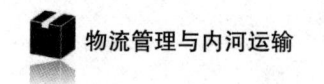

2.共享经济的商业模式组成及运作

共享经济商业模式主要由主体要素、市场要素、组织要素、核心要素四个部分组成。

（1）共享经济的商业模式组成

①主体要素。主体要素主要指共享经济活动的交易双方，包括企业和个人，是共享经济的主要参与者，是共享经济的重要组成部分。

②市场要素。市场要素主要指共享经济活动中交易的对象，即可用于共享的闲置资源，这里的闲置资源既可以是房子、车辆等有形资产，也可以是知识、技能等无形资产。

③组织要素。由企业、第三方支付企业和政府相关部门一同组成的合体被称为组织要素。其中第三方支付企业为整个共享经济提供金融服务，帮助企业减少不必要的支出成本。政府相关职能部门为共享经济发展出台相关政策，监管交易过程中所出现的各种问题，从而保障整个交易的公平性，扶持共享经济发展，起到引领作用。征信企业主要是在共享经济交易活动中保证对方的信用，可为整个交易营造良好的环境。

④核心要素。共享经济的核心要素是共享经济互联网平台，共享经济的交易主体通过共享经济互联网平台实现资源的供需配对，进一步促使交易的完成。

（2）共享经济的商业模式运作

在共享经济商业模式下交易，双方可以将闲置的资源进行互换，其中闲置资源是整个交易主体，通过互联网这个平台作为媒介而进行交易，在这个过程中消费者提供资金作为置换物品使用权的权益，而卖家通过出售物品所有权来获取回报，在交易完成后，需求方还可以将资源的使用权还给卖家。

共享经济商业模式使供给双方的关系不再像传统商业模式中固定，而是进行了改造和升级，供给双方不仅可以是个人对企业，企业对个人，也可以是企业对企业，个人对企业等，双方的角色位置可以灵活置换，同时，承担闲置资源供给方也可以与购买闲置资源方进行角色交换。

共享经济互联网平台的运作除了要有相关的技术支持之外，还需要有政府相关职能部门的支持与监管才能为共享平台的健康发展提供良好的发展环境。共享经济平台的作用不仅可应用在市场交易上，还能提供优秀的产品及服务。在平台上，买卖双方可以在平台上交流闲置资源，共享经营心得，且不受时间和空间的限制，更加自由开放。双方在平台交流后即可完成下单，但平台需要在双方交易中收取一定的手续费以维持平台的平稳运行。建设共享经济平台需要多方共同合作，不仅要政府出台相关政策加以保护和扶持，还要引进相关技术产业，强化综合素质，在此基础上，加大推广力度，为共享经济平台的蓬勃发展奠定基础。

3.共享经济商业模式的分类

（1）共享固定资产模式

这种模式使用户在互联网平台上可以将自己的私人物品或固定资产进行共享，从而转化为共享资产，用租用的方式实现共享。这种模式更加注重资产的使用权，不再强调个人所有权。由此所收取的回报用于置换物品所有权。

（2）二次分配资源模式

在当今互联网遍及全球的大背景下，二次分配资源模式无处不在。各个平台上的二手交易市场都是以这种模式为基础而运行的，个人用户在平台上展出所卖产品，买家在网页上浏览并寻找自己所需的物品信息，从而完成订单，不仅物美价廉，还提升了闲置物品的使用率。

（3）共享无形资源的组合模式

在大数据时代背景下，各平台所提供的服务越来越丰富多样。不仅可以共享知识、技术和交流经验，还能实现信息共享，重复利用闲置资源，如知网、赶集网等大型网络平台，通过信息整合和分类将这些资源进行利用最大化，为网友们提供最直接的信息，浏览者通过网页搜寻即可获取自己所需的信息。

（三）共享仓储商业模式

1.共享仓储模式的含义

共享物流中一个主要的分支是共享仓储，在固定资产中属于一种共享模式，也共享了物流的基础资源配置。按照对共享物流和经济有关理论的了解，共享仓储行业领域里共享仓储模式可说是仓储产业信息链进行重组的一种方式。共享仓储模式即通过组建一个互联网共享平台，在此平台成立仓储行业的信息资源数据库，把各种分散的仓储信息资源集中到这个共享资源的互联网平台，并把这些有效资源进行重组然后达到共享仓储行业所需的各种信息，而供需双方可借助平台优势实现仓储资源的交易。

有空置仓储资源的人把仓库的具体信息如面积、类别、存储功能、货架型号等发送到互联网共享资源平台，这些有效信息就会展现在此平台上让有需求的人

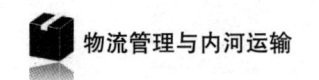

来选择，同样需求者也能把自己的各种要求如体积、型号、存储性能、货架种类等信息上传到这个共享平台中。这样的形式可以促使供需双方尽快达到自己的目的，也让仓储的社会性信息实现共享，让仓储资源的使用率得以提升并且减少仓储成本，刚好迎合了物流领域持续性发展的趋势。

2. 共享仓储商业模式的优势

共享型仓储模式和传统型仓储模式有很大不同。和传统模式相比，共享仓储模式拥有传统仓储模式所不具备的全新特征，这些特征成了共享仓储模式独有的内在优势。

（1）实行仓库租赁的电商形式

共享仓储商业模式把仓储租赁和网络进行有机结合，以这种共享型网络平台作为开展租赁合作的市场化平台，以此来完成仓库租赁电商化，供需双方利用共享仓储网络平台来完成各项交易，供应者线下把仓库的使用权转移到需求者的名下，需求者取得仓库的真正使用权。这种线上与线下相结合的模式可以让仓储租赁变得更方便。

（2）合理运用空置仓储设施

在共享仓储行业领域，把社会中空闲的仓储设施利用仓储网络平台实施重组和分享，同时将仓储供需资源配备相应的智能化服务，让传统型仓储存在的问题消失于无形之中，让仓储资源使用率最大化，让原本没有利用价值的空置仓储发挥最大化的价值，既满足了有仓储方面需求的人群又给拥有空闲仓储配置的供应者带来意想不到的收益，同时又符合了行业持续性发展的趋势。

（3）兼具开放、共享和汇集

在共享仓储行业范畴内，利用网络共享平台把全国范围内的供需资源汇集到平台中。而这个共享平台又是面向所有人开放的，每个人都能将自己所属的仓储资源上传到这个仓储共享平台之中做展示，同样每个人都能利用仓储共享平台把自己需要的仓储资源信息发布到平台上，供需两方保证了信息的公开与透明化，也改变了传统模式出现的信息不匹配的弊端。

在共享仓储模式中最为关键的要素就是共享性，拥有空闲仓储资源的人群把相关信息和需求予以分享同时收取适当费用，供应者一方只需把使用权交给有仓储需要的人，而仓储需求者利用租赁合同的形式获取使用权，仓储合约到期后再把使用权返还到供应者名下，利用这种共享模式实现供需双方在仓储信息资源上的利益最大化。

（4）移动化

伴随互联网技术的优化与升级和无线网的普及运用，手机已是人们形影不离的重要工具，实现共享仓储资源的平台不再局限在 PC 端，相关手机软件的开发应用使得仓储走向移动端，人们获取仓储资源的信息以及从事各种交易不只是单纯使用 PC 端进行了，已能按照开发的 App 软件在手机上查询各种供需资源并上传仓储资源信息，也可以提前约定时间从事交易或支付等一系列活动。

（5）信用监督

在仓储共享模式中，利用的是互联网平台来完成仓库使用权的转移而不是转换所有权。因为交易双方是互不相识的人，因此在对仓储使用权进行转移时伴随一些风险因素和太多的不确定性，所以要具备一个比较系统的信用管理体系用以保障平台中用户的各种权益，以此让用户充分信任平台。

①网络共享平台上用户个人账户和资料信息紧密相连，用户不仅要注册登录，更要进行实名登记认证，用户要先填写个人资料，再把身份证正反面拍照上传，还要手拿身份证拍个正面照片，针对企业用户除此之外要填写企业名称，再把营业执照拍照上传，实名认证完成之后方可发布有关的仓储信息包括自己需求在内，最终才能实现交易的支付功能。

②创建对应的监管和评价体系。设立监管体系的目的是保证平台上所有的信息资源都是真正存在的且合理规范的资源，仓储信息发布之前要经过网络管理人员的一系列审核，审核完成后平台上才能显示仓储发布的有关信息。

我们可以把评价体系分成两个部分：当双方交易完成后，彼此之间可以互相评价，评价后的分值会自动生成相应的平均值，给其他用户从事交易时提供一定的依据；平台可给予仓储资源评价等级，为需求者做选择时提供更直接的参考标准。

3. 共享仓储商业模式的构建要素

共享仓储商业模式由五种基本要素组成。

（1）仓储网络共享平台

这一关键性网络平台成了共享仓储行业领域里的核心资源，兼具组织和中介两种角色，是保证仓储行业模式得以有序进行的基础和必备因素。

①仓储网络共享平台给资源供需双方提供了纽带和载体，这种优质平台既改变了传统仓储领域供需资源不匹配的现状，又让供需双方同享所有资源，进一步完善了资源配置。

②具备空闲资源的供应者不再处于被动地位，能够主动地利用仓储网络共享

平台上的仓储资源,让空闲的仓储资源得到合理的运用以及价值重塑,而有资源需求的一方同样利用仓储网络共享平台展现个人需求,作为中间人的平台会采用技术措施实行信息配对,给需求者带来多种可选性资源。它既把供需双方取得信息资源的途径加以改变又完善了租赁交易的渠道,让供需双方在从事交易活动时地位平等且步调一致。

③对于行业范畴内各种有效仓储资源进行重组时的力度来说,仓储共享网络平台对这种行业模式能否取得成功都有着决定性影响,这一共享型平台把信息供需双方和这种模式下各个合作方统一起来对这种商业性活动价值进行再创造,既是仓储行业领域内的组织者又是行业模式的合作方。

仓储共享网络平台是开放型平台,具备了丰富的供需双方需求的仓储资源,本身具备的庞大流量就能吸引无数商家,同时也是商家进行营销和推广的最佳渠道,这种开放性平台又是商家谋求合作对象的业务来源,利用这个平台也拓展了很多除去单纯租赁服务之外的更多附加价值和服务,让整个行业体系内的资源完成重组同时达成合作,实现双方共赢。

(2) 用户

商业模式设立策略的前提条件是把用户作为核心,让价值得以传播,也是商业模式进行价值重塑的重心。在仓储共享模式下可把用户划分成三大类。

①空闲仓储资源的供应者。在仓库共享体系下,拥有空置仓库的供应者作为平台的供给用户,他们利用平台供应仓储资源,从而参与这种商业形式的价值重塑的创新活动中。在这种共享型商业形式中提供空置仓库资源的人群获取利益的关键就是把仓库使用权转让给有这种需求的人群,既让闲置资源利用率最大化,又让供应者获得一定的客观报酬。

②需求仓储资源的人群。仓储资源的需要人群作为平台的需求方,他们利用平台发布自己的需求信息,进而参与仓储共享模式下的价值重组的创新形式中,当完成租赁程序后需求方给供应方支付与仓库相匹配的租金,此外或许还要支付给平台一定数量的抽成,这种模式对资源需求方而言实现利益的角度是能用最短的时间及最优的价格来达成个人获得仓储资源的目的。

③其他增值性服务或产品的需求方。

(3) 产品和服务

仓储共享形式要进行交易的服务和产品里最关键的就是给信息供需双方带来可靠的资源服务以及智能化的配对服务,进而给从事交易的双方创建一个网络交易平台。

另外，仓储共享行业范畴内也拓展了许多增值性服务和产品，利用这些增值性服务及产品能够让人们的个性化需求得到最大化的满足，又让仓储市场的供给服务变得更富足，更是给仓储行业的蓬勃发展带来巨大动力。

（4）节点企业

在仓储共享行业范畴，组成节点企业的有 PC 端和移动端提供商、手机 App 软件和网络运营商、第三方支付和社交化网络平台。仓储共享模式的建设与发展和技术水平息息相关，以上这些节点企业恰恰充当了让这种商业模式能有序运行的关键性技术层角色。

①互联网技术的迅猛发展带动了共享经济，因此仓储行业商业模式与互联网密切相关，更和 PC 端及移动端、网络运营及 App 软件供应商之间紧密相连，他们给仓储共享平台创造了有利的网络环境。伴随无线网络的普及推广，手机 App 及移动端的供应商又给人们利用网络平台进行畅通无阻的仓储交易创建了极为有利的网络大环境。

②第三方服务供应商也属于节点企业的核心成员，在仓储共享模式下供需双方利用网络共享平台从事租赁交易并于线下进行体验，而第三方服务平台的出现可以促成这种模式下的交易，现如今市面上的大多数网络平台都应用了第三方支付并把其作为常用的支付手段，这种支付方式既安全可靠，又快速便捷，节省了完成交易后支付的时间，让各种交易迅速达成，在共享仓储运行模式下是不可缺少的关键性所在。

③共享仓储的繁荣与发展离不开社交网络平台，该平台充当了媒介这一角色，在共享仓储的正常运行中发挥了重要的普及与推广以及传播价值的关键作用，既方便快捷又迅速，重点企业与节点企业均可通过社交平台进一步改善原本的客服系统和业务推广渠道，让客户需求能第一时间得到回应，建立与客户之间和谐的关系，提高彼此之间黏性。

伴随互联网和无线网络的普及应用，社交平台已成为现如今人们进行交流的关键渠道和最佳途径，通过这种网络化的平台能够促进共享仓储平台传输价值的速度，也发挥了价值推广的用途。

在共享仓储模式运行中，以上的节点企业各自发挥自己的内在价值，和共享仓储网络平台之间互相合作、取长补短。而节点企业把共享仓储网络平台当做端口，给整体仓储行业模式下的运营带来强大的技术性支持，让这一模式下的各种活动可以合理有序的正常运行；共享仓储网络平台具备庞大的数据信息库资源，便于分析大数据，而数据结果能够用以支撑这些节点企业的各种商务活动。

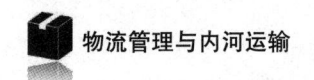

（5）稳定的运营准则

这一运营规则和日常的游戏规则一样，可以让整体共享仓储行业健康有序发展。利用评价体系维持用户体验效果，利用信用体系规避从事线上交易带来的风险系数，利用监管体系保障整个商业运行模式合理、合法并规范化运作。

4. 共享仓储商业模式的构架

共享仓储商业模式系统的特点是动态、包容、公开，共享仓储商业模式模型总框架的构建基础是相互联系、影响的构成要素以及创新因子，整合各构成要素价值关系的主线就是价值创造、价值传递、价值实现。下面分别从三个角度分析共享仓储商业新模式及其相应策略：价值创造模式、价值传递模式、价值实现模式。

（1）价值创造模式

价值创造的主体是核心企业与节点企业，目的是为实现价值，主要指的是一系列的活动。活动内容主要包括两方面：一是选择什么样的合作伙伴；二是进行哪些关键活动。所以共享仓储商业模式也从这两方面进行平台价值创造。

一方面是"PC端+移动端"相结合的营销方式。共享仓储商业模式的起源于互联网交易平台的兴起，整个交易过程是通过电脑PC端完成的。但近几年移动端的发展，无线技术、移动职能技术、智能手机不断改变人们的生活，包括人们的消费习惯。手机越来越多的代替PC端成了主要交易平台，体现了新兴交易的实时性、及时性、便捷性。所以发展至今，共享仓储商业模式需要更注重移动端的互联网营销。与App开发商合作进行移动端共享仓储互联网平台的开发。通过增加共享仓库互联网平台的用户数量，给共享仓储互联网平台引入流量，使更多的企业愿意作为平台的加盟商和广告商。增加用户的黏性的同时移动互联网营销的便捷性。

另一方面是"仓储交易+其他增值业务"相结合的营销方式。仓储租赁是共享仓储商业模式的核心业务。其他业务是招募各个层次的合作伙伴，最大程度的整合各种资源，方式是"联合共赢"，建立统一平台、品牌、运作方式的业务联盟。例如：第一种仓配服务，利用优质的城配服务商、干线运输服务商的行业优势，建立仓配一体化服务网络平台，服务有需求的客户。第二种商城服务，与淘宝相似，集合仓储设备制造商、仓储设备代理商、立体仓库集成商的能力提供仓储用品耗材采购服务。第三种增值服务，主要用于提供给用户流动资金，通过合作金融集团，为用户提供增值服务，例如仓储物流供应链金融服务、保险服务。第四种技术服务，与物流信息系统供应商合作，给仓储企业提供物联技术、信息技术，进行改造、升级。通过"仓储交易+其他增值业务"相结合，共享仓储平台衍生出更多的商机，满足用户个性多样的需求，增加自身的收益。

（2）价值传递模式

价值传递模式也就是推广的模式，主要分为两种。

第一种推广模式是通过与行业著名企业、协会开展合作进行推广。几年间，共享经济从兴起到现在快速发展，给很多行业都提供了新的合作基点，对于处于需要降本增效的物流行业来说更是新的契机，更多的行业机构、学者、企业家都更加关注共享经济的发展，并在各个角度对其应用进行研究。对于大众来说，共享物流、共享仓储还是比较新的理念，很少接触。所以为了增进广大群众对共享物流、共享仓储理念的理解，共享仓储互联网平台可以通过知名企业进行推广传播；也可以利用行业知名机构、协会的行业权威性进行推广，例如中国仓储、配送协会等，在合作的过程中推进共享仓储行业的发展。

第二种推广模式是通过社交网络平台进行推广。在现在生活中，手机是生活的必备品，越来越多地参与到人们的生活，社交互联网平台成为人们主要的日常交流模式，随时随地的连接各个地方的社交网络平台。共享仓储商业模式也具有移动性、社交性，这种性质与社交网络平台的属性相似，所以这种推广才具有可行性。我国的社交平台具有的客户群体量巨大，产生的流量惊人。微信、微博、QQ、贴吧、空间、论坛是我国现在流行的社交平台，这些社交平台有大家的用户信息，共享仓储互联网平台利用这些社交网络平台进行信息同步，也就是直接利用社交账号直接可以登录共享仓储互联网平台，共享仓储平台鼓励用户在社交平台转发分享自己的交易经历，通过社交平台的良好口碑，推进共享仓储商业模式的推广。因为社交平台本身就具有客户群体的相关性和信任度，所以这种推广方式更快捷、更容易开发潜在客户。例如，一个客户分享了共享仓储平台，他的同事、朋友通过他的社交平台了解到这一信息，他的同事最大可能和他有相似的需求，他的朋友可能因为信任，而愿意尝试共享仓储平台。这是社交平台推广的极大优势。

（3）价值实现模式

共享仓储商业模式的收入来源主要分为三种方式。

①平台服务费收入。共享仓储互联网平台的服务费是共享仓储企业的主要业务收入，是商业模式主要的盈利模式。参照发展较成熟的共享经济企业，共享仓储互联网平台的服务费主要有两种：一是会员收费制度。招收用户为共享仓储互联网平台的会员。按期收取会员费用，期限可以是月、季度、年，会员在期限

内可以免费通过平台进行交易。如 Zipcar，美国著名的互联网汽车共享平台。二是佣金收费制度，这种平台盈利的模式是比较主流的，这种收取佣金的模式也分为单边和双边两种。顾名思义，单边佣金是指供需双方中的一方承担交易佣金，也就是每完成一次交易，平台都可以按比例收取供方或者需方的交易佣金，主要代表是滴滴平台。而双边平台就是供需双方共同分担交易佣金。主要代表是 Airbnb。

②广告收入。广告收入的特点是前期少，后期多。主要由于平台的广告收入源自平台的流量。在共享仓储商业模式发展初期，没有用户基础，所以流量较少，这是，很少有企业愿意在平台上投放广告。所以共享仓储互联网平台的广告收入占总收入的比例很小。当共享仓储的理念得到了大范围的推广后，用户增多，流量客观后，平台价值增高，这样企业就愿意在平台上投放广告。共享仓储平台上开发广告位的主要方式通过销售流量，除了线上广告，线下广告也是重要的收入来源，比如将商业广告投放在仓库中，共享仓储平台根据广告位来收取广告费用。在平台推广成熟后，平台的广告收入可能会超过平台的服务费用收入。

③通过提供增值产品/服务获取收入。增值产品/服务收入是成为共享仓储商业模式第三种主要盈利方式。增值收入的大小取决于平台的价值，所以平台价值小的共享仓储商业模式发展初期，共享仓储互联网平台几乎不涉及其他增值产品/服务，也就没有增值收入。而随着共享仓储互联网平台的发展，平台价值随之增加，共享仓储互联网平台不断与其他行业加强合作，增加产品/服务，提供刚给用户，如仓配服务、金融服务、物流信息系统服务。共享仓储互联网平台趋于完善后，增值产品/服务成为平台的主要收入。

总而言之，共享仓储互联网平台、客户、节点企业、产品和服务、稳定的运行规则是共享仓储商业模式的构成要素，结合共享仓储商业模式的创新因子，价值创造、价值传递、价值实现是主线，各要素间的价值关系构建成共享仓储商业模式模型总架构，最后从价值创造模式、价值传递模式、价值实现模式提出共享仓储商业的发展模式和相应的策略。指导共享仓储的发展和物流其他领域共享经济的应用。

（四）共享仓储商业模式案例解读

近年来，共享经济与物流行业的融合，推动了不少共享型物流企业成立。未来云仓储行业的发展趋势仍然是以科技与共享为主题的，通过科技提升运营效率，通过共享连接运营能力，从而进一步构建虚拟化、无边界的互联网仓储网络服务平台，能够为不同类型的客户提供高效、经济、快速的物流解决方案。

现在，物联云仓、中仓网都取得了较好的成绩。目前国内最大、最活跃的互联网仓储综合服务平台当数物联云仓。下面就以物联云仓的商业模式作为案例进行详细的分析。

1. 物联云仓商业模式的价值链主体

（1）仓储资源需求方

电子商务零售商、个体、批发商及制造商都有可能成为仓储资源的需求方。而且由于季节变化或者其他不可预测商业周期等的出现，都会导致紧急仓储需求的产生，为了帮助企业平稳度过这一突发状况，物联云仓就为其提供了仓库租赁方法。

（2）仓储资源供给方

电子商务零售商、个体、批发商、制造商以及第三方物流公司都是仓储资源供给方。企业在季节性低迷期或者设施设备规模超过企业成长速度时则可能会导致闲置仓储资源的产生，为此可以将自己的闲置仓库通过物联云仓网站进行租出，将仓库进行充分的利用，并使其成为一种可以给企业带来收入的商品。

（3）物联云仓平台

作为物联云仓商业模式的核心要素，物联云仓平台综合了"互联网仓储服务平台、云端应用以及线下服务"的优势，并充分整合了全国的仓储资源和仓储需求信息，对供需资源进行了智能匹配，为客户提供了优质全面的仓库选择，有利于双方问题的解决。而且仓储供需双方还可以通过物联云仓进行交易，缩减了交易流程，促进了交易的实现，而且平台能够整合更多具有优势的闲置仓库，为仓库租赁的持续发展提供了便利条件。

2. 物联云仓发展的外界影响因素

（1）信息技术水平

共享经济商业模式的发展需要建立在不断发展的技术基础之上，细分来说包括了社交网络技术、无线网技术、第三方支付技术以及互联网技术等。共享经济的发展和这些技术的发展是紧密相连，不可分割的。

物联云仓的诞生和发展都是基于互联网基础设施的不断完善，加上社交网络和传递速度的不断提升，也使得仓储交易更加便捷。

随着第三方支付平台的日益完善，物联云仓的线上支付更加便捷和安全。

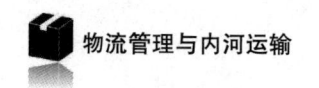

(2)政策支持力度

随着"互联网+"的日益完善和发展,电子商业经济也取得了非常大的成就。智慧物流也是政府重点关注的项目,由此也为共享物流的这一新型物流发展创造了非常大的优势条件。

在政府相关部门的大力支持下,共享物流有了更好的发展。物联云仓通过将物联网、云计算及大数据等新兴技术整合起来,为仓储全链条服务平台的打造创造了条件,从而促进了"仓库大数据"的实现。

(3)可持续发展观念

由于人们环境保护意识的不断提升,对于物流造成的环境破坏问题也逐步得到了人们的高度关注,绿色物流也将成为一种发展趋势。

绿色物流的一个重要途径就是实现共享经济,只有结合共享经济思想和物流行业发展,才能充分地利用过剩物流产能,真正的盘活闲置物流资源,避免资源的浪费和减少气体的排放,也可以更好地进行环境保护,所以说未来物流的发展趋势必然是共享物流。

3. 物联云仓平台能力分析

(1)平台整合能力

物联云仓的开发者是四川物联亿达科技有限公司,它集合了大量的智慧物流项目,将全国的仓储资源和需求信息进行了高度的整合和利用。

物联云仓集合了大量的仓库资源可供用户进行线上选仓和看仓,在业界也具有领先地位,同时它的业务网络和客服体系也是非常完善的,其从创立之日起,就让供需双方存在的"难找、难选、难租"问题得到了妥善解决。

物联云仓不但满足了仓储供需双方的仓库存储和租赁需要,还进行了物联云仓 WMS/ESW/ESCC 等仓储智能管理及监管产品的自主研发,将仓储信息系统服务提供给了用户。除此以外,物联云仓平台是整个商业模式的核心部分,有效整合了合作伙伴的核心业务,有利于物联云仓平台的有序稳定发展。

(2)平台服务质量

用户只要在物联云仓平台上实名注册后,就可以通过平台进行仓储交易活动,同时也确保了双方交易的安全性。用户注册成为会员之后,就能享受平台提供的服务,物联云仓具有全国各种仓储资源和仓储需求信息,这也是其他平台所不具备的优势,它能够有效匹配供需信息,提供快捷的仓储租赁交易服务等。

物联云仓维护客户和提升客户黏性主要通过以下两个方面予以实现:首先是

物联云仓在仓源大数据的基础上进行了客服体系和业务网络的构建和完善,并利用各种现代信息交流工具,如电话、微信及 QQ 等快速响应客户需求,为客户提供便捷、快速的仓库信息服务;其次物联云仓还成立了信息中心和物联云仓团队,及时的回复客户的服务投诉、留言反馈以及问题咨询,并对客户提出的问题进行了及时的回复和跟踪、处理等。

（3）收入来源与分销渠道

①物联云仓的收入来源。

物流云仓提供仓储服务的前提是将仓储资源供需双方充分地整合起来。物联云仓的收入来源主要有:首先,将仓储供需信息提供给对方来收取一定的服务费;其次,将自主研发的仓储物流智能管理及监管产品如 WMS/ESW/ESCC 等进行出租,获取租金收入。

②物联云仓的分销渠道。

物联云仓主要通过整合互联网仓储服务平台、云端应用及线下体验的 O2O 模式进行运营,所以也可以采用以下三种方式进行分销:首先,物联云仓将在官方网站提供仓储信息服务,用户通过电脑登录进行选择,当然这也是实现分销渠道的主要方式。其次,用户可以从手机端登录进入物联云仓。最后,物联云仓的一个重要分销渠道就是社交平台,主要包括微信小程序和新浪微博等,当然通过社交平台只能获取相应的仓储资源信息,而不能直接进行交易。

（4）物联云仓的市场效益

①物联云仓的市场需求分析。

共享仓储互联网市场的建立可以有效解决传统的仓储行业弊端。通过线上仓储市场的搭建,能够让仓储供需双方更及时地获取到有用信息,提高闲置仓库的利用率,也能快捷的解决仓储需要,提升双方的仓储效益。

在这一市场环境的需求下,物联云仓应运而生,它是基于互联网仓储服务平台来提供信息资源的,主要运用 O2O 模式和云端应用来实现其提供仓储信息系统和仓储租赁服务等功能,有效地连接了仓储资源需求者和提供者。

物流云仓为拥有闲置仓库资源的供给者提供了一个仓库共享的互联网市场平台,闲置仓储资源的供给者在物流云仓的平台上将相应的仓库信息展示出来,灵活地进行市场宣传,而仓储需求者则可以通过物联云仓了解全国各地的仓库租赁情况,并可以在平台上发布自己的仓储要求,由系统进行智能匹配并推送,从而可以选择更合适的仓库进行租赁,这更有利于其个性化仓储租赁需求的满足。

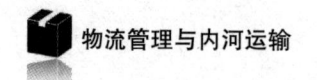

②物联云仓的主导能力分析。

由于物联云仓的仓储供需信息整合能力非常强大,所以其每天都能接到更多的用户,这也为物联云仓占据仓储行业的龙头地位奠定了坚实的基础。

③物联云仓的用户满意度分析。

在共享经济大环境中催生的物联云仓也成了一种创新性的仓储租赁平台。

物联云仓整合了全国性的仓储供需信息,从而能够让用户更快捷地获取到自己所需的仓储信息,为提升用户的经济效益带来了非常大的推动作用,这也是物联云仓迅速崛起和发展的一个重要原因。

总体而言,物联云仓的发展还处于起步阶段,它是物流仓储行业尝试共享经济的一个成功案例,它有效地整合了线下和线上,实现了仓储租赁交易在互联网上的运行,开启了仓库租赁交易的电商之路。它具备的优势和价值是确保用户经济效益得以实现的重要前提,为此也获得了很多忠实的用户。不过不可否认的是,由于物联云仓还处于起步阶段,所以还有很多问题需要我们不断地探索和解决。

第四章 物流运输管理

我国在交通运输等基础设施建设方面迅速发展，物流业逐渐成为我国国民经济发展的重要组成部分，随着我国经济发展进入新常态，物流业也在不断升级转型。本章主要探索物流运输及其合理化、物流运输方式与配送管理、物流运输的市场分析、新型物流网络构建与优化。

第一节 物流运输及其合理化

一、物流运输

运输是指借助于运输工具，通过一定的交通线路以实现运输对象（人或物）的空间位移的有目的的活动。运输是社会物质生产过程中的必要条件之一。运输和搬运的区别在于，运输是较远距离的活动，而搬运是在同一地域内较近距离的活动。

物流运输是指通过使用各种设备和工具，将物质资料从供给者送达需求者的创造了时间价值和空间价值的物理性运动（不包括在供给者内部的物理性运动）。物流运输保障了商品能在合适的时空之内展现自身的价值，支撑着多数的社会交易行为。通常来说，客运和货物流通领域的运输属于一般意义上的运输，而生产领域的运输不包括在内。然而，物流运输不包括客运，但包括生产领域和货物流通领域的运输。

运输业务办理和运输工具作业的场所，在运输网络中被称作节点。运输节点连接了多种运输工具，也容纳各种货物，运输节点通常包括物流中心、铁路车站、机场、物流园区、港口、配送中心等。在物流中，运输节点有管理、信息与衔接功能。

（一）物流运输的功能

1. 实现物品位移

虽然物流运输过程不产生新的物质产品，但它通过使物品发生空间位移而创

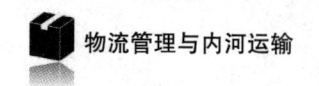

造出物品的时间效用和空间效用（也称场所效用）。物品在其所处的市场和时刻环境下可能不具备较高的价值，但通过物流运输，其价值会被提升，物品在拥有较高效用价值的是配合市场中销售，从而更好地实现其使用价值。

2. 短期存储

短期存储运输期间的物品是物流运输的另一个功能，也就是将车辆、管道、飞机和船舶等当作临时的存储设施。货物的运输，尤其是长途运输需要较长的时间，在运输时，运输工具内存储着货物。此外，物流运输还要创造条件来保障运输工具之内的货物得到恰当的存储，以避免物品的丢失或损坏，这使物流运输的存储功能在客观上得以实现。

（二）物流运输的作用

1. 运输是物流活动中的重要环节

物流活动包括多个环节，如仓储、运输、包装、配送和流通加工等，其中的运输环节能够帮助物品在空间上移动。在整个物流的过程中，运输系统的高效性十分重要，它能够使市场规模扩大，使产品更高效地流通，使自身获得更高的竞争力。

2. 运输是"第三利润源"的主要源泉

物品的空间位移需要运输工具以及人力、能源的支持才能实现，如果一次运输活动的时间越长、距离越远、消耗能源越多，那么该次运输所花费的成本就越大，其节约的潜力也就越大。在运输过程中，通过对这些资源的节约使用可以减少运输费用，从而为企业创造"利润"。

3. 运输的基础作用

运输是物流活动的必要条件。运输是整个物流活动中的直接组成部分，所有的物流环节都需要通过运输来连接。同时对于社会生产过程来说，运输也是一种延续，这一活动将生产与消费、生产与再生产的各个环节连接了起来，是一种存在于社会发展过程中的重要经济活动。

二、物流运输合理化

随着经济的发展，作为现代物流业主要内容之一的运输业得到了足够的重视，人们更广泛地关注运输的合理化，因为运输合理化是优化现代物流行业的关键问题。运输合理化是指按照商品流通规律、交通运输条件、货物合理流向、市场供需情况，以最小的代价用最短的时间把货物从生产地运到消费地。货物的合理运输必须从实际出发，根据当前的交通运输条件合理地选择运输工具和运输线路，以保证运输任务的顺利完成。在运输时，运距的长短不仅影响着运输时间、运输费用，还影响着货物的损耗、车辆或船舶的周转等经济指标。因此，运距是物流运输中应该首先考虑的指标，以便尽可能地实现运输路径的最优化。运输环节的减少、运输工具的合理选择与使用都有助于减少人力、物力、财力的投入，促进运输效率最大化。缩短运输时间有利于加速运输工具的周转，充分挖掘其运力，同时也有利于加快流动资金的周转。

综上所述，合理运输应考虑五个要素，即运输距离、运输环节、运输工具、运输时间、运输费用。在一般情况下，运输时间和运输费用是合理运输考虑的关键因素，因为它们集中反映了物流活动的经济效益。针对影响运输合理化的五个要素，进行科学的管理和计划，可以有效地实现运输的合理化。

（一）合理选择运输方式，提高包装技术，提高运输工具实载率

实载率的含义有两个：一是车、船的统计指标，也就是这两种运输设施在一定时间内周转的货物数量，以及车船载重吨位和行驶公里的乘积的比率；二是标准的载重乘以行驶里程的数值和单车实际载重乘以运距的数值之间的比例，这一指标能够帮助判断在单车、单船运输安排过程中是否进行了合理的装载。

提高实载率的意义在于可以充分利用运输工具的额定能力，减少车船空驶和不满载行驶的时间，减少浪费，从而实现运输的合理化。

（二）减少能源动力投入，增加运输能力

建设基础设施和消耗能源是运输的主要投入，在有固定的基础设施时，尽可能使能源动力方面的投入减少，进而降低运费，使货物的单位运输成本降低。具体的措施有：及时对运输工具进行维修，使其处于最佳工作状态；合理安排运输路线，消除不必要的人力、财力投入。

（三）发展合理化的运输体系，推进共同运输

运输社会化就是将运输大生产的优势发挥出来，将分工向专业化转变，不再让物流企业独自创造整个物流体系。物流企业如果自行应用车辆运输，可能会无法合理装载，这是由供需差异决定的，很可能会造成空驶、无法满载等情况。此外，这也会使企业很难充分有效地利用与运输相应的发货、接货设施及装卸搬运设施。

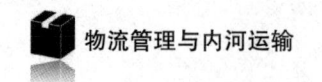

推进共同运输，统一安排运输工具，不仅可以避免对流、倒流、空驶、运力选择不当等多种形式的不合理运输，而且可以获得规模效益。

（四）进行中短距离运输的铁路公路分流，以公代铁

对于在公路运输经济里程范围内的任务，尽量利用公路运输来完成。这样不仅可以缓解紧张的铁路运输，加强铁路运输的通过能力，而且可以充分利用公路运输"门到门"服务机动灵活的优势，提高运输的总体服务水平。

（五）尽量发展直达运输，优化运输路线

在物流运输过程中，当用户需求量较大时，可以越过商业、物资仓库环节或铁路等交通中转环节，把货物从生产地或起运地直接运到销售地或用户手中，发展直达运输。

（六）合理地进行物资调配，实行配载运输

为了使运输工具的容积和载重量得到充分利用，可以对货物载运和装载货物的方法进行合理安排。在装载的过程中，通常会混合搭配重与轻的货物，若一个运输设备主要运输重货物，则可以在其中搭配一些轻泡货物，这样运力投入并未增加，也同时运输了一定的轻泡货物。例如，在运输黄沙、矿石等重的货物时，可以在船面上放置一些毛竹和木材；再通过铁路运输钢材和矿石等重的货物时，可以在其中加入一些副产品和轻泡农等。

（七）发展特殊运输技术和工具

通过提高技术，实现运输工具的载重量和车、船的装载容积的充分使用，是运输合理化的重要途径，如利用集装箱船可以比一般船舶装载更多的箱体。滚装船又称"开上开下"船，或称"滚上滚下"船，它是指半挂车或轮式托盘直接进出货舱装卸的运输船舶。滚装船船型高大，便于装有集装箱的运货车辆开上、开下。

（八）通过流通加工使运输合理化

对于一些体积较大、密度又小等不利于高效运输的货物，可以先进行适当的加工，然后再装载运输。比如，将轻泡产品预先捆紧并包装成规定尺寸，装车时就容易提高装载量；将水产品及肉类货物预先冷冻，就能够提高车辆装载率并降低运输损耗。

第二节　物流运输方式与配送管理

一、物流运输方式

（一）铁路运输

一个国家的交通运输网是由航空、水路、铁路与公路和管道等各种运输方式共同组成的，在我国，这些是主要的运输方式。相比于其他运输方式，铁路运输有较快的速度、较长的运距、较大的运量和强连续性，能够抵抗自然条件、公害的影响，成本较低。另外，铁路运输比公路运输占用更少的地块，事故少、污染小。因此，大宗货物在陆地上的长途运输主要依靠铁路。

铁路运输也有其自身的缺陷，如灵活性不高，发车频率较公路低。铁路运输在近距离运输时费用较高，所以其经济半径一般在200千米以上，适合承担中长距离且运量大的货运任务。

（二）公路运输

公路运输是我国目前最重要和最普遍的短途运输方式，它主要使用货车或其他运输工具（如人、畜力车）在公路上进行货物运输。公路运输机动灵活、快捷方便，在中短途货物的运输中，它比铁路、航空运输具有更大的优越性。虽然公路运输具有成本高、载运量小、能耗大、易受外界环境影响等劣势，但是它对各种自然条件的适应性强，投资较少，机动灵活，货物运达速度快，能实现"门到门"服务。因此，公路运输成为承担运输量最大、向社会提供就业机会最多、实现营业收入最高的一种运输方式。

公路运输最适合承担运输距离在200千米以内且运量不大，而水运、铁路运输难以到达的地区的货运以及铁路运输和水路运输的优势难以发挥的短途运输。

（三）水路运输

水路运输是使用船舶运送货物的一种运输方式。水路运输是物流中较为常用的一种运输方式，由于其能兼顾近距离、远距离以及零星、大宗货物的运输要求，而且成本相对低廉，因而担负着大部分的运输任务。

水路运输是最早形成的运输方式之一，这与水路运输自身的优点有紧密关系。

水路运输的主要优点有：①运输能力大，在运输方式中，水路运输的能力最大，在长江干线，一支拖驳船队或推驳船队的运载能力已经超过万吨，另外，在远洋运输中，特别是货源充足、运距较长的情况下，世界上的船队加快了船舶向大型化发展的步伐；②水运建设投资小，水路运输只需利用江河湖海等自然水利资源，除了必须投资的船舶、港口建设之外，沿海航道不需要任何投资；③运输成本低，水路运输的成本由初始建设的投资成本和船舶运营时花费的成本组成，水路运输的运输能力大，且初始建设的投资成本较低，所以平均到每吨海里的运输成本就比较低了。

随着社会的发展以及其他运输方式的采用和技术的不断成熟，水路运输的缺点也日益凸显出来，主要有：①运输速度慢。因为生鲜鱼肉、蔬菜、瓜果等的保质期都不长，而且货物必须在特定的时期内销售才能获得最大的经济效益，所以，水路运输的速度对货物的销售影响较大。另外，货物的运输速度较慢，其在途时间就会变长，继而增加了货主的流动资金占有量。②受自然条件影响较大。大部分内河河道和某些港口受季节影响较大，如冬季结冰、枯水期水位偏低等，难以保证全年通航。另外，海上运输易受暴风和大雾影响，如果在运输途中遇到大风会损失很大。

总之，水路运输适合承担运量大、运距长、对时间要求不严格、运费负担能力相对较低的货物运输。

运输船舶按照装载物的性质，可以分为客船和货船两大类。货船通常包括干货船、液货船等。其中，干货船用于装载干货，常见的主要有杂货船、集装箱船、载驳船、运木船及冷藏船等。液货船专门用于运输液态货物，它在现代商队中占有很大比例，主要有油船、液化气船和液体化学品船等。

（四）航空运输

航空运输的运输工具主要是航空器，能够在区域间转移行李、邮件、货物和旅客等。

在近半个世纪，航空运输飞速发展，拥有如下的优势：①速度快，这一优势和特点是最明显的，运输的距离越长，航空运输就越能显现出其速度快和节约时间的特点；②机动性好，飞机飞行于空中，在运输路线方面比轮船、火车和汽车受到更少的限制，它可以连接地面上的任意两个地方，飞行也可以选择定期或不定期，航空运输在边远地区的急救、灾区救援与供应等紧急任务方面是非常重要的手段；③安全且舒适；④较少的建设投资和较短的建设周期。从设备层面来看，航空运输的发展只需要建设机场并添置飞机即可。这相比于公路和铁路的修建，占地少、收效快、周期短且少投资。

航空运输的缺点有：①运输能力有限，飞机机舱的容积和载重量都比较小；②受自然条件限制，气象状况对飞行的限制影响了飞行的正常性和准点性；③运载成本比地面运输高得多。因此，航空运输只适合承担运量较小、距离远、对时间要求严格、运费负担能力较强的运输任务。

（五）管道运输

管道运输是利用运输管道，通过压力差输送气体、液体和粉状固体的一种现代化运输方式。管道运输是随着石油的开采而兴起，并随着石油、天然气等非固体燃料需求量的增长而发展的。目前，很多国家已经建成油、气管道网，用于国内和国际的燃料运输。经常用到的管道主要有输油管道、输气管道和运输固体物料的浆液管道。

管道运输的优点有：①管道埋于地下，不受地面上的气候影响，受自然条件限制少，并可连续作业和全天运行；②运输的货物无需包装，从而节省了包装费用；③运量大，安全、方便，由于石油、天然气等燃料易燃、易爆、易泄露，采用管道运输的方式既安全又可以大大减少挥发损耗；④运输建设周期短、费用低、占地少，运营费用也低；⑤有利于环境保护，无震动也无噪声和粉尘等污染。

管道运输的缺点有：①适用范围小，管道运输适合承担运输货量大、货源足、线路长而种类固定的货物；②灵活性差，专用性强，管道运输只能输送液态、气态、粉尘类货物，对其运输对象有严格的限制。

（六）多式联运

一般而言，多式联运是指根据一个多式联运合同，采用两种或两种以上的运输方式，把货物从一个地点运到另一个指定交付货物的地点的方式。它主要包括海陆联运、海空联运、陆空联运。

1. 多式联运的优点

①提升运输组织的水平。多种运输方式在多式联运开展以前都有自己的体系，所以不具备宽广的经营范围和较大的承运数量。多式联运开展使运输变得更加合理，改善过去运输方式的衔接协作，进而提升运输的管理与组织水平。

②综合利用各种运输优势。多式联运合理搭配了多种运输方式，充分发挥它们各自的优势，使运输效率得以提升，通过货物库存的费用和时间的降低，使运输成本得到减少。

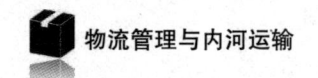

③实现点对点的有效运输。多式联运综合运用各种运输的特点,使运输的整体链条直达且连贯,这样可以从发货人所在的仓库或工厂中把货物直接向收货人的仓库或工厂中运输,收货人也可以自行指定想要收获的地点。

④手续简便。在多式联运的过程中,不管整体的运输有多远的距离,需要的运输工具有多少种,也不管中途的装卸转换次数为多少,多式联运经营人会对所有与运输相关的事宜进行统一办理。货主只需要一次性办理好托运手续,将目的地指定即可,多式联运经营人就会在此基础上,组织好海、陆、空三种运输途径,将最好的运输路线设定,其中的责任都由经营人承担。货主也可以自行安排运输或选择运输路线,这种运输方式不仅可以使库存费用和管理费用减少,还能够得到多式联运经营人的优惠运价。

⑤快速安全。多式联运经营人会统一管理组织整个运输的过程,加上其经营人和各区段承运人应用的都是包干费率,所以,各个环节能够紧密的连接,保证货物及时迅速中转,中转时间短。另外,多式联运的主体是集装箱,货物在集装箱内封闭保存,虽然运输的路程较长,但不需要被拆箱,这便使得货物能够更好地保存,防止被盗和污染,能够安全、即使且准确迅速地到达目的地。

⑥减少运杂费用,降低运输成本。多式联运的运输方法对费用的节约存在于多个方面,能够使运输成本降低。货主能够得到优惠的运价,同时,承运人也能获得更高的利润。

2. 多式联运的缺点

由于多式联运使用的运输方式是多种的,因此,对集输运系统和装卸设备要求较高;各方的工作人员在此过程中需要紧密合作,因为任何一个环节都会对最终的运输效果产生影响。

二、物流配送管理

(一)物流配送的概念与理论基础

1. 电子商务物流配送

电子商务是指利用电子手段进行的商务活动,是指利用简单、快捷、低成本的电子通信方式,无须买卖双方见面、不依靠纸面文件而进行的各种商贸活动。

B2C(Business to Consumer)电商是企业通过互联网提供一种新型的交易方式即网上商店,方便消费者在平台上购买商品、支付货款等。可以说B2C电商是一种电子化的零售。目前我国B2C的电商有综合商城、垂直商店、百货商店、复合品牌店等类型，品种齐全、种类繁多，客户服务态度好，给人一站式的购物体验。但也面临着网上购物的体验感不强，改进业务流程的局限性，缺乏互动性与个性化的客户服务，传统企业对B2C电子商务的利用率比较低等问题。一个成熟的B2C电子商务网站需要实现客户需求、销售商品需求和用户管理需求三个方面的平衡。

电子商务的物流配送区别于传统的送货概念，具有"以用户需求为出发点""具有固定的状态"等显著特点。配送是一种复杂的业务形式，结合了商品流、现金流及其相对应的业务活动，因此，这是一种丰富的多样化的业务模式。

配送是"配"与"送"两项活动的有机组合，其中"配"是指根据客户的要求对货物进行分拣、包装、组配、加工等，"送"是将货物准时安全地送到客户手中的过程。目前物流界比较认同的物流配送分类标准是按配送的时间和数量划分，这种分类标准将物流配送分为定时配送、定量配送、定时定量配送、定时定量定点配送、即时配送五种方式。在成本最低、效率最高的前提下将货物及时、准确、安全的送达客户是物流配送所要追求的目标，具体有的特点包括：及时送达客户、保证货物完好无损、实现高效配送、追求成本最低、提高服务质量。基于电子商务物流配送的目标，需要对电商物流配送进行管理。

电子商务物流配送管理是指为确保物流配送安全、高效、便捷地服务于电子商务作业活动，充分发挥物流仓储、运输、装卸搬运、配送、流通加工等职能作用，提高物流配送的效率和经济效益，利用网络信息技术，现代化的硬件设备和软件系统，根据顾客需求和订货要求，对物流作业的各个环节进行计划、组织、协调和控制，实现对物流配送成本、质量、服务与标准化的统一管理，使物流配送的各个环节实现最优的配合，从而高效地服务于电子商务企业，提高电子商务整体效益。

2. 物流配送的相关理论

（1）物流决策理论

企业物流配送管理的首要任务是根据企业情况、行业态势和发展规划确定物流配送模式。电商企业物流管理决策、审查物流问题应先从物流模式入手，宏观分析企业总体的运营情况。目前，物流配送可分为自营物流、第三方物流、物流一体化和共同配送这四种模式。在我国B2C电子商务领域，典型的物流配送模式主要有两种：企业自营物流配送模式和第三方物流配送模式。

自营配送以京东、亚马逊为代表，适合有一定实力的大型电商企业。第三方配送以淘宝为代表，适合于发展初期的中小型电商企业。第三方物流配送在电子商务物流配送中具有巨大发展潜力，如果操作成功的话，可以大幅度降低企业经营成本。

传统上，企业自营或第三方物流模式的决策依据是企业是否有能力自营物流，如果企业有设备，有技术就选择自营物流，便于控制；如果企业不具备足够的物流能力，就选择外包。这是基于影响因素的物流决策理论。

从B2C电子商务企业的角度总结归纳出物流配送供应商选择评价指标体系，其中主要的评价指标有两个方面：一方面为物流服务质量方面的具体评价指标，有配送时间、订单响应速度、违规操作率、理赔响应时间、货损率、顾客满意度；另一方面为物流服务成本对应的具体评价指标，有单位重量物流成本、单位损失和破损成本、额外物流成本。除此之外，还有物流企业能力、信息化程度、企业发展前景等方面的评价指标。

物流配送模式的决策对B2C电商企业的发展有着重要影响，企业可基于以上物流决策理论，根据企业发展到一定阶段的经济实力和对物流配送的需求，灵活选择自营、第三方或二者混合的物流配送模式。

（2）物流服务质量理论

所谓物流服务质量，是指物流服务提供商（包括第三方物流、企业或组织内部的物流服务部门）提供的物流服务所固有的可区分的特征满足顾客要求的程度。物流活动的本质是服务，而物流服务质量则描述了物流服务水平的高低。电商企业应该对接受他们物流服务的客户进行细分来更好地提供物流服务。

① 7Rs理论。7Rs理论的核心是企业能在恰当的时间，以正确的货物状态和适当的货物价格，伴随准确的商品信息，将商品送达准确的地点，即合适的时间（Right time）→合适的场合（Right place）→合适的价格（Right price）→合适的方式（Right channel）→合适的客户（Right customer）→合适的产品和服务（Right product and service）→合适的需求（Right want）。

② PDS理论。PDS理论克服了单方面从物流的执行者角度对物流服务质量做出的评价。PDS理论提到物流服务应包含两层含义：顾客营销服务和物流配送服务，衡量PDS的指标为货物可用性、时间性和质量，从顾客角度出发度量物流服务质量的9个指标是：人员沟通质量、订单释放数量、信息质量、订购过程、货品精确率、货品完好程度、货品质量、误差处理、时间性区。PDS理论从物流供应者角度和顾客角度两方面对物流服务质量做出综合评价。

（二）物流配送管理的改进对策

1. 优化物流模式

根据实际情况，在电商产品销量高的地方集中优势自建物流仓库完成仓储备货等工作，减少中间装卸搬运和转运环节。由于配送网络系统建设的长期性、复杂性，资金投入量巨大，人员管理难度大，自建物流的末端配送业务交给第三方物流公司或借助地方公共交通完成。

（1）优化仓库布局

仓库布局时要遵循的原则包括：①便于储存保管，仓库总布局要研究商品的自然属性和质量变化规律，给商品创造适宜的存放环境，保证商品存放安全，减少自然损耗；②利于作业优化，仓库总体布局要便于入库作业、在库管理和出库作业，提高作业的连续性，减少中间环节，降低人力物流消耗；③保证仓储安全，做好基本的防火、防盗、防爆安全工作。由于产品以名表为主，对干燥性的要求很高，这就要高度重视防潮工作；④节省建设投资，集中布置仓库中的基础设施和延伸性设施，高效利用立体仓库高空储位，节省建筑空间和建设投资。

（2）借助第三方物流配送

由于配送网络系统建设的长期性、复杂性，资金投入量巨大，人员管理难度大，自建物流的末端配送业务交给第三方物流公司或借助地方公共交通完成。

①加强与中国邮政的合作，实现物流精准化。中国邮政同时拥有实物流、资金流和信息流，主要经营国内速递、国际速递、快件寄送等业务。中国邮政覆盖范围广，其物流网络和投递范围是其他第三方物流企业无法比拟的。国家启动"快递下乡"工程以来，邮政快递在全国各大乡镇建设快递网点。目前，我国已基本实现乡镇快递网点全覆盖。由于我国城乡体制差异性，物流配送"最后一公里"城乡有别，所以要提升末端乡镇的配送能力。

②城乡支线班车交通＋落地配送公司。目前，我国城乡的交通基础建设较为完善，尤其是脱贫攻坚以来，很多偏远地区修路建桥，打通了通往外界的道路，城乡公交系统的发展较为成熟。城乡支线班车运输频率高，发出时间有规律可循，可以借助城乡支线班车进行货物配送，一方面降低末端物流配送成本，另一方面也可提高公交公司收入。在城乡班车枢纽站附近建立配送站，负责与公交公司合作配送交通路线经过区域的货物。班车途中长时间停靠点可有选择的设置零时配送点，负责集中揽收快递。配送点应设置在人口密集，交通便利的地方。

③建立统一物流配送标准，实现精准化服务。建立统一物流信息标准，实时

物流信息更新，每到一个配送点就发送一条物流短信通知，随时了解货物配送情况；建立统一配货标准，员工统一着装，身穿干净整洁有企业标志和职工工作牌的制服，交货同时提醒顾客"为了保障服务质量，请您亲自验货"。验货情况要及时上传到物流中心，充分体现了物流的专业性，增加客户对本企业的信任，提升企业形象。

2. 优化企业内部物流组织结构

（1）加强物流团队建设

①专业物流人员招募。专业人员的招募是人才储备和岗位建设的先决条件，在物流管理人员的筛选上应着重考虑沟通协调能力、专业技能素养，以及物流服务管理能力，因为这三者决定了物流管理人员的综合素质，以及日后所能提供的服务管理质量。从物流配送服务需求出发，除了以上综合素质之外，还需要对物流相关政策、法律法规、管理规定具有一定的解读能力，能做好对第三方企业的监管和反馈，为选择评估第三方企业资质，选择优质的合作伙伴做出正确的判断。

②内部人员选拔。为了使现有物流人员能在保持高水平服务技能的基础上有所提升，公司应建立自己的后备人才库，通过各种渠道增加对优秀员工的培养和选拔，使员工不仅能顺应时代要求和客户需求，也为日后公司的发展进行人才储备。良性的人员选拔聘用机制也可以为员工提供更为具体的职业前景规划，一定程度上减少优秀员工流失。

（2）加大物流人才"内培外引"

①引入专业物流人才。近年来，国家高度重视对专业物流人才的培养，鼓励各高效深化产教融合，加强校企合作，培养具有物流专业素养的职业性技能人才。2019年全国各地方本科高校纷纷转型为应用型大学，为培养高素质应用型人才提供教育资源，政府的支持和教育方针政策的出台为物流专业人才的培养提供有利条件，企业可以凭借大学转型趋势，着眼于高等应用型大学的物流专业学生，从各地应用型大学选拔熟悉当地环境，了解当地交通运输情况，具有一定实践能力和管理经验的物流专业人才加入货品部。

②加强内部员工培训。企业的物流管理服务能力由每一名员工的工作能力组成，开展员工培训是快速地全面提升员工素质的有效方法。员工的个人素质、工作理念和专业水平都取决于企业对培训的重视程度和培训体系的健全程度。

（3）加强人力资源管理

考虑到企业管理内容和服务范围扩大的基本要求，以及企业在危机情况或不可抗力条件下的事件处理能力，结合企业发展战略和目前的人力资源现状，基于双向沟通、全程激励、制度管理的原则，本着"以人为本，尊重员工，关心员工，帮助员工成长，提高团队核心凝聚力，以适应随时变化的行业环境，在时代的发展中不断进步"的思路，对人力资源制度进行整体设计，从优化组织结构、管理制度、管理理念入手，提高人力资源管理的集成与系统性，做到对员工的有效监管。

（4）加大信息化投入

电子商务企业要想实现对物流活动的实时调控和对第三方物流企业的有效监管沟通，必须借助物流信息技术。通过利用信息技术来提高物流供应链活动的效率性，增强整个供应链的经营决策能力。

①搭建物流信息平台要实现高效管理和专业化服务，需要建立沟通制造商、供应商、电商平台、第三方物流、企业自建物流和零售商的物流信息化平台。

②多模式智能配送。快递公司可以设置"物流选项"，将物流配送选择权充分交给消费者，逐步强化快递业"送货上门+智能快件箱+代收点"三种模式共存共生格局，构建收货"精准"的服务体系。可借助末端落地公司的智能快件箱的布局网络，利用在城乡等地落地的丰巢、速递易等智能快件箱，减少市民与快递员面对面接触，同时实现市民实时取货，打造完善的智能消费体系，加强基础物流设施建设，打通快递配送"最后一公里"。多模式智能配送不仅扩大了电商消费基础，加快了城乡消费模式的转型升级，也促进了物流企业的快速发展。

第三节　物流运输市场

运输市场是交通运输企业与需要运输方进行商品交换的地方和区域，是交通活动的一个客观现象，有广义和狭义之分。广义的运输市场是在某一特定地域内，由特定的交易场所、较大的经营范围、不同的直接或隐秘的经营活动组成的。狭义的运输市场是为满足乘客或货主的运输需求而提供交通工具和服务的交易活动，也就是货物运输能力的交易场所。

运输市场的产生，是由于客观上的交换物品的需求，只要有适当的交通工具和道路等，就会出现为满足交通需要而提供的各种设备和服务。全球经济一体化的今天，是整个物流产业发展的重要动力。物品的运输市场是指在一个较大的区域内，在特定的时间内，满足货物的需要和供应，以完成货物的转移。运输市场是由交通需求和供应引起的，它是由市场机制调控的，由价值规律决定的。

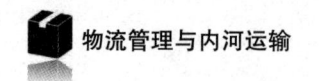

一、物流运输市场的构成

物流运输市场主要有运输中参与者和运输服务的提供者。

（一）物流运输的参与者

物流运输与普通货物买卖不同，普通货物买卖通常仅有买卖双方参与，而物流运输业务通常由发货人（发货人）、收件人（目的地）、运输人、政府和公民组成。

①承运人和收件人。发货人和收货人的目标一样，都是把商品从原产地放到目的地，在指定的时限内以最小的价格进行运输。运输服务应当包含货物的具体提取和交货时间、预计的运送时间、货物的损失情况、及时交换装运信息和签发凭证。

②运输人。承运人作为一种中介，希望能在最小的费用下，实现最大的运输收益。所以，承运人想按照发货人（或收货人）自愿给予的最高价格来收取运输费用，以补偿运输所需的人力、燃料和运输设备的费用，使其获得最大的利益。此外，承运人希望在提货和送货的时间上灵活，这样可以把单个的装送任务合并为一个经济的运输批次。

③政府。因为物流是一项很有经济效益的产业，因此，政府必须保持高效率的贸易。各国政府希望建立一个稳定、高效的交通环境，促进经济的有效发展，把商品高效地输送到国内的各个市场，同时也能以一个合理的价格购买到商品。为了实现这一目的，政府将对运输人的行为进行干涉和管制。这些干涉与管制通常采取法规、策略推动、自招运输人员等方式。政府通过对能够提供的市场交通方向的企业进行限制，或者对其收费进行限制，从而对其进行管理。

④公民。公共部门关心交通工具的目的性、价格、成效和环境安全问题。大众对商品的需求是以合理的价格来确定运输要求的，因此，运输公司要提高管理水平，控制和降低运输成本。此外，运送过程中的环保及安全问题也是大众十分关心的问题。虽然在减少污染和预防安全事故方面取得了很大的进步，但是，诸如大气污染、交通意外等问题仍然是交通领域的主要问题。

由此可见，由于参与运输的关系较多，使得物流关系更加繁杂，运送决定也更加多元化。这就要求交通管理必须从多个角度出发，兼顾各方的利益。

（二）物流运输服务的提供者

多类供应商的综合组成了物流服务行业，其中有单独经营模式的专人、专业经营模式的运输者、联合运输经营模式的管理人及各方中介。

①单独经营模式的专人。单独经营模式的专人是指只使用一种转运方法来为需求者提供需要的一种形式的运营者，其集约性使得运输人具有很强的专业性和较高的工作效率。比如，单一的运输有航空公司，只单独对接各地机场之间的任务运输，有需求的人只能自己想办法到机场或者离开。

②专业经营模式的运输者。由于我国小量货物的运输和运送过程中出现了许多问题，其中最重要的原因就是公共承运人难以为其提供合理的价格和服务水平。因此，专业化的运输公司便乘势进军小型运输和快递运输市场。

③联合运输运营方。通过运用不同的运输手段，以最小的成本为基础，为托运人提供"一站式"的服务。通过多种形式的联合，可以使多种交通形式的优势得到最大程度的发挥。目前，人们对多式联运作为一种有效的交通运输方式的认识日益增强。

④没有特定性质的中介。中介机构一般没有用来运送货物的工具，仅提供中介服务。它的功能与市场渠道中的批发商相似。代理商的盈利主要来自对发货人的收费与从承运人那里购买的运费的差价。货运经纪人是将托运人与托运人有机地联系在一起，它可以方便托运人的托运，也可以简化托运人的操作，而且可以通过合理的安排来减少货物的浪费。

二、物流运输市场的特征

运输市场作为市场体系中的一个专业市场，有以下个性特征。

（一）运输商品生产与消费的同步性

运送产品的生产过程与消费过程是相互结合的，在运送产生的过程中，工人的主要工作不是输送物品，而是去运用于被输送的车辆上，而货物会随着运输的地点的变化而发生变化。

因为运输的产物是在制造过程中被消耗的，所以没有任何"产成品"可以被储存、转换或调配。同时，交通产品也具有向量特性，在到达和发车站的运输构成了不同的产品，它们不能互相替换。因而，在一定的时间和空间内，运输服务的供应只能体现在一定的时间和空间内，而不能通过储藏、调拨、调运等手段来调控市场供需。

（二）运输市场的非固定性

运送市场提供的交通产品具有交通服务的特征，与其他工业、农业商品市场不同，没有固定的生产和销售区域。运输活动仅仅是一项"承诺"，也就是以货

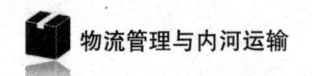

票、转运合同等为合同担保。在运输生产的初期，经过一定的时间和空间的延展，直到产品的最终完成，才能把完成的运输服务完全供给到运输需求方。整体的交易并不局限于一个地区，它的广泛性、连续性和区域性都很强。

（三）运输需求的多样性与波动性

运送运输公司为社会提供劳务，为满足交通需要的各种单位和个人提供服务。由于交通需求主体的经济状况、需要方式、自身意向等因素的变化，势必会导致运输服务和运输活动的需求的多样化，逐渐产生各种各样的物流特性。

因为工业及农业的生产具有季节性特征，所以对商品的运输需求具有一定的季节性变化。尤其是农产品，如水果和蔬菜的运输具有很强的季节性。由于没有可以贮存的交通产品，使得物流市场难以达到供求的均衡。

（四）运输市场容易形成垄断

运输市场存在最大的问题便是容易被某一方承包，致使其他方无法进入，其特点如下：一是在运输行业发展到一定时期，某些运输形式在运输市场中形成垄断力量；二是由于运输行业本身的垄断性质，导致了运输市场的垄断。由于历史原因、政策和前期投入的大量资金等原因，使得其他竞争对手难以进入，而那些容易形成垄断的产业则成了自然垄断的产业。由于交通运输市场中的垄断势力的存在，使得运输市场与完全竞争的市场需求背道而驰，因而各国政府都加大了对交通市场的管制力度。

第四节 新型物流网络构建与应急信息系统优化

一、新型物流网络的构建

（一）物流业与高速公路融合发展的必要性

1. 突破物流业发展瓶颈的需要

开始于20世纪80年代的"物流地产"，最早是由美国普洛斯公司提出并开展的，在美国和欧洲的一些国家发展较为兴盛。随着国内物流业的迅速发展，快递企业逐渐开始进行仓配一体化的物流设施建设，新建和扩建分拨中心、增加仓储场地等，在一定程度上刺激了物流地产的发展，导致用地难、成本高等物流地产问题不断凸显。

从各地物流园区的发展问题来看，一方面，我国物流园区土地使用情况以租赁为主。由于物流用地相比商业地产土地，存在出让金少、税收较低、土地利用率不高的突出问题，并且当前大城市工业用地指标逐年下降。随着物流企业业务的不断扩张，物流土地资源呈现获取难的问题。另一方面，物流用地需求越来越高。随着经济发展和消费升级，在人均仓储面积的对比下，反映出我国仓储供给量的不足，物流用地面临较大需求的问题。我国某些地区快消品的供应情况也已呈现满负荷状态，不能满足当地市场的扩张需求。因此，急需提升物流服务效率，加强各地货物流通。

2.高速公路企业战略发展的需要

如今，高速公路可持续的运营发展面临越来越大的压力，我国高速公路企业在满足日常运输服务的需求上，设施规模在持续增加，高速公路的建设不断向偏远地区延伸，在提升建设成本的同时，也加大了投资回收时间。由于高速公路运营收益主要依靠高速公路通行收费及服务区租赁获取收益，基础设施资源利用率表现较低，服务区运营也仅发展车辆加油、住宿、餐饮等服务功能。为此，高速公路企业在不断探索创新服务模式，以提升运营效益。目前，各地高速公路开发集团均成立相应物流公司，逐渐拓展物流业务。

综上，结合物流业亟待解决用地难的问题，与高速公路企业拓展物流业务的迫切需求，实现物流业与高速公路的融合发展，既能解决物流业发展瓶颈问题，又能充分利用高速公路资源，是道路货运行业发展的重要趋势。

（二）货运物流网络的发展历程

物流网络由两个层面的"网络"构成：一方面，物流网络是虚拟的物流基础设施网络，物流经济因素间一种集聚的空间结构；另一方面，物流网络是物流服务关系网络，以有形的物流基础设施网络为基础，以物流服务为纽带所形成的人与人之间的关系网。这种网络结构，类似于物流企业构建的"天网"和"地网"。

物流网络是随经济和物流发展而产生的，不同经济阶段和市场需求，衍生不同的物流网络形态。现代物流网络的发展是建立在各网络节点间的关系及网络整体上，逐渐形成集约化、网络化的物流服务体系。在物流网络的整合规划下，高时效物流服务网络将进入高速发展期，物流服务需求的快速增长对高时效物流服务网络规划提出更高要求。综合分析我国物流企业的货物运输网络发展进程，大致可划分为以下四个阶段。

第一阶段为带状网络。此阶段的物流网络表现为较低级的物流网络形态，即社会经济水平低或企业规模较小的网络组织形态。结点呈直线分布,密度很低且功能单一,各结点之间依赖性、有效性和稳定性表现较强,开放程度相对较弱。物流企业间的相互接触较少,造成企业缺乏有利的市场环境。

第二阶段为多中心网络。此阶段的物流网络表现为完全直通式网络,该网络整体运输效率高,但组织化程度低,有较大改良发展空间。整车运输市场以此运输网络为主,呈现点点直达式运输形式。结点之间联系的有效性较强,但整体组织化程度不高。因此,结点之间的运作容易出现混乱和无效率运输,各结点之间彼此依赖性较弱,同时缺乏处于绝对控制地位的结点,该网络有较大的优化和改良空间。

第三阶段为树状网络。此阶段的物流网络表现为完全轴辐式网络,该网络规模效应明显,但一定程度上产生绕道和中转等成本。结点数量较多,每个分支各有一个"树杈"网络,树杈末端处只与上一级结点联系。由于末端结点之间的沟通联系极少,从而降低了网络联系的有效性,使结点依赖性较强,网络表现较稳定。典型应用有"三通一达"快递网络及"德邦""安能"等公路快运网络。

第四阶段为环状网络。此阶段的物流网络表现为末端升级的轴辐式网络,该网络划分主次节点层次,将末端节点连接成环,货物调配较灵活。分别由多个独立子网络组成,网络的密度合理,各结点之间联系有效性较高,物流运作顺畅。

通过对物流网络发展阶段分析可以发现,运输网络类型由单一式、直通式趋向混合式、集约式发展。物流节点处作用不断提升,通过节点功能及重要度划分逐次节点,更能充分发挥节点的服务效能。并且,物流节点间联系性逐渐增强,使货物调配更为灵活,网络组织效率不断提升。因此,提升物流的高效运输,需结合网络发展趋势,充分挖掘并利用当前基础资源条件,加快网络运输组织优化。

(三)货运物流网络的类型

物流网络结构是指物流网络在地理空间上呈现出的点、线空间结构特征。通过对我国综合性的物流网络进行研究可以发现,轴辐式网络是物流资源的整合、资源利用效率的提升、物流费用削减的有效模式,已成为现代物流的重要组织模式。当前快运及快递物流企业大多采用轴辐式运输网络。轴辐网络是一个含有"轴心"和"辐网"的空间组织集合。轴心,是网络中的枢纽(中心),承担网络中货物的集散工作,可以增加节点间的紧密性,发挥规模经济效应,以降低网络服务总成本。辐网，是网络中的非枢纽，发挥疏散作用。辐网，即网络中枢纽节点与非枢纽节点相互作用形成的线网。轴辐式网络形态呈现多样性。

1. 公路货物运输网络

19世纪末，随着现代汽车的出现，公路运输应运而生。在早期的货物运输业中，随着各国基础设施建设的不断发展，公路成为发展最为迅速的运输方式。在我国早期的物流企业中没有物流网络规划的概念，运输多采用直通网络。它主要基于线路，节点之间直接连接，主次之间没有明显的区别。而且，每个节点都可以作为物流枢纽、交易中心或配送中心，适宜整车大客户点到点运输保证实载率较高或区域的中短途运输模式。随着物流市场不断扩张，在人们的消费需求不断提升的背景下，单一的物流运输网络已不能满足社会的交通运输需求，轴辐式的物流运输网络应运而生。网络结构主要以枢纽为主，各物流节点根据空间分异，构成层级网络。核心节点承担物流中转功能，进行省地直达运输。而次级节点作为分支，辅助收发货地与核心节点的转运对接。普遍用于零担快运和快递市场。

与直通式网络相比，轴辐式网络极大地提高了货运主干线的满载率，使货物运输形成规模化货运通道，增强了城市间物流活动的联系，从而减少了单位货物成本。而且轴辐式网络更为经济，大幅减少了直接相连的路线数，使各城市间物流通道更加联通，形成集聚化的货运主通道。

但轴辐式网络较直通式网络，一方面，增加了绕道成本。货物进行中转再分配的运输模式增加了物流装卸搬运成本、货物破损率等，并且可能产生绕道现象，增加运输成本。另一方面，虽然轴辐式网络大幅提升中间运输效率，但仍未提高末端运输时效，多等级分拨式的货物转运相应增加了货物运输时间。轴辐式网络若干线规模不足，则整体优势将不存在。运输网络的干支线合理构建对物流运输整体网络起着重要的作用。

总之，轴辐式网络成为物流运输业发展的重要支撑，但在区域物流的不断发展下，未来的物流网络结构不应是单一的某种物流网络，轴辐式物流网络模式也应进行不断完善，体现灵活机动的组织结构一定是大势所趋。

2. 航空货物运输网络

在整个航空货运网络变革过程中，国内快递企业开始主要运用"点到点或环线"网络，导致航空货运空载情况严重，增加了运输成本。目前，我国航空货物运输网络已经初具规模，形成了以"枢纽—辐射"网络为主的运输模式。这种航空网络结构也是目前发达国家成熟航空市场的主要运输模式，由枢纽和辐射机场、干线和支线运输相互配套组成的航空网络体系，主要运输方式为大型飞机往返枢纽机场，支线运输方式为中小型飞机往返与辐射机场。这种统一规划协调各机场、各运输线路，形成统一的航空运输网络，最大限度地利用航空运输能力，能更好地满足运输需求，提高了航空网络的通达性和覆盖率。

轴辐式航空货运网络以其覆盖面广、航线装载率大、平均往返流量多等特点，在当今的航空运输中具有一定的优势，是现在国内外航空网络的主要运用方式。该运输网络以中心城市为主进行转运，它不仅能充分发挥规模经济的潜力，还可以减少线路数量，将有限的运力集中在干线上，提升了航班运输效率，发挥了"密度经济"的效果。然而，在此网络中由于需要通过枢纽节点完成非枢纽处的货物转运，在许多情况下会产生绕路飞行，这样既增加了航程和时间，也增长了运输时间。并且，轴辐式网络将使飞行管理在安排航班的时刻、协调运输及人力等方面复杂化，公司的协调困难可能导致机场产生拥挤，飞行也将受到延误。

总之，轴辐式航空货运网络在产生规模经济和范围经济上有积极作用，但由于绕路飞行将增加运输费用。因此，在建立该网络时应通过合理的策划，充分利用网络的优势，并将其不足之处降低到最低限度，以提高运输效率和总体竞争力。

3. 铁路货物运输网络

随着铁路线网的不断完善，我国逐步完善并形成了铁路货运网络，这也是当时进出口贸易的主要运输方式。由最初的长距离货物运输，逐渐形成铁路快运货物班列。其中，铁路零担货物运输网络发展就经历了三个阶段：①起初在零担货运发展期采用中转式运输，由于网络规模小，直达列车开行较少，货物在集结环节效率低下造成中转浪费；②取消中转业务，采取直达式运输以提高运输效率和质量，但由于货源相对第一阶段减少，大量货物向其他运输方式流失；③通过货物改革，形成"一站直达+合理中转"的运输。为充分发挥铁路运输干线的集散功能，使铁路运输降本增效，目前铁路运输也逐渐优化形成了轴辐式运输系统。货物运输主要在中心枢纽站进行集货，再依据需求地的不同，组成新的快运班列向目的地进行集中运输。使铁路干线运输产生规模运输效益，提高了铁路站点资源利用率，减少运输成本，是当前中铁快运适合的网络模式。

根据铁路专线运输的特点，发现铁路货物运输由单一的办理组织方式逐渐向组合化发展。形成轴辐式网络的集约化组织形式，极大提升铁路枢纽节点的集群效益，使铁路干线运输产生规模化运输效应，减少运输成本。但铁路轴辐式物流网络的建立，需依托完善的铁路运输网，基于一种大型的物流枢纽中心站开展集货与运输作业，并与小型非枢纽站相衔接完成运输。

总之，为了达到以快捷运输为特点的货物运输，能够在承诺的运达时间限制内确保快捷货物运至规定站点，必然需要不断完善运输服务网络，灵活机动的货物运输组织形式是网络发展方向，不断提升运输服务水平。

4. 新型物流网络发展方向

通过对比分析发现，公路运输与航空运输多采用轴辐式网络，利用货物运输网络集约化、规模化的运输特点，使物流运输达到降本增效。根据物流网络的演变规律和发展趋势可以看出，物流网络总体是充分利用基础资源条件，一方面注重层次划分，提升核心节点规模效益，减少无效运输，另一方面提升系统灵活度，兼顾点点直达的低中转少绕道的优势，即混合轴辐式。高速公路与铁路系统均通过固定及相互连通的线路完成货物的运输，在运输线路上存在很大的相似之处。铁路货物运输通过多年的运输组织改革和探索，逐渐注重直通式和中转的结合，网络组织更加灵活、高效，形成"合理中转+多开直达"的运输方式。因此，参考铁路运输网络组织方式来构建新型物流网络。

从高速公路资源特征来看，由于高速公路"串联"城市的天然特性，若路网内部布局物流节点，必然使货车依次经过各节点进行运输。为方便车辆经停便捷，可考虑部分小批量货物直接落货高速公路沿线各物流节点，从而减少中转和绕道成本。但考虑整个路网的高效管理，同时实现枢纽节点规模化运输，应深入探索符合运输网络发展趋势的新型物流运输网络，进而弥补轴辐式网络的不足，并促进物流业的降本增效。

（四）新型物流网络的特征

新型物流网络，是指将物流业与高速公路基础设施资源高度融合的物流网络。在传统的公路物流运输网络中，高速公路及其他等级公路构成物流网络的线路来帮助实现货物的移动，城市内部的物流园区、物流中心、配送中心等作为节点来完成货物的交换活动。不同于以往的物流运输网络，新型物流网络具有以下网络特征。

①网络结构，物流网络与高速路网进行整合优化，实现"扁平化"的运输，以低中转、少绕道的方式提升系统灵活度。由现代物流主要采用的多层级轴辐式运输网络，优化为"扁平化"运输网络，即减少网络结构的层级，取消城市内部物流节点，将一定范围内的货物集合到高速公路资源节点完成城市间货物的交换。

②网络节点，依托高速公路线上资源，实现货物高效快捷的周转，以整合城市内部零散节点的方式提升节点集约化水平。将高速公路资源节点作为物流枢纽节点。对高速公路沿线可开发利用的地块资源，进行选址布局用作物流节点，承担物流运输中的集货、装卸转运、仓储、加工处理等物流活动组织工作。

③运输线路，以高速公路干线作为主骨架，实现货物运输的提质增效，以点对点直达的运输方式提升干线通道运输能力，以强化枢纽节点功能的方式提升运输通道干支线的衔接能力。使高速公路作为物流网络线路主动脉，将高速公路沿线各物流节点进行连通，完成货物干线运输并承担各城市间的货物流通工作；高速公路与城市道路的衔接线路作为网络配送运输通道，负责城市内部货物的"最后一公里"运输服务。

（五）新型物流网络的设计

物流运输的优化即为运输服务的合理化，是以最适当的运输方式、最低限度运输环节、路线、运输方式等满足货物运输服务需求，保障货物的需求量、运输距离和货物流向，及合理的货物周转。可见，优化运输系统也是物流管理的关键。

1. 网络总体设计思路

在现代物流业发展下，国家大力提升物流业智慧化水平，我国已在智能化物流设备上做出许多成就，例如，自动化立体库、输送分拣系统等，对物流业降本增效起到重要作用。但是，高效的物流运输网络对于提升物流业发展起到关键作用。因此，结合当前高速公路优越的土地资源条件，以高效整合资源为出发点，从根本上合理优化物流网络结构，将为物流业创造良好的市场环境。最终，形成以"互联网+高效运输网络"的物流服务体系，共同促进物流业成本节约与提质增效。

2. 网络设计的原则

高速公路在物流运输过程中，发挥着重要的物流运输通道作用。高效结合当前物流运输网络，以高速公路作为新型物流网络运输主干线路，在线路沿线选取合适的资源建立物流节点，构建高效的新型物流运输网络，具体的规划原则如下。

①充分利用现有基础资源条件。通过服务区等高速公路优良的现有基础设施、不断完善的物流管理机制、并结合高速公路信息网资源，布局综合性物流服务网络。

②协调城市内部规划，与城市产业园区外迁等结构调整相适应。在物流产业

聚集地重点建设新型物流网络枢纽集散地，以带动周边区域城市物流业稳固提升与发展。

③符合交通便利原则，加强物流运输线路衔接的通畅。规划合理的货车进出通道，保证高速公路干线车辆进出物流节点的安全高效，同时与后方城市最后一公里输送的便捷高效。为物流运输节约时间并降低成本。

④结合区域物流业发展趋势，对物流节点进行合理规划布局。在一个物流网络中，各节点通过不同功能的划分，有助于有序地开展物流活动。通常根据节点功能及重要度进行节点层次划分。

⑤提升核心节点规模效益及系统灵活度。将核心节点的综合物流服务发挥最大效能，进行货物的收集、储存、分散、中转运输等多种方式的集约化、规模化枢纽运输，以减少无效运输。

⑥符合可持续发展原则。推进应用智能化、绿色化运输装备及车辆，保障高速公路干线运输秩序，并减少城市交通的拥挤，减轻空气能源等污染。

3. 网络服务的对象

新型物流网络将主要应用于零担快运和快递业务。目前，我国公路货运的运输类型按运输物品的重量及组织方式的不同，主要划分为快递、零担快运及整车。根据高速路网直线式的线路特点，发现高速路网资源对存在中转环节的轴辐式货运网络具有较大的优化价值。但由于高速公路资源节点所处位置特殊，且作业面积有限。因此，适合利用高速公路资源节点进行小票零担或电商快递业务的物流服务，将高速公路资源节点作为物流枢纽节点。

针对零担物流轴辐式运输网络，目前多以"出发地—集货中心—枢纽节点—分拨中心—收货地"的货物组织方式进行运输。主要运输方式以集货站点直通运输、枢纽站点中转运输、收货地沿途停靠为主，并结合企业具体需求进行混合式运输。但由于零担货物呈现小、散、乱的市场分布，导致货物流向不稳定、中转效率低及沿途停靠需多次上下高速等问题，使得零担货运车辆装载率低、集货时间长等产生运输成本的提升与效率低的现状。若结合新型物流网络，可将高速公路节点覆盖范围内的零担货物进行高效整合，并通过高速公路便捷的网络线路进行货物集疏及转运的一体化运输，对零担物流的发展具有重要的意义。

而快递运输网络大都采用"多层级轴辐式"网络运输，根据具体运输服务需求划分网络层级，基本以一级枢纽节点进行货物集散、中转作业，次级非枢纽节点作为货物分拣、储存、集散等作业。但物流节点大都位于城镇中心位置，多次中转运输不但影响运输效率，层级节点的设立还可能造成一定的迂回运输，增加货物运输成本。若以新型物流网络节点作为快递运输网络节点，一方面，将有助于货物的集结，减少货物的分级；另一方面，货物可直接到达收货地区域节点，并在高速公路线上进行装卸货物，避免了无效的迂回运输和上下高速产生的绕道现象。

4. 网络配送模式

物流的配送是完成物流活动的一个重要环节。我国物流企业的配送模式按组织形式划分，包括自营、第三方和共同配送。

自营配送是指由物流公司独建的配送中心，实行货物自营供给和运输的形式。若高速公路资源节点为物流企业单独建设运营，则会出现资源利用率低、经营管理矛盾、开发难度大等问题。

第三方配送是指物流供应商和客户以外的第三方提供物流配送服务的方式。若新型物流网络应用此模式，将形成由高速公路物流企业提供场地资源，第三方负责建设和经营的方式。但此种模式下，高速公路物流企业参与程度不高，不利于对此种新型物流网络运营的监管，甚至会影响高速公路正常运作。

共同配送是指由多数几个企业共同组织的分配运输活动。若新型物流网络采取共同配送模式，高速公路物流企业将与多家物流企业形成合作关系，高速公路企业可直接参与物流节点的管理运营，各物流企业都可在同一高速公路物流节点进行集货及转运工作。共同配送将使物流节点的规模化运输有效改进。此外，企业之间的合作将有效利用资源，以提高运输效率。

网络配送阶段，即由高速公路资源节点至收发货地的最后一公里运输。结合当前物流业集约化和共同化的发展趋势，及高速公路企业缺乏开展物流业务运营经验的不足。若物流企业与高速公路企业合作运营，将起到协同发展的作用。

（六）新型物流网络的构建思路

近年来，随着我国零担及快递业务量的持续性上升，物流网络各节点，特别是终端物流网络各节点的数量不断上升。为更好地完善现代物流网络体系，使商品能够获得快速、全方位的物流支持，新型物流网络的建设成为物流运输业的发展机遇。通过打造"扁平化"的新型物流网络体系，以弥补层级轴辐式网络的存在的不足，具体构建方法将从"点—线—网"角度依次展开分析。

1. 新型物流网络节点

物流节点的设立是物流网络系统的重要组成部分。物流节点不仅能实现一般的物流功能，而且联结整个物流网络，履行着物流网络的指挥、调度、信息传递等职能。高速公路资源节点用作物流节点，具备一定的开展优势和条件，以下将从高速公路资源现状、节点优势、节点规划、功能定位等方面展开具体分析。

（1）高速公路资源节点现状

目前，高速公路沿线可利用土地资源包括高速公路服务区、桥下空间及沿线代征土地，在2020年全国高速公路取消主线收费站后，还出现高速出入口收费站及管理处等节点资源。高速公路出入口可利用土地面积一般在30～50亩（约2～3.3公顷），其他土地面积在10～100亩（约0.7～6.7公顷），也有部分桥下空间、沿线代征土地等地块资源面积达到200亩（约13.3公顷）左右。资源节点多位于高速公路出入口及城市环路，是干线运输和城市配送天然衔接节点。

（2）高速公路资源节点用作物流节点的优势

根据高速公路资源节点的种类、面积及区位现状，可以发现高速公路资源节点开展物流业务，具备良好的发展优势，主要表现在以下方面。

①土地资源合理。物流网络节点的设立，需要重点考虑土地资源的合理性。由资源节点面积情况来看，符合开展物流业务的条件。一般综合性物流中心建设面积需高于150亩（10公顷），仓储中心面积需高于30亩（20公顷）。因此，高速公路资源节点面积具备物流用地需求，对于地块面积为150亩（10公顷）以上的节点可考虑建立综合性物流节点。其他资源节点可根据当地服务需求及地块类型合理规划，开展仓储、配送、集运等不同服务。

由资源节点的地理位置来看，具有先天的业务开展优势。其中，主线收费站位于各省交通要道位置，通行便利且辐射各省物流范围；服务区土地可利用面积大，且多为双侧互通，进行货物运输方便快捷；高速公路管理处大多位于高速公路出入口且多紧邻市区环路，与城市内部交通衔接通畅；高速公路桥下空间多位于高速公路立交处，方便货物的分流与中转运输。

②交通区位优越。物流中心的设立通常考虑区位交通、市场需求和产业基础三大因素，其中交通是影响节点选址的关键因素。高速公路资源节点紧邻沿线5千米范围内，具有良好的车辆通行条件，便于货物在高速公路线上进行中转装卸，节省运输时间和成本。高速公路资源节点位于城镇周边，也可覆盖周边规模化的物流需求，实现便捷的配送和仓储服务。

③基础设施良好。高速公路服务区、管理处等已建成资源节点，已具备一定的物流基础设施条件。尤其对于高速公路服务区，可直接为货运驾驶人提供休息、餐饮、购物等便利，并为运输车辆提供加油、维修、清洁等服务。干线运输人员及车辆在工作时间将无需进出市区，在为工作人员及车辆提供方便的同时，也有效提升了工作及运输效率。对于高速公路管理处及其他已建成资源节点，可直接对建筑房屋进行改建或扩建，以符合物流运营条件，这样可以极大节约物流中心建设成本。

④信息服务支持。现代物流业的发展离不开信息化建设，而新型物流网络依托高速公路建设，高速公路网在形成过程中已具备了管道通信系统，因此，高速公路开展物流业务可应用高速公路现有的信息化条件，加快新型物流网络的智慧物流平台建设，包括智能调度平台、自动化分拣系统、车货匹配平台、交易结算平、金融服务平台、共同配送平台、公共服务平台等物流要素。

（3）新型物流网络节点的构建思路

当前零担快运及快递企业物流网络已逐渐形成层级轴辐式网络，为了结合高速公路资源节点，对当前的传统轴辐式运输网络进行优化，以下以"多层级轴辐式"快递网络为例进行对比分析，从而提出新型物流网络节点的组织方式及规划思路。

以某快递企业为例，快递网络结构以轴辐式覆盖全国，延伸至县、乡区域。其中，一级枢纽节点主要设立在北京市、郑州市、武汉市、南京市等11个区域转运中心，它负责该城市货物的集货、分类和处理；然后向二级枢纽节点城市进行配送，此节点按照城市的建设规模，负责此城市内货物的处理；三级枢纽节点为收发货地的服务门店和网点，直接面向客户，并为客户提供收寄和投递服务。货物一次全程运输需通过多级营运完成。

为减少货物层级运输带来多次中转，导致运输时间和成本的增加。新型物流网络将主要采用"扁平化"的运输组织方式，即减少网络结构的层级，取消城市内部枢纽节点，将一定范围内的发货地货物集合到高速公路节点，在此节点间进行直通式干线运输，货物到达收货地高速公路节点后，直接向收货地进行配送服务。货物将不再经过二级、一级城市内部枢纽节点进行多次中转运输。根据高速公路资源节点的"串联"结构优势，可在高速公路干线运输中合理规划直达式及中途停靠式运输，以规模化、集约化的物流节点承担各城市间的物流转运功能。有效减少运输成本，并提升货物运输时效性。

考虑到高速公路沿线物流节点，既处于新型物流网络体系中，又承担着区域物流的不同服务需求。因此，有必要对物流节点重要程度进行合理层次划分。一方面，根据物流节点的规模区位、所处区域经济水平和物流发展需求进行划分。设立"核心节点"作为物流中心节点，主要负责货物的集散、分拣、转运工作，并拓展综合物流服务。其他节点作为"一般节点或专项节点"，主要负责专项或混合的仓储、配送、分拨等工作，使高速公路资源得到集约高效个性化利用。另一方面，结合资源节点的天然基础设施条件，在高速公路服务区及附近节点，尽量设置综合性物流节点，方便直达式长途运输下货车驾驶员的休息及车辆的检修。利用高速公路与城市道路良好的干支衔接条件，在高速公路出入口附近节点设置为集货、配送中心。

（4）新型物流网络节点的功能

物流节点是以仓储、流通、配送等最重要的业务功能为基础的综合物流服务中心。对应不同层次的物流节点，每个物流节点的服务功能也会有一定的差异。其中，基本服务为仓储、配送、装卸转运、货物加工处理、车辆调度追踪等信息管理。除此之外，还可以进行节点功能拓展，包括应急物流、物流金融、大数据分析、咨询服务及供应链管理等。

2. 新型物流网络线路

物流运输线路在物流网络中具有十分重要的意义，运输路线决定了物流网络的结构，物流节点也存在于线路中形成。此外，运输线路决定了物流运输的运量和能力。因此，提升物流运输效率需进行合理的线路规划，以下将针对高速公路网与物流网络的融合，进行线路运输探讨，保证运输与配送的顺畅衔接。使货物进行高效的输入与输出，并降低货物运输成本。

（1）新型物流网络线路的特点

新型物流网络运输干线由高速公路沿线节点相连接形成，以高速公路线网作为物流网络的线路实体。高速公路在承担客运与货运服务的同时，将作为新型物流网络的专用运输通道，在承担货物基本运输功能之外，还起到物流仓储、转运等其他管理功能。利用高速公路贯通成网的线路优势，新型物流网络可实现高速公路线上干线直输，通过大货车完成各城市间的货物转运。

运输支线则为高速公路沿线节点与收发货地节点间的连接线路。依托高速公路节点与后方城市的天然通道，或新建运输通道完成货物"最后一公里"配送。

支线运输采取直达式货物输送,货物将无须多次经过城市内部枢纽节点,进行集疏货。且由于高速公路与城市紧密相连,货物由高速公路节点向城市内部分散运输,可通过绿色新能源货运车辆完成多批次、小运量的货物配送。

(2)高速公路线网用作物流通道的优势

目前,高速公路网作为客货运输的通道线路,与物流融合的参与程度低,仅起到运输通道的作用。但新型物流网络的构建,使高速公路网在承担货物运输功能上,还将高速公路沿线节点(即物流网络的各个节点)进行了衔接,成为物流网络的主要参与者。因此,高速公路网为物流网络的优化发展带来良好的通道优势,具体表现如下。

①降低物流运输成本。高速公路线网作为物流网络干线,单向直线式的运输特点使物流网络实现低中转、少绕道,有效降低了转运及迂回运输带来的运输成本。并且,高速公路安全平稳的运输系统,不仅减少了车辆的损耗、燃油及事故等产生的营运成本,还极大节约了运输时间成本。

②提升物流运输效率。利用高速公路资源节点可便捷停靠的特性,货物运输的周转可实现高速公路线上快速装卸,使物流节点的运输效率明显提升。并且,高速公路网具有强大的线路连通性,高速公路干线的双向直线式运输,可实现货物跨省"日日达"的高效运输。在融入智能化车辆调度、追踪等信息系统及标准化运输车辆后,可进一步提升物流运输的效率。

(3)新型物流网络路径的规划

由于新型物流网络核心节点间具有一定规模的运输量,可通过节点间直达式运输完成货物的流通。而其他节点间货量、种类、流向存在一定的不确定性,因此,核心节点与其他节点间的运输路径需要合理组织优化。

路线运输按照组织是否固定或是否有计划性的准则,可分为定期运输和非定期运输。根据高速公路运输线路的固定形式,新型物流网络线路实行"定期运输",即"专线运输",在高速公路线上安排定节点、定车辆的运输,通过固定的路径,进行直达式或中途停靠式运输。即将物流节点的零散货物进行整合,经过共同集货的方式(即将不同货主的货物装在同一载运工具内)进行运输。主要通过"串联状"的运输专线,对核心节点及途径的其他节点进行运输组织规划,货物由发出地经过合理的专线集货,核心节点间进行直达式运输,将货物落货收货地的核心节点进行卸货,然后再次经过直达式或中途点停靠运输进行货物分拨。

（4）新型物流网络线路的分类

新型物流网络线路按进行的物流活动方式，分为高速公路干线运输通道与高速公路配送通道。其中，干线运输通道，即干线运输线路。承担高速公路沿线节点间进行的物流运输作业功能，通过大型货车、甩挂运输及集装箱化运输进行货物的输送；配送通道，即支线运输线路，承担高速公路沿线节点至城市内部收发货地的物流集运及配送作业功能，通过城市绿色配送车辆进行"最后一公里"运输。通过高速公路线上线下，运输与配送的线路连通，完成货物的高效运转。

3. 新型物流网络的构成

物流网络是物流节点和运输线路所形成的集合体。通过对新型物流网络节点与线路的综合分析，可以发现高速公路线网与物流运输网络具有高度的同构性。以传统轴辐式物流网络作为基础，与高速公路线网进行融合，构建以高速公路线网作为运输线路，沿线资源节点作为物流节点的新型物流运输网络，形成具有扁平化、干线直输或中途点停靠式的混合轴辐式运输网络。

节点的布局，将改变城市内部等级式节点布局的方式。以"扁平化"的高速公路节点布局网络，疏解城市内部交通压力，承接各城市物流转运功能。运输线路，则以高速公路作为物流通道，连接各个高速公路沿线物流节点，实现货物直达式或沿途停靠式运输。最终，形成兼顾轴辐式规模效应和直通式低中转的"新型物流网络"。与传统的完全连通式、轴辐式网络相比，具有提高运输资源利用率、减少中转环节、发展应急物流保障、并有效解决大货车进城难和污染大等问题的优势。

新型物流网络的主要构成要素为：物流节点、客户节点、运输通道、配送通道、信息中心。各构成要素通过高速公路线网与物流网络的高度融合而形成，具体的融合构成关系如下。

（1）物流枢纽节点，高速公路资源节点

对高速公路沿线可开发利用的地块资源，进行选址布局用作物流节点。在物流网络中，承担物流运输中的集货、装卸转运、仓储、加工处理等物流活动组织工作。在高速公路线网中，代表各城市区域物流中心节点，赋予线路经济的流通。

（2）客户节点，城市内部节点

物流网络中客户节点，即为城市内部的货物发出及到达地的统称。在物流网

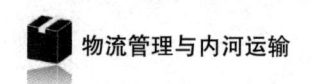

络中，客户节点作为物流网络的服务需求点。在高速公路线网中，城市内部节点为运输线路的起讫点，通过与高速公路沿线物流节点间运输，实现货物对外交流的运输服务。

（3）运输通道，高速公路线网

高速公路线网作为新型物流网络干线运输通道，是物流网络运输骨干线路。将各高速公路沿线物流节点进行连通，承担各城市节点间的货物流通。

（4）配送通道，高速公路与城市道路的衔接线路

客户收发货地至高速公路沿线物流节点的运输，通过物流配送环节实现，负责城市内部货物的集散运输服务。在高速公路线网中，承担了城市内部货物向外流通交换的服务。

（5）信息中心，综合型物流节点

物流网络中的信息中心，控制着网络的资金流、货流、车流及人员的空间流动与高效配置。从物流角度来看，信息化管控系统使货物的运输更加高效。结合高速公路线网来看，信息化技术对车辆的实时监控等手段使车辆运输更加安全，也保障了高速公路的道路畅通。

（七）新型物流网络规划决策

在提出新型物流网络的构建思路后，本书结合物流网络与高速公路网融合过程中所涉及的网络优化问题进行深入研究。以下主要分析高速公路节点的选址及线路决策优化问题。

1. 新型物流网络节点选址优化

高速公路资源节点，具有特殊的地理位置，并且，资源节点数量多、种类不同对物流节点的利用及功能划分有很大的影响。因此，在高速公路资源节点开展物流业务，应从当前可开发利用的资源节点中选择部分作为物流节点，即选择具备开展物流活动条件的合适节点进行规划建设。

对于物流网络节点的具体选址及布局，涉及的影响因素很多。因此，首先基于ISM解释结构模型，分析物流节点选址的影响因素，根据重要影响因素，结合高速公路及区域特点对物流节点进行初步规划，选取备选物流节点。然后，通过集合覆盖模型进行节点选址。

2. 路径决策优化

基于层级轴辐式物流运输网络，结合高速公路资源节点进行优化，从而构建

新型物流网络中，物流节点间运输线路的合理规划尤为重要。一方面，在层级轴辐式物流网络中引入新增高速公路资源节点，在货物保时保量到达的前提下，对物流网络配送路径决策优化。以避免层级转运、迂回运输等不合理的运输问题；另一方面，在确定物流节点选址布局的同时，合理规划干线运输节点间的运输路径，在保证满足各个城市间的货物运输需求下，使物流企业收益最大化。

二、应急物流信息系统优化

为了有效应对突发性公共紧急事件，应建立城市应急物流信息共享服务平台，及时地公布共享应急数据和相关信息，在应急数据的收集、分析与运营决策中通过物流协作解决方式充分发挥作用。

（一）应急物流信息系统的特点

1. 整体性

应急物流信息系统是包括应急预防预警系统、应急物流网络协同系统和应急物资跟踪信息系统的整体，各个系统相互协调、整合就能产生"1+1＞2"的效果。

2. 时效性

应急物流要克服通信、配送等情况下会出现的困难，保证物流和信息流的一致，才能尽快将应急物资送到各需求点，为了使救援物资畅流，必须及时构建应急物流信息系统。

3. 共享性

突发性公共紧急事件发生后，救援物资来源广泛，有应急储备物资、社会捐赠物资和各企业生产的物资信息，以及各灾区需求物资信息，为了不使出现物资积压和发放混乱等问题，必须保证各有关单位的信息共享。

4. 动态性

受灾人数、受灾面积和受灾程度会不断变化，应急物流信息系统需根据这些情况及时调整救灾工作。

（二）应急物流信息系统的功能

1. 经济功能

一个健全的应急物流信息系统能够为城市应急物流系统服务提供技术支撑。一方面，可以有效确保工作时间性和工作效果。对于应急救灾来说，时间本身就是一笔宝贵金钱，能否充分利用最短的时间、精力将救灾应急工作物资顺利配送到所有广大受灾困难群众的手中，是极为关键的，应急物资物流必须全力克服临时中断的网络通信和高速运输、恶劣工作环境等重重困难，受到双重严峻考验。另一方面，应急物资物流供需信息查询系统不仅能够为广大客户及时提供必要的应急物资运输供需相关信息，还可以使救援人员及时了解相关情况。

突发性公共紧急事件发生后，救援物资来源广泛，有各个地方各级人民政府的直接调拨援助物资、企业的政府捐赠援助物资、受灾地区的基层人民群众捐赠援助物资、国际上的捐赠援助物资，而且这些捐赠物资的交通运输管理方式，既有由政府部门直接负责管理运输的，又有民营企业负责运输的，巨大的经济统计数据和关于救灾活动所需救援物资的信息仓库以及其储存和管理，非常需要建立一套完全信息化的运输系统。与此同时，受灾地区人民群众的具体生活使用需求是什么，受灾地区的公共道路交通运行状况如何，救灾物资具体需要送往哪个受灾地区等，这些关键问题也非常重要。

2. 网络协作功能

应急物流服务网络是一种泛指以相互关联的物流组织和其他物流服务基础设施为依托，以电子化和数字化技术的应急管理网络体系为核心和支撑，实现不同节点之间的物理链路连接与资源共用的应急服务网络。

①有利于提高城市应急物流系统的效率。实现信息互通，各级政府组织机构、网络供应商、物流公司、社区或者个人将其所需要的信息、供给信息等传递到应急物流网络上进行协作交换的平台，各个主体之间都可以实现了物流信息和数据的共享，有助于缩短信息搜索收集的时间。

②有助于消除应急管理中的一些错误。从一个方面看，政府部门在各个层面搜集得到的二手资料信息真实性和有效率都很低，仅仅只是为了掌握抢险救援工作的重要性和大方向，在决策上很有可能不会完全适应或符合具体实际的情况。从另一个方面来看，参与应急物流项目管理工作的公司由于受限于自己的环境和条件，容易导致企业在决策上出现必要的信息不完善等问题，再加上管理者本身有限的专业理论知识和经验，容易导致企业在决策上发生失误，应急物流的信息系统就可以很好地弥补了管理人员在决策上由于信息不确切导致的错误。

③有助于掌握并充分满足各种应急要求。突发性公共紧急事件很可能会导致网络协作导致各地区基础设施遭到严重破坏，从而直接造成各个地区的救灾物流

要求不能及时、准确地反馈给提供到各个地区救灾物资仓储管理部门以及各个供应商，而且通过网络协作可以让各个地区的救灾物流信息传送得更加迅速、便利，减少了在网络上的损失。传送过程中往往会经常性耗费大量中间环节，确保了数据传送过程中的流畅。由于每一个参与单位都必须是直接通过网络或者互联网方式进行数据信息的共享与分享，保障了数据传播的精确性及时效性，确保了能够满足各种紧急情况下的需求。

（三）应急物流信息系统的优化原则与措施

1. 应急物流信息系统的优化原则

①系统性原则。应急物流信息系统是包括应急预防预警系统、应急物流网络协同系统和应急物资跟踪信息系统的复杂系统，必须整体考虑各个子系统的特点、功能，才能做到优化信息系统。

②经济性原则。应急物流的弱经济性并不代表成本的不受控制，构建应急物流信息系统，就是为了提高其他各个系统的协同性，避免因为信息阻塞等原因造成的经济损失。

③科学性原则。构建应急物流信息系统需要考虑费用、社会和技术等因素，将这些因素通过实用性和可操作性综合考虑才能构建出科学的应急物流信息系统。

④共享性原则。应急物流信息系统需要各个政府部门、社会团体和生产运营机构等不同单位相互信息共享，确保各个环节的正常运行。

⑤透明性原则。应急物流信息系统的各个子系统要协调一致，信息对接，物资救援等信息都应该向公众披露，人民共同监督。

2. 应急物流指挥组织系统的优化

不同级政府工作重点不同，省级政府，在制定应急性的物流预案这一工作上主要是偏重应急响应，做出预警，控制和恢复生产，启动各级政府响应等措施，市级以下（包括县一级）的地方人民政府不能简单地参照上一级的预案，应该根据自身实际情况，针对地区差异特点，加强应急宣传，迅速开展救援，以积极、快速地恢复正常秩序。

（1）城市应急管理组织体系优化

城市应急物流指挥系统工作要顺利进行，完善的组织和清晰的职责是关键。其中最重要的是应急管理领导小组，负责统筹全局，协调各方，再就是应急指挥

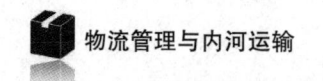

中心，认真执行落实领导意志，并且分别设立专项应急机构和应急管理指挥机构，做好具体工作的划分。专项应急机构主要包括应急运作、应急安保、物资调度、舆论公关等，做到事事有着落，应急指挥机构主要包括应急协作队伍、增员队伍和社会救助力量。各个工作组有机结合，就可以全面完善城市应急物流指挥系统。

（2）城市应急物流预案优化

①预案执行式响应。政府相关领导和其他相关专家，根据物流中心、物资采购和配送路径等编制应急预案，若突发性公共紧急事件发生，再分析城市应急物流需求情况，采取具体的预案施行并监控实施过程和效果。

②预案改编式响应。在预案执行性响应的监控环节，若结果评估效果不佳，或者有新的情况发生，为保证城市应急能力的高效，就必须提前做好改编式响应，才能在任何情况下，都能动态地调整应变策略。

根据运行的情况以及运行的效果状态进行相应的调整，为使运行体系应用更加广泛，预案体系应该不断进行调整，在动态中发展。

3. 应急物流资源保障系统的优化

（1）物资储备体系建设

完善国家防疫储备物资和其他保障性防疫物资供应储备管理制度。对于医用卫生口罩、防护服、保健防护眼镜等应急防疫准备物资，都必须要研究制订健全的定期救灾仓库防疫准备工作管理制度；进一步建立并完善国家应急抢险救援救灾工作过程中的应急快速反应和安全生产准备管理机制。做好管理体系建设的支撑工作。

①建立三级三层供应机制。在供给端通过探索建立省级的政府应急危险物资分类集散服务中心仓、临时仓和市级社会性应急分仓，将地方政府的应急储备、捐助、应急危险物品集散采购等一系列的应急物资集散分类服务纳入应急仓库。在物资需求端，将应对灾情的所需物资按各地物资需要量分别进行合理划分。

②建立全球多样化采储机制。从国内和国际两个层面建立采储机制。国内方面，以政府储备为主，市场储备为辅，完善政府与市场的协调关系，丰富物资储备机制，培养一批优质企业，制定企业生产储备数量和质量的标准，规范化生产，降低应急物流成本；国际方面，补充国内短缺的物资，保证物资的安全与充足，

与国际一起建立完善的联产联储机制,可以是政府之间的战略合作,也可以是企业供应链上的经济合作,使从世界范围内所需要采购到的物资都能够迅速有效地被运输到灾区。

③设立物资应急生产机制。增强供应链韧性,获取更多关于物资生产供应商的精确信息,这样便于供应链的动态调整和及时获知物资的短缺等信息。

(2)仓储体系建设

仓储体系涉及多领域、多专业,很难由单一主体实现全保障。我国在物流系统建设原则下,应尽快筛选出一部分优质的供应链骨干企业,调动地区和企业积极性,将它们纳入仓储体系建设中来。

4. 应急物流制度保障系统的优化

(1)城市应急物流管理制度优化

应急物流管理制度优化主要包括多元化应急物资动态储备管理制度、应急物流信息共享制度、应急物流管理专业化标准和应急物流队伍建设制度保障。

①多元化应急物资动态储备管理制度。突发性公共事件发生后,为保障所有人民的利益,必须协调整合区域间的实力,政府宏观把握,市场微观调和,统筹所有储备力量,采取一对多、多对一和一对一等不同调配方案。

②应急物流信息共享制度。依据突发性公共事件的级别,构建信息共享制度。在事件发生后,确定各个相关部门的信息需求,及时交换信息,有效沟通,所有行动应该基于协同性原则;制定信息共享标准,基于标准化原则提高信息共享能力。

③应急物流管理专业化标准。建立生活物资冷链标准,将冷链技术应用到应急物流体系之中,规范生活物资来源、出库、存储、运送等全过程,确保生活物资安全。建立物资废弃物处置标准,完善应急物流管理。

④应急物流队伍建设制度保障。培养应急物流队伍,设置常备应急管理人员,完善征调制度,建立科学培训物流人才的制度,保证从事人员的素质与能力,最好设置相关从事资质,具有从事资格的人员方可上岗。通过法律和社会激励,让更多的人认识到应急物流管理的重要性,并从事该行业。

(2)城市应急物流法律保障体系优化

城市应急物流法律保障体系优化主要包括应急物流管理专门立法、应急物流标准化立法和国家补偿专门立法。

①应急物流管理专门立法。将指挥组织模式与机构成立专门法，作为应对突发公共事件的应急物流管理办法。这样才能提高城市应急物流系统的办事效率，降低事件影响与经济损失。

②应急物流标准化立法。为了使应急物流所有程序运行顺畅，必须通过制定相应具体细致的流程参考标准，并且以法律的形式加以保障，这样实施应急物流工作的步骤就可以有法可依、避免混乱。基本设施的使用标准以及运输机械的使用标准，需要根据实际情况结合物资规模、品种、配送量、物资数量以及规模来确定。

③国家补偿专门立法。我国并没有建立专门的国家补偿组织或个人的体系和法律法规，在依法处理突发性突发事件时，只规定了对征用处理事故的财产归还或者损坏补偿制度。专门立法有助于对补偿事项加以规范。

第五章　内河运输供给

我国广袤无垠的土地和多元的地貌结构塑造了不同规模的河流和湖泊，为我国内河运输的发展提供了优越的地理条件，使内河运输具有运量大、投资小、污染轻、运费低的得天独厚的优势。随着市场经济的建成和完善，内河运输业已成为国民经济中不可或缺的重要一环。本章包括内河运输供给系统及供给调控、内河集装箱多式联运、内河铁水联运等内容。

第一节　内河运输供给系统及供给调控

一、内河运输供给系统

内河是指江河、湖泊、水库、人工水道等在内陆的水域。内河运输是指利用船舶、排筏等运输工具运输旅客和货物的方式，是综合运输网的重要环节，促进了内陆地区的社会经济发展。内河运输系统有广义和狭义之分。从广义来讲，运输需求系统、运输供给系统、运输管理机构是内河运输系统的组成部分，自然环境、社会系统、经济系统构成了内河运输系统的外部环境。外部环境影响着内河运输系统，主要体现在影响空间布局和影响发挥系统功能方面。从狭义来讲，内河运输系统只是内河运输供给系统。

（一）内河运输供给系统的构成

内河运输供给是指在特定的时间和空间内，内河运输系统能够提供的运输产品或服务的能力，即系统实现其运输功能的能力。内河运输供给是一个系统的概念，需分析其系统的构成和子系统的功能。

内河运输供给系统有三个子系统，即物质生产系统、运输组织系统、支持保障系统。内河的物质生产系统主要指的是内河运输生产的基本物质结构，包括"两点一线"及运输工具。两点指的是两个港口,一线指的是航道。运输工具指的是在这两点一线内承担运输工作的工具。内河的支持保障系统包括通信及信息系统、安全系统、科技因素。内河的物质生产系统和支持保障系统与运输组织系统一起完成内河运输的任务,构成内河运输供给系统。

(二)内河运输供给系统的能力

内河运输系统的综合供给能力指的是内河系统的运输生产能力,这也是内河运输系统的主要功能。这种能力大小的决定因素是基础物质要素,也就是港口、航道、船舶系统的能力。港口最大通过能力、航道最大通过能力、船舶最大运输能力三种能力进行比较,最小的取值就是内河运输的综合能力。内河运输系统的综合能力能否实现主要受以下因素的影响:系统结构的合理性、系统组成要素间的协调性、系统与外部环境的适应性。

1. 港口通过能力

港口的通过能力是指在一定的时期内(年、月、昼夜),港口在一定的条件下,利用其劳动力、设备所能装卸船舶货物的最大数量。港口的通过能力并不是一个常数,它是随着港口生产任务的变化,根据任务的实际情况进行测算的。

港口系统的组成环节包括码头泊位、装卸机械、库场、疏运,这些环节各司其职,都有各自的职能。每个环节的能力都影响着港口通过能力,各个环节合理建构,共同组成了港口的综合能力,反应港口的生产能力,这是评价港口运营的最终指标。

港口通过能力的影响因素是多种多样的,分为主观和客观两种,也可以分为技术性和生产组织、经营管理性的。影响港口通过能力的主要因素包括以下方面:港口的自然条件;港口的总体布置;码头的专业化程度;港口技术设备性能;港口技术设备的数量和完好程度;货物的种类与货流;运输工具的情况,包括性能、尺度、作业条件等;装卸工人和机械司机的数量、质量;生产管理的水平。

2. 航道通过能力

航道通过能力是指某段航道一年内可能通过的船舶总数或货物的总吨数。前者为过船能力,后者为过货能力。航道中通行的船舶有很多种,如客船、货船、工程船、服务船等。货船根据装货的情况分为满载船、非满载船、空船。即使航道过船能力一样,能够通过的货物数量也不相同。所以,通常来讲,航道通过能力是指每年上行方向和下行方向通过航道的总货物量。

航道通过能力分为理想上的和实际上的，两者之间存在一定的差别，航道理想通过能力是指一年内理想组合船队运输通过此航道能够通过的总货物量，这是理论上的期望值，实际上，是达不到理想通过能力的。航道理想通过能力的作用主要体现在规划航道发展上，通过拟定理想的船型尺度、船型组合、运输组织方式，一定程度能够衡量航道的通过能力。

航道通过能力主要的影响因素有：一是航道情况，包括航道尺度，也就是航道水深和宽度，航道的路线，航道内水流的流量、流线、波动，航道内的泥沙运动、障碍物；二是河段的情况，包括河段的特性、河段的地理区域、河段的跨河建筑物，河段内正在兴建的和已建成的工程；三是港口的装卸效率；四是船舶运营的特点。

提高航道运营能力、增加航道通过能力的方式包括合理安排货源、加强内河航道运输管理。

3. 船舶运输能力

船舶运输能力不是一成不变的，一般是限定时期、一定环境下，船舶运输客、货的最大能力。一般表示为能完成的运输量或者周转量。船舶运输能力的决定因素是船舶营运特性、航线营运条件，其他影响因素是船舶载重吨、营运率、船龄、航速、航行率、航道条件、港口效率、运输组织的管理能力等。

（三）内河运输供给的影响因素

1. 自然条件

天然水道是内河运输的主要区域，所以内河运输供给能力受区域内水资源和河运资源影响较大。

2. 经济因素

内河运输供给能力和运输供给水平的重要决定因素是国家的经济发展水平，因为经济是建设运输设施、制造和购买运输设备的重要前提。如果经济总量一定，增加运输供给需要国民收入投入更多的份额。所以经济发展水平高的发达资本主义国家的内河运输业发达、供给水平高、供给能力强，如美国、德国。也就是说运输供给的结构的重要决定因素是经济结构。

3. 水运建筑业和运输设备制造业的发展水平

港口、航道的通过能力受水运建筑业的影响大，船舶及装卸机械等设备的工作能力受运输设备制造业的影响较大。

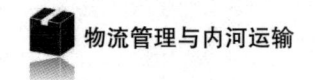

4. 技术因素

技术特征是内河运输系统供给能力和质量水平的重要影响因素，科学技术可以影响内河运输系统"三高一低"，也就是提高运输生产效率、提高运输服务质量、提高生产的组织管理水平、降低运输成本。

5. 政策因素

运输政策是经济政策的组成部分，是国家制定的准则，目的是发展运输业。运输政策不是固定的，随着国情的不同，发展时期不同，运输政策也不同。这是政府引导和调控运输业发展的重要手段，常见的运输政策有投资政策、财政补贴、管理和限制措施等。交通运输政策是影响内河运输的重要因素。

6. 运输成本和运价

根据微观经济理论，运价和运输成本也是内河运输供给的影响因素。在运输成本固定的情况下，运价上升，企业愿意增加运输供给，运价下降，则企业可能减少运输供给。在运价固定的情况下，运输成本增加会减少运输供给，运输成本减少则会增加运输供给。

二、内河运输供给调控

运输产品不断提升的多样性要求对运输生产能力提出了新标准，受到产品的非实体性和无法存储性的影响，导致运输业的运输成本逐年递增。要想解决这一问题，还需从生产源头压降生产周期，引进先进的生产技术，与市场需求保持同步，从被动转化为主动。与此同时，由于市场机制所存在的局限性，无法实现资源利用的最大化，也无法使设备配置发挥至最大效用，所以需要调控市场经济，对环境污染和资源浪费出台相关政策，使经济实现可持续发展。这就对政府的宏观调控手段提出了新标准，即要用适当的政策来适量地调节市场经济。

（一）调控的目标

1. 经济系统的均衡与非均衡

影响市场行为的因素包括需求和供给，两者权重的不对等会产生不同的状态。比如，当二者权重一致时，市场便处于均衡状态。当需求价格与供给价格相同时，称为均衡价格；当两者比重相同时，则为均衡供求量。如图5-1所示，E为均衡状态下的平衡点，所对应的P为均衡价格，均衡价格决定的供求量Q为均衡供求量。这种均衡状态是相对运动的，处于供求矛盾和价格波动之间，在这种规律性运动中达到某种均衡状态,慢慢地各方力量开始波动,从而打破原本的平衡,形成新的平衡。

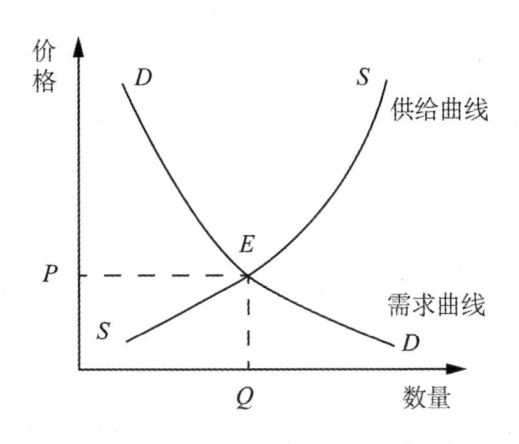

图 5-1 供需均衡图

主流经济学所研究的内容大多与均衡有关。其中最具有代表性的人物是瓦尔拉斯和马歇尔。瓦尔拉斯对均衡论赋予了新的定义,马歇尔对局部均衡论开展了更深入的研究。均衡论可以反映市场机制的运作规律。在交易中消费者追求物美价廉的商品,生产者则追求利益最大化。如果存在均衡价格,就可使包括运输在内的任何一种商品的需求等于供给,双方均可受益,从而避免市场混乱的情况。但实质上,以上情况仅存在于理想状态下,毕竟在市场中影响价格的因素很多,难以达到唯一性。瓦尔拉斯提倡的一般均衡论侧重追求供给平衡,而市场想要达到这种均衡状态,还需要具有敏锐的观察力和灵活的政策加以支持。

供求均衡在守恒体系中是以稳定性为基础而存在的,但守恒系统的研究是在理想状态下开展的,所以一般均衡状态是脱离实际的。市场影响着均衡状态的形成,市场交易也并非在完全信息化的状态进行,买卖双方无法第一时间得知价格的波动,为了解决这一难题,各个交易单位就要支出信息费用,而这也使生产者从原本简单的收益模式变得更加复杂。此外,一般均衡状态是具有时刻性的,反映的是时刻点间的状态。若想掌握每个时刻点的供求变化,还需要消耗巨大的成本。所以一般均衡状态呈现的是凯恩斯理论中的一种特例情况。

综上,在经济学理论中,无论"平衡"还是"均衡"都是以一种相对静止的稳定状态而存在的,如果经济系统中某个因素缺少过多或剩余过多都会引起经济系统的动荡。但若在一定时间内保持稳定状态,则可以认为该状态为平衡状态。

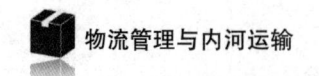

在经济市场中的平衡状态很难用供求关系来界定，这是因为在市场中买卖双方市场的权重不对等，导致吸引力出现了偏差，所以在市场中的一般均衡状态也指吸引力平衡状态。

2. 运输供需的相对均衡

运输供需均衡是指运输供给与运输需求达到一致的状态，它包括运输供需的总量均衡、结构均衡、地区均衡和时间上的均衡。由于运输产品在空间上的位移具有方向特性，因此，运输经济学中的均衡概念除包含经济学均衡含义外，还有"矢量"特征的内容，这是经济学之均衡概念中所不具备的。

若想达到运输供需稳定，即瓦尔拉斯提出的均衡状态，则需要付出十分昂贵的代价，但结局也不一定让人满意。一般而言，这种过于理想的状态追求一般均衡的瞬时最优化，更是难上加难，对于平衡经济系统而言，由于供求的不对称性和性质差异，想达到这种供需稳定的状态几乎无法实现。

首先，运输业需求与供给的侧重点和差异性较大。运输需求涉及多方因素，包括流向、流程、流时与流量，归属派生性需求一类，而且种类丰富多样，需综合考量。与其对应的是运输供给，其无论是特性还是稳定性都比需求略胜一些。供给方的设施包括公路、航道等，对不同的运输货品需采用更有针对性的运输方式。而运输过程也是紧紧围绕运输工具开展的。由此可见，运输供给与运输需求的差异较大，这种差异性所带来的影响不容小觑，如果难以使供求总量达到平衡，那么供需结构也无法处于稳定状态。

其次，运输供给与需求在增长特性上也有较大的差异。随着经济的不断发展，社会趋于稳定，运输需求逐渐增加，整体平稳发展。但运输供给的增长形势截然相反，由于现代交通压力越来越大，基础设施的建设也随之增多，导致建设周期逐渐拉长，而供给能力提高与总量的增加呈跳跃式增长，从单一时间段来看趋于稳定，但从整体上来看则呈跳跃式波动。运输能力的增长使储备力量越来越充足，当达到饱和状态时，就会导致市场出现供不应求的局面，而影响这种局面持续时间的长短，还要看需求量的增长速度和生产力的效率。此外，资源投入运输业的周期与规模也对其有一定的影响，供给增长与需求增长的差异性和不对称性也是使二者难以达到均衡状态的阻碍之一。

运输产品丰富多样，很多无法存储的产品需要用时间最短的运输方式来运送，而基础设施建设也要跟上脚步，运输能力更要与之相匹配。除了普通货品，不同行业的运输品对运送时间有着不同的要求，具备超前的运输能力在一定程度上有助于满足社会需求，缓解社会压力，节省社会资源，因此所联合创造出的社会效益会更加可观，对社会经济系统的良性循环起促进作用。

运输经济学中所提到的均衡概念是指事物达到的稳定状态，瓦尔拉斯所提出的均衡状态是以理想环境为基础进行推演的，而在实际生活中各种困难和限制条件都使之无法达到平稳状态，所以运输供给与需求之间的滞后和超前是无法根治的，但若想在一段时间内维持稳定状态，则需要将短缺或过剩控制在相对平等的条件下。

（二）调控的微观基础

政府出台的相关政策若想达到预想的效果，需要多方进行协调和合作。首先，依据市场特性，改善调控机制。其次，建设多个自由且反应灵敏的企业活动主体。调控目标需要在市场机制的引导下进行，并且与企业默契配合。同时，要及时收集企业经营活动所积累的经济数据和信息，将其应用到调控过程中，为调控指标提供依据。如果忽略企业所提供的数据信息，则会使调控失去数据性和可靠性，无法将调控效用发挥至最大。所以微观基础与政府调控之间的关系错综复杂，相互影响，相互依赖，正是由于这种内部的统一性才会使整个国民经济的发展稳步进行。

1. 市场经济下的运输企业

为了使市场调节机制发挥至最大效用，以下两个是必要条件：①各个企业具备独立经营权，且自主控制盈亏平衡；②将收益最大化定位于企业根本经营目的。

在交易市场中，交易主体是企业自身，企业经营是以收益为根本目的，为将资源利用实现最大化，而将生产、物流、服务等环节统一运行的经营单位。企业的微观经济活动使整个社会的经济正常运转，只有企业将追求利润最大化作为盈利目标，而且企业拥有自主经营权，完全掌握着盈亏平衡的权力时，才可以反映出市场的供给变化和价格波动。企业根据市场的需求及时调整自身生产经营的方向和模式，从而加大自身竞争力，尽管存在着一定的风险，但是可以将这种风险降至最低，从而适应市场变幻莫测的特点，将市场机制的效用发挥至最优。供求机制、竞争机制、风险机制和导向机制对市场的供给调节产生直接影响，企业获得了市场主体地位才可以与这些因素相互制约、相互平衡。

市场信号是企业经营活动的风向标，市场依存企业而发展，同时也限制企业的经营行为，二者协同发展。企业在决策时出现失误会导致利益受损，市场也会

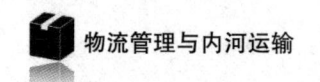

适量加以惩罚，降低一定的经济效益，从而使企业加强市场意识。企业根据市场需求变化及时调整生产结构，改变生产方式，依附市场特性建立自主生产经营权。政府要适时调整调控方向，助力企业发展，促进社会经济稳定发展。

2. 政府调控与企业合作

政府调控与企业合作应该注意以下几点。

①政府应注意调控领域及方式，凡是市场调节机制可起作用的范围内，可让市场自主调节，政府无须干涉。

②政府调控应以适应市场原则为基础，通过市场中介，调节市场机制。由于市场是调节经济活动的对象，所以要尊重市场活动规律，不可直接越过市场干预交易，否则会扰乱经济运行秩序，对社会发展造成不良影响。

③政府的监管部门不是一切经济活动的主宰者。良好的政企关系应该是互相帮助、互不干涉的。经济发展需要依赖企业的自主能动性，而政府只能起到助力作用，更不可干预企业的经营活动。

（三）调控的手段

政府可以通过运输政策的制定对内河运输进行干预和调控，主要通过经济手段以及行政、立法等非经济手段去实施运输政策。

1. 行政与法律手段

（1）行政手段

行政手段通常是与指令性计划管理相联系的，即政府借助政权的力量，通过发布命令、指示、规定等，直接干预和控制经济活动。这种行政手段发挥作用快，便于迅速地贯彻政府的调控意图。

（2）法律手段

法律手段是指国家依靠法权力量，通过经济立法和司法机构，运用经济法规调节和控制经济活动。这种调节手段具有高度的强制性，有普遍的、相对稳定的约束力。

2. 经济手段

经济手段是指政府运用经济政策通过经济杠杆的调整来调节经济活动，主要包括财政税收政策、金融货币政策、收入分配政策等。

从全世界各个国家来看，在内河运输的调控方面，经济手段是使用最多、最重要的手段。其中美国、德国和法国利用经济手段调控交通运输产业的经验最为丰富，主要是充分发挥经济手段鼓励和支持内河运输的功能，从而为内河运输业的稳定发展提供保障。

（1）经济杠杆

经济杠杆是经济手段的重要举措和实现方式，具体包括汇率、价格、信贷、利率、税费等多种方式。

通过调整经济利益达到对经济主体的行为进行调节的目的是经济杠杆的根本作用和重要功能。因为要对不同的经济利益主体进行调整，所以经济杠杆又包括两种类型，分别是以市场作为操纵主体的经济杠杆和以政府作为操纵主体的经济杠杆。前者是通过运行市场机制对经济活动，特别是微观经济的决策进行调节；后者是充分发挥包括中央银行和财政部等政府职能机构的功能和作用，对宏观经济进行调节。就不同类型经济杠杆的特性来说，有些经济杠杆必须由政府职能部门进行控制和调节，仅仅利用市场运行机制发挥自动调节作用还不够，比如，国家税务总局对税收杠杆进行调节和控制，中央银行对再贷款和再贴现杠杆进行控制和调节。具体来说，市场和政府职能部门都可以对一些杠杆进行控制。

在价格杠杆方面，市场机制对大部分内河运输服务的价格进行调节和控制，国家不再负责调控价格。需要注意的是，在特殊时间段，国家仍然拥有对特殊的内河运输领域的调节权力和定价权力。

在利率杠杆方面，一般来说，市场机制主要调控存款利率和企业向专业银行贷款的利率，再贴现利率和再贷款利率由国家负责调控。但是为了让有些部门的业务或项目能吸引更多企业、个人和专业银行加大投资力度，政府会将差别利率和贴息赋予个别部门的贷款。如今全球大部分国家都将低息贷款甚至贴息、差价补贴给予船舶制造行业，这主要是因为航运业和造船业比较特殊。

在税费杠杆方面，应该在大部分产品中取消差别税率，让市场机制调控产品的供求关系。但是有时候政府为了对部分产业的稳定发展进行保障，会将较低的税费给予少部分的产业或产品。比如，德国规定不需要向船用燃油征税；1980年之前美国对航运企业的航道使用费和燃料税实行免征；欧盟国家对内河运输产生的航标费、停泊费、船舶航行税、进港等费用实行豁免。

（2）运力调控基金

建立内河船舶运力调控基金，其目的就是依据内河航运市场的需要，采用经济的手段实行运力供给调控。当运力过剩时，对旧船拆解给予一定的拆船补贴；当运力紧张时，对造船给予补贴。也就是说，通过调控基金建立起旧船拆解机制或造船补贴机制。

例如，旧船拆解机制就是通过建立一项拆船基金对拆解的船舶给予一定的拆船补贴，从而鼓励旧船退出市场。这是欧盟国家已经实施了多年的成功经验。拆船基金的主要来源是船舶经营人支付的年摊款。条例规定，任何一艘在成员国相互连通的内河航道网上从事货物运输的船舶均应按规定的标准向基金支付一定的年摊款。摊款通常在每年的年初支付，由于该拆船机制的实施年限为10年(1989—1998年)，因此支付摊款的年限也不超过10年。考虑到基金的可操作性，欧盟要求各成员国应以无息贷款的方式为本国基金的建立提供预付款项，以便拆船计划能够得以即刻启动并实施。各成员国政府提供的这笔预付款项总计达1.04亿欧元。当然，基金应按事先制定的计划和标准在10年内返还上述预付款项。此外，基金也可以通过资本市场获得资金来源，但贷款利息由成员国自己支付。

根据规定，任何符合条例要求的船东均可向该基金申请拆船补贴，被申请拆除的船舶必须处于良好工作状态，或是正在营运的船舶，如果是拆除沉船或遭受其他损害的船舶不得享受拆船补贴。而一旦申请被基金接受，该船东必须将申请的船舶予以拆解，或暂时封存，等待拆解。

从拆船基金的具体运作情况看，效果是明显的。在1990年1月到1994年7月这期间，欧盟共拆除了150万吨的运力。不过，由于与此同时有50万吨新增运力投入市场，这些新增运力相比被拆除掉的船舶营运效率更高，而此期间内河航运运量基本保持不变，因此，运力过剩状况依然严重。因而更多的旧船需要被拆解。

内河运输船舶的旧船拆解机制和拆船基金，在欧盟国家运作的效果是明显的，其成功的经验值得我国学习。

（3）其他经济手段

有些国家在调控内河航运企业方面还会使用运价补贴的方式；有些国家利用债券发行、政府无息贷款、以电养航、地方集资的形式，对建设航道存在的政府财政资金投入不够的问题进行有效处理。

第二节　内河集装箱多式联运

内河集装箱多式联运系统由多层级枢纽、多维度通道、多运营主体组成，是一个复杂的、动态的多模式系统，系统要素涉及运营主体多，跨越地区空间广，具有高度耦合的复杂性和不确定性。

一、内河集装箱多式联运系统的内涵

（一）集装箱多式联运

1. 集装箱多式联运的演进

多式联运的概念首次出现在 1929 年的《华沙公约》里；之后在 20 世纪 60 年代第一次在美国成功开展；1973 年国际商会《联合运输单证统一规则》中将"不同的运输方式"定义为"使用两种或两种以上的运输方式，如海运、内河、航空、铁路或公路等运输货物"。1990 年以后，多式联运在欧洲逐渐被市场主导。随后经过几十年的发展，多式联运得到全世界的认可。

随着集装箱的迅速发展，它特有的优点弥补了多式联运在标准化程度上的不足，推动了国际多式联运在国内的快速发展。目前，我们通常听到的国际多式联运实际上指的就是集装箱多式联运，集装箱也成为国际多式联运实现的必不可少的载体。集装箱多式联运虽然在国际贸易与物流中广泛营运，但在实际运输中，有时需要根据情况的不同，以及联运模式和服务需求的不同，其概念的定义在我国与国际上有所区别。

①国际定义追溯。国际上相对权威的集装箱多式联运定义，来自 1980 年在日内瓦召开的联合国国际联运会议上通过的《联合国国际货物多式联运公约》，它将集装箱多式联运定义为多式联运经营人按照集装箱多式联运合同，采用两种及以上不同的运输方式，将货物从接管地运至指定的交付地。

②我国定义追溯。1997 年由我国颁发的《国际集装箱多式联运管理规则》中规定，国际集装箱多式联运是指多式联运经营人根据国际多式联运合同，采用两种及以上不同的运输方式，将国际集装箱从一国接收地运送至另一国指定的交货地点。但不应包括空运方式，并将国内水运和国际海运视为两种运输方式，而我国海商法中规定多式联运必须包括海运。

2. 集装箱多式联运的内涵

集装箱多式联运是指多式联运经营人首先按照联运合同，将托运人需要运输的货物集合组成单元，装载于不同标尺的集装箱内，作为整体运载单元，再通过采用两种及以上的运输方式，依托高效的联运组织和协同组织，由各运输区段的承运人和各枢纽节点的运营商协同高效地完成装卸、搬运、联运、仓储及配送等物流任务，最终将货物从上游集货地运至合同规定的下游交付地，实现货主只需办理一次托运,签订一份单证,办理一次结算的连续的、最优的、一体化的、效益最大化的运输模式。

集装箱与多式联运的发展与世界经济、国际贸易、航运形势等发展环境密切相关。近年来,中国高度重视多式联运发展,强化集装箱在我国内陆区域与沿海港口之间的货物流通中的应用,为以水运为核心的集装箱多式联运发展提供了良好的市场需求和理论研究基础。

(二)内河集装箱多式联运系统

内河集装箱运输具有运量大、成本低、污染小等优点,是我国综合运输体系的重要组成部分,也是联通内陆地区及沿海枢纽港以及国际物流通道的重要集疏运方式。大力发展内河集装箱多式联运是对国家降低社会综合物流成本、减少交通碳排放量和缓解城市周边公路拥堵、推进大宗货物运输"公转水""公转铁"和"散改集"发展部署以及统筹推进江河海联运发展等政策的积极响应。

内河集装箱多式联运系统是以内河干线运输为核心,通过与陆路运输以及海上运输方式协同合作,由多业务主体、多节点通道、多参与主体等要素构成的具有高效率高效益完成集装箱运输任务的多式联运系统,由"内河内部干线转运"和"内河外部支线分流"两个子系统构成。

内河集装箱多式联运系统的内涵如下:多式联运经营人首先按照集装箱多式联运合同,将托运人需要运输的货物集合组成单元,装载于不同标尺的集装箱内,作为整体运载单元,通过依托国内的江湖河川等天然或人工的货运水道,作为干线运输通道,采用与陆路的铁路、公路、管道和航空所形成的"内河+"联运组织模式,再由各承运人和各内陆与沿海的枢纽节点运营商协同高效地完成装卸、搬运、联运、仓储及配送等物流任务,最终将货物从上游集货地运至合同规定的下游交付地,完成在内陆腹地与沿海港口之间、国内与国际之间货物流通的一种新型综合运输方式,最终可实现货主只需办理一次托运,签订一份单证,办理一次结算的连续的、最优的、一体化的、效益最大化的内河多式联运系统。

多式联运的服务对象着重于货物与货主,集装箱多式联运则着重于对集装箱这个标准运载单元的运输,而内河集装箱多式联运则强调的是服务的物理网络范围以及新的联运模式,即以内河货运水道作为干线运输,与陆路的铁路、公路、管道和航空枢纽、与海路的港口所形成的"内河+"联运的新模式。

二、内河集装箱多式联运系统的构成

内河集装箱多式联运系统是集基础设施、参与主体、业务结构、管理体系和运营策略于一体的有机综合体。从系统优化和组织协同的角度出发，本书将内河集装箱多式联运系统的核心构成要素概括为联运网络要素、联运模式要素及联运协同要素三大部分。

（一）联运网络要素

轴辐式网络结构最早应用于航空业中，它可以抽象为以占据主要地位的枢纽为"轴"，其他的非枢纽节点为"辐"，所形成的"轴辐协动、以轴带动、以辐驱动"这样一种空间网络结构。

在货运集疏领域，轴辐式网络结构可以分为两个子网络——干线运输网络和支线运输网络。枢纽与枢纽间的路径组成干线运输网络，枢纽及其附属节点相连接的路径组成支线运输网络。如果干线运输网络和支线运输网络需要通过多种运输方式完成，则构成了轴辐式多式联运网络。

将内河集装箱多式联运网络与轴辐式网络结合，给出了内河轴辐式多式联运网络的基本要素构成。以几个主要内河港口作为具有转运功能的中心枢纽，以连接内河上下游的铁路场站、公路港、水运港口作为具有分流功能的次枢纽，将供应节点的集装箱集中至其隶属的节点，再将货物运至内河干线上的具有转运功能的中心枢纽，通过内河内部转运节点之间的运输，转运到下游所隶属的节点，最后配送至货物需求地，在此过程中形成的网络称为内河轴辐式多式联运网络。

1. 多层级枢纽节点

一般的轴辐式多式联运网络的节点，分为轴的枢纽节点和辐的非枢纽节点两种。枢纽节点是指具有综合物流功能、占有核心地位、货物必须在此汇集并中转的节点，而非枢纽节点指隶属供应地和需求地的、占有辅助地位、具有简单装卸和堆存功能的附属型节点。

在内河集装箱轴辐式多式联运网络中，由于网络的复杂性，还可以将节点划分为多个层级。其中，根据功能划分，枢纽节点可以分为转运和分流两类节点：转运节点是内河干线运输网络上的港口，分流节点是支线运输网络中起到分流功能的节点；非枢纽节点可以分为干线运输区段中，内河转运枢纽之间联运需要快速流通经过的节点，以及在支线运输区段，起到集货、疏货和简单物流功能的节点。

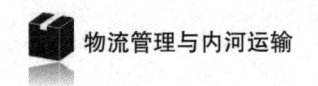

2. 多维度联运通道

一般的轴辐式多式联运网络的通道可以分为从辐到轴的上游支线运输通道（集货过程）、轴到轴的运输通道（干线运货过程）和从轴到辐的下游支线运输通道（疏货过程）三个区段。在内河集装箱轴辐式多式联运网络中，可以把联运通道细化为两个维度，第一个维度是集装箱从供应地到需求地的整个内河集疏联运路径，即集货节点→分流枢纽→转运枢纽→转运枢纽→分流枢纽→疏货节点；第二个维度是集装箱内河干线联运路径，即转运枢纽→转运非枢纽节点→转运枢纽。

（二）联运模式要素

将内河运输作为核心干线通道，则从空间上内畅外联的角度，可以把内河集装箱多式联运的组织模式分为内河外部支线分流模式和内河内部干线转运模式，新的模式分类体现了围绕内河的多式联运与铁路、公路和海运在运输组织上的区别。

1. 内河外部支线分流联运模式

内河外部支线分流联运模式是以内河干线运输通道的核心枢纽节点（港区、港口或码头）进行水陆和水水转运，以枢纽节点为货物分拨点，与内河外部的铁路、公路或水路沿线的下游枢纽节点形成支线运输网络，通过"运输—分拨—运输"作业来实现的多式联运形式。

①内河＋陆路联运模式。内河＋陆路，是指在多式联运网络中，以内河作为干线运输，与陆路的铁路、公路和航空进行联运的模式。其中，两种运输方式联运，包括水铁、水公、水空；两种以上方式联运，包括水铁公、水公铁、水铁空、水铁空公等核心多元化联运模式。

②内河＋海上联运模式。由于内河类型的不同、联运枢纽的不同，内河、海运在我国适用的法律、规范、管理单位、计量单位等要素的不同，江、河、海通常被认为三种运输方式，因此三者之间的联运，可以构成海运转内河、内河转海运等联运方式。如果以内河作为干线运输，内河包括长江、珠江、京杭运河等区别于海运的水道，则可构成内河＋海上联运的新模式，主要包括江海联运、河海联运和江河联运三种主要类型。

2. 内河内部转运联运模式

转运是集装箱通过内河干线运输通道时，为了提高在枢纽转运节点（港区、港口或码头)之间的效率所优化出的一种新的联运方式。随着我国内河货运量的不断递增,现有的船闸通过能力逐渐超过设计能力,使船舶待闸时间过长,出现了船舶拥堵现象。

针对我国内河船舶待闸时间延长问题,本书提出提高内河运输效率的组织模式,即内河内部干线转运联运模式。"转运"即"内河干线联运",主要包括翻坝联运和水水过驳两种模式。

①翻坝联运模式。翻坝联运模式是指在内河集装箱多式联运网络里的内河干线运输段,运载集装箱的船舶在通过内河断面时,面对过闸拥堵点,集装箱通过在坝上坝下进行大船换小船实现快速转运,或集装箱到达坝上港口后直接通过疏港公路驶入坝下港口上船,继续通过水路上行或下行的联运模式,该方式更适用于装有高附加值货类的集装箱运输。翻坝联运主要包括翻坝联铁和翻坝联公两种模式。

②水水过驳模式。水水过驳模式是指将大船上的集装箱转运至小船上,然后通过升船机或升船电梯等装备过坝,再将货物转运至大船上,通过在坝上坝下进行大船换小船实现快速转运。

(三)联运协同要素

对内河集装箱多式联运系统进行管理协同的目的是减少系统负效应,使系统各个参与主体之间相互激发、相互作用产生结构效应和增值效应,最终为整个系统带来最大化的利益。内河集装箱多式联运系统主要包括组织主体和协同机制两个核心管理协同要素。

1. 组织主体

多式联运经营人与内河多式联运的各承运人不仅建立了合作关系,还实现了组织内部的集中决策,即在博弈过程中组织内部各主体以系统整体利益最大化为目标进行决策。

①货主在组织中的责权。货主作为货物的需求方,在运输环节,关注多式联运经营人在指定时间、按照约定的数量将货物运到目的地的能力。他们不关注联运方案,更重视运输成本、时间、运输的灵活性、经营人提供的服务水平。

②多式联运经营人在组织中的责权。多式联运经营人是内河运输业务的组织者和全程运输责任的承担者,在内河多式联运业务运作中发挥着核心作用,通过整合各运输模式的分段运输过程,为货主提供全程运输服务。其既有较强的运力

和货源整合能力,又有较强的运输组织能力,还对跨运输方式的运营情况进行全过程管理和追踪,并承担运输责任和货物赔付风险。

③内河多式联运承运人在组织中的责权。各承运人与多式联运经营人签订运输委托合同,负责完成整个联运过程中的一段或几段运输,主要包括内河干线承运企业和支线陆路和海运承运企业,前者是联运的核心运力,负责组织船舶运载集装箱,后者负责为内河干线运输提供直线的集运和疏运服务。

2. 协同机制

将托运人发布联运需求后、多式联运经营人接受委托后的过程分为组织组建、运输管理和承运执行三个阶段,所有参与的组织主体,以完成内河集装箱多式联运任务为总目标,在多式联运经营人组织下,根据协同管理的思想,按照组织协同机制,完成托运人的服务需求。多式联运经营人是组织者,联运承运人是执行者,它们在不同阶段所承担的任务是相互协同的。

①组织组建阶段协同机制。内河集装箱多式联运业务的多式联运经营人作为联运任务的组织者和决策者,主要负责找到市场机遇,预测各运输路径的运输需求,根据需求匹配满足要求的各承运企业,并采用一套指标体系对其进行评估。

②运输管理阶段协同机制。多式联运经营人在这个阶段,主要参与制定各承运人的任务分工、收益分配方案和风险应对策略;负责制定联运计划及协调机制,还负责组织解散后的债务清算等工作。

③承运执行阶段协同机制。各联运承运人作为运输作业的实际执行者,接受多式联运经营人对于整个运输阶段的任务分配及管理,主要负责与多式联运经营人及其他承运人进行交流、沟通与上下游企业的业务关系、平衡分配的运输任务,负责对控制运营成本、向经营人提供成本信息、参与联运计划的决策,参与制定统一物流装备的标准等工作。

三、内河集装箱多式联运网络

内河集装箱多式联运网络是由多层级枢纽节点、多维度通道等物流基础设施所构成的多模式联运网络。本书结合内河集装箱多式联运的实际运作流程,基于网络边和节点的拓扑结构抽象原则,从分析网络构成和构建多模式、分层次、立体化的拓扑结构模型的角度,来重点研究内河集装箱多式联运网络。

(一)内河集装箱多式联运多模式网络结构

一般的集装箱多式联运流程,是集装箱从多个供应地首先集货到不同功能的枢纽节点进行中转，目的是为枢纽提供货源补充，然后再根据需求疏货到不同的货源目的地。

在内河集装箱多式联运网络中，上述流程是内河外部分流联运区段，是把内河的上下游港口作为转运枢纽，把内河干线运输作为分流节点之间的单一运输路径的联运网络，称为"内河支线分流网络"；为了提高内河干线运输的效率，还可以在内河干线运输段中组织"转运"多式联运，形成"内河干线转运网络"。

整个内河集装箱多式联运过程是集装箱从"供应地—支线集货联运区段—干线联运区段—支线疏货联运区段—需求地"的整个物流过程。根据网络要素中分析的多级节点和多维通道，结合每个区段的主辅、内外、干支等联运特点，可以将内河集装箱多式联运网络看成是"干线转运 + 支线分流"联运网络。

（二）网络拓扑结构的抽象原则

为构建多模式分层立体联运网络拓扑结构，深入掌握内河集装箱运输网络的实际联运状态，科学配置联运网络资源，合理优化网络布局，实现完善的多式联运网络对于腹地经济的综合效益，需要将实际的联运网络抽象成由节点和边构成的网络。可以从内河集装箱多式联运网络的节点和边进行抽象，构成内河运输网络层、海洋运输网络层、内河干线运输网络层、铁路运输网络层、高速公路运输网络层和一般道路运输网络层。具体的抽象原则如下。

1. 节点的抽象原则

①内河集装箱多式联运网络的节点由货源供应，需求地，内河转运节点，以及铁路站场、公路枢纽、水运枢纽等分流节点四部分抽象构成；②为保证联运的连续性，假设集装箱在所有枢纽节点处快速换装，不考虑中转所产生的时间和设备损耗；③集装箱在多个同功能节点之间不能分割，即在分流功能和转运功能的多节点之间只能选择一种合适的运输方式，不考虑多种方式的运量分担和分批运输；④内河港和沿海港视为两种节点性质。

2. 边的抽象原则

①内河集装箱多式联运网络中的边由内河航道、铁路、高速公路、一般道路和海上航线等抽象构成；②两个不同功能及同一功能上节点之间的连线（边）代表了一种运输方式；③分层网络的每一层由单一的运输方式构成，采用实连接，各个层之间的连接采用虚连接；④不同图层之间会有不同模式间的转运过程，包括水水联运、河海联运、铁水联运、水铁联运、水公联运、公水联运等模式；⑤图层内还存在模式内的转运过程，以内河干线运输层为代表。

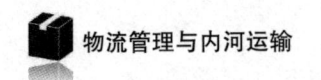

（三）多模式分层立体拓扑结构模型构建

1. 运输子网络

多模式分层内河集装箱多式联运网络是具有多个起点和终点、多个枢纽、多条通道、多种运输模式以及物流设施交叉组成的网络结构，是由内河运输网、海洋运输网、内河干线运输网、铁路运输网、高速公路运输网和一般道路运输网构成的集装化联运网络。内河集装箱多式联运网络是由节点和连接这些节点的边所构成的，网络结构中的节点表示现实系统中不同的实体，连接节点的边代表了这些实体之间的相互关系，多模式分层代表了不同子网络之间的联运关系。

每个图层中都存在货物的集疏货过程，体现集装箱从供应地到需求地的起始过程，不同图层间代表不同模式间的转运过程，图层内还存在模式内的转运过程，如内河干线运输层。集装箱从供应地运输到需求地，需要经过不同的运输子网络相互配合，才能共同完成联运任务。

（1）水路子网络

水路子网络是多模式分层内河集装箱多式联运网络的干线网络组成部分，包括内河干线运输网络层和内河与海洋联运网络层。其中，内河干线运输网络层是集装箱联运网络中最核心的区段，通过内河上的具有转运功能的枢纽节点，外联内河与海洋联运网络层，负责了整个联运过程中最大载运量、最长距离、最节约成本的任务。

（2）铁路子网络和公路子网络

铁路子网络和公路子网络是多模式分层煤炭运输网络的支线网络组成部分，集装箱从供应地，在铁路运输和公路运输网上的具有分流功能的铁路场站、公路港、物流园区等枢纽节点进行集货，将货物分流到内河干线网络层，或集装箱从内河干线网络层转运，再通过铁路和公路子网络上的节点进行疏货，最终运到需求地。

铁路可以承担集装箱长距离和大运输量的运输任务，具有受外界环境的影响较小、能源消耗低的特点，因此，铁路子网络往往承担内河集装箱多式联运支线网络的主要分流任务。公路子网络包括高速公路、国道、省道和一般道路组成，其具有灵活高效、模式简洁的特点，在集装箱运输过程中，适合供应地集货和疏货到需求地的"门到门"服务。

2. 多模式联运过程

集装箱从供应地出发，通过集货到达内河港、铁路站、公路港等上游分流枢纽节点，通过铁水联运、水水联运、公水联运等联运方式运输至转运枢纽节点，再通过内河干线运输方式抵达另一转运枢纽，并通过水铁联运、河海联运、水公联运等联运方式运输至铁路站、沿海港、公路港等下游分流枢纽节点，最后通过疏货方式送至需求地。

（四）内河集装箱多式联运网络的特点

内河集装箱多式联运网络是以内河内部转运为主、外联内河外部分流为辅的复杂网络，通过节点、通道及其构成网络的不断优化，实现不同运输方式和供需区域之间的有效联合和对接，最终形成的具有多指派、多枢纽、双网嵌套特点的轴辐式网络，大分流、小转运特点的集疏运网络，以及集装化、标准化联运特点的网络。

1. 轴辐式网络

内河集装箱多式联运网络是一个轴辐式网络，因此首先具备轴辐式网络的一切特性。基于轴辐式网络分类基础，根据枢纽节点数量，可以分成单枢纽和多枢纽；根据非枢纽节点向枢纽节点的指派关系，分成单一指派型和多指派型。内河集装箱多式联运网络结构是多指派多枢纽的双轴辐式多式联运网络，具有多指派型、多枢纽型、双轴辐网三大特点。

2. 集疏运特点

内河集装箱的整个多式联运可以分为内河干线小转运和支线大分流联运两个过程，集装箱从"供应地—支线集货联运区段—干线联运区段—支线疏货联运区段—需求地"的整个集疏运过程具备支线分流、干线转运的特点。

①支线分流。支线分流主要针对内河的上下行方向的内河外部联运通道的集疏运。上行方向是集装箱从供应地通过铁路场站、水运港口或公路节点等上游分流枢纽，与内河上游转运枢纽的联运进行集货；下行方向是集装箱通过内河下游转运枢纽，疏货到铁路场站、水运港口或公路节点等下游分流枢纽，最终运至目的地。

②干线转运。干线转运主要针对内河内部运输通道的模式创新和集疏运特点。随着我国长江、运河等内河区域经济结构调整和产业结构转型升级，未来内河货运需求将进一步增长，船闸通过能力不足将逐渐成为影响内河航运可持续发展的重大问题，因此急需要创新内河内部的运输模式来加以解决。

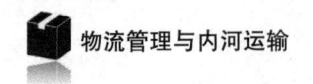

3. 联运货品特点

①集装化。无论从政策导向还是市场需求上，都体现了集装箱将成为综合运输需求最大的货物品类，如何充分发挥铁水联运优势、合理分配整个集疏运系统中集装箱多式联运占有的分担率，将是内河多式联运需要关注的研究重点和未来发展的着力点。未来无论是国际还是国内的多式联运都需要统一"散改集"和"全品类集装化"，因此内河多式联运的货物品类选为集装箱，具有实现综合联运效益最大化的意义。

②标准化。内河集装箱多式联运业务需构建一个平衡合理的一体化服务体系，引入内河航运、公路、铁路各运输企业，统一整合包括场站、运输、关检等物流资源，提供"一站式"服务、探索"一单制"运作模式。通过对非对称信息下的内河多式联运系统中所有参与主体的协同关系分析、收益分配优化和激励机制构建，将为"一站式"和"一单制"提供标准化的管理机制。

第三节　内河铁水联运

一、内河铁水联运系统的构成

当前我国内河铁水联运的基础格局已经形成，但其在综合运输体系下的占比仍旧处于弱势，国家与运输行业应不断优化内河铁水联运发展机制和运营方式，以使其发挥更大的社会效能。从联运生产组织流程来分析，通常铁水联运系统由水运系统、港口系统、铁路运输系统构成，但是由于内河港口在全程物流节点中处于端部，与厂矿企业之间多为中短距离运输，辐射范围内各企业货物的装卸状况能够快速地反映到港口节点，对联运系统效率产生影响。因此，在研究内河铁水联运时，有必要考虑在铁路运输环节中处于港口相对端点的货场或企业装卸能力，即生产企业系统。

在运输路径上，港口与接轨站之间、生产企业与接轨车站之间是一一对应的关系，铁路运输的发站、到站之间是多对对的关系。而不同路径上完成的运量则与每个生产单元整体生产能力，铁路运输系统区间能力，以及空车配送能力密切相关。而在设备能力一定的情况下个，各子系统如何高效协作完成运输任务，各生产单元能力如何分配利用，则是铁水联运系统运作的关键问题。

（一）水运系统

在水运系统中，根据不同航段通航能力、港口能力，使用不同船型将矿石煤炭等原材料运送到港口进行起泊换装，为铁水联运系统的输入端。从实际调研来看，该系统具有运量大、船期波动大、整体统筹性不足等特点。

（二）港口系统

港口系统主要包括泊位、装卸设备、堆场、港区短驳设备。根据港口设备的不同，货物在港口系统中的流动过程大致分为"船舶—港区堆场—换装堆场—铁路""船舶—港区堆场—铁路""船舶—铁路"三种作业组织形式。

①船舶—港区堆场—换装堆场—铁路。该种形式的特点是港口内不能进行换装作业，通常是因为港区未铺建铁路货物线，或者堆场、仓库和装卸设备能力不足而采取的组织方式。上岸货物需要进行一次短驳转移，再换装到铁路运输。由于增加短驳作业，费用增加。但是对于内河港口而言，由于整体规模偏小，且港口规划建设滞后等原因，该种组织形式对于充分利用水运优势和临近车站运能具有重要意义。适用于大部分非核心港口，日均综合能力在 1 至 3 列之间。

②船舶—港区堆场—铁路。该形式是在港区堆场靠近铁路货物线的情况下采用的组织形式。与第一种形式相比，铁路线路直接连通港区，减少了货物短驳过程，整体正本降低。此类港口规模一般较大，日均综合能力可达到 10 余列。

③船舶—铁路。为车船直取，此种作业方式节省了两种运输方式之间的所有过渡环节，理论上是成本最低、效率最高的组织方式。但是对两种运输方式的衔接要求较高，主要是船期与车站日版计划的衔接。一旦一方计划未兑现，将大大增加货物滞留时间或是车辆停留时间。再者，对装卸设备要求较高，出于建设和维护成本考虑，内河港口极少采用此类组织形式。但是对于核心港口，车船直取是缩短货物停留时间的重要方法。

在联运系统中，港口与其接轨的铁路车站共同组成一个生产单元。其与铁路接轨站之间的货流组织形式决定了该生产单元的整体效率。

（三）铁路运输系统

港口与生产企业通过铁路网络连接，在内河铁水联运系统中，铁路运输主要承担着港口物资的疏运任务，是生产企业原材料物资的最后一段运输，以港口为中心，根据货物批量大小组织开行不同类别的列车向周边辐射。铁路运输系统主要包括铁路机车、货车、车站、路网等设备。作业环节包含了空车配送、装卸作业、重车车流集结、编成出发列车、生产企业作业车取送。各个环节涉及对不同设备的综合协调利用，其作业特点是具有显著的计划性。铁路运输系统按照编计划规定，以车站日班计划和列车运行图的形式，完成车流的组织和控制，明确了一个周期内计划工作量。联运相关计划编制的依据通常以港口库存、装卸能力（含港口、货场、生产企业）、车站通过能力、区间通过能力、生产企业卸车能力为主要依据。

此处需要强调的是，在内河铁水联运系统中，以港口库存能力代替了船期计划，原因是对于铁路运输计划周期（每日为一个日班周期）来说，内河船舶运到期波动较大，且各港口基本都未采用车船直取的作业模式，使港口堆场或换装堆场成为缓冲区域，有效解决了船期不均衡的问题。

（四）生产企业系统

与港口同理，在联运系统中，生产企业与铁路运输系统的接轨站共同构成一个生产单元，而其接轨方式因其与铁路车站是否设置接轨站而有所不同。

两种接轨方式的区别在于车流组织的环节中，是否由工业站调机车完成生产企业作业车的取送作业。在确定生产企业生产单元综合能力时，第一种接轨方式必须同时考虑接轨车站、工业站的设备能力，以及接轨车站与工业站间和工业站与生产企业间的取送能力。而第二种接轨方式多为专用铁路或采用路企直通的大型生产企业，仅考虑接轨车站的设备能力和接轨车站与生产企业之间的取送能力或通过能力即可。两种方式在进行综合能力确定时，研究范围与对象有本质区别。

此外，生产企业系统还应考虑的因素有物资需求企业的装卸能力、库存能力、物料消耗速度等因素共同决定的重车接卸能力。与港口生产单元相比，铁水联运货物的组织过程恰好互为逆向过程，因而综合能力计算方法相似。

二、内河铁水联运系统的特点

从运输节点上看，内河港口负责在经济腹地的货物集散过程中，水运与其他运输方式的转换衔接，是开展联合运输的中心枢纽。采用铁水联运的货物从经济腹地通过铁路运输到港口转水运出江达海，或者由海进江在港口起泊上岸由铁路运输送达消费地点完成运输过程。从系统完成的运输任务来分析，内河铁水联运具有区域总流量稳定、货运品类结构稳定、铁路运输距离较短、系统整体具有较强计划性的特点。

（一）区域总流量稳定

在一定时期内，在区域内产业结构稳定、生产稳定的情况下，原材料的需求是稳定不变的。实际运作中，铁水联运系统自身的运转能力并不是一成不变的，只是在一个较长的研究周期内，区域内的总流量基本保持稳定。

对于港口而言，因为水运条件存在季节性，企业可能在不同的季节选择不同的港口进行中转，或者将货物分散在不同港口同时进行中转。对于铁路运输企业方而言，在不同时段各个港口空车配送难易程度存在波动，车站、区间设备能力因存在天窗修理时段而产生变化，整体运输能力会出现紧张和富余的情况。对于生产企业而言，产品市场情况波动、原材料价格波动都会引起原材料采购量的变化，生产设备状况是否良好同样印象原材料消耗速度继而影响到对运输的需求。所以对铁水联运系统来说，运量会因各方面因素变化而异常波动，但在一定时期内，系统完成的总运量是稳定的。

内河港口辐射范围内产业结构一般是稳定不变的，这就使铁水联运的运输任务相对来说是稳定的。

（二）铁路运输运距较短

港口货物基本为周边冶炼企业、火电厂的原材料，一般为管内运输，运距在100至500千米之间，属于中短距离运输。企业采取铁水联运方式的原因之一是单一形式的长距离铁路运输成本较高。在运到期限允许的情况下，尽量选择邻近港口上岸以缩短铁路运输距离，降低运输成本。尤其是近年来钢铁企业产业结构调整，矿石供需关系改变导致矿石价格下跌，物流成本突显的情况下，钢铁企业尤为青睐铁水联运模式，使管内港口的中短距离运量不断增长。

煤炭需求向北方煤炭倾斜。而目前，我国煤炭南北运输通道能力不足，横向运输便利的整体形势下，煤炭跨省运输的30%由水运完成。北方煤炭通过横向通道运至港口，继而采用水运南下的物流成本相对较低，而且越深入内陆腹地，联运物流成本优势越明显，促使内河港口发往各电厂的煤炭也在逐渐增长。

概括而言，内河铁水联运在煤炭、矿石大宗货物运输方式中，往往由于运输成本的原因，使内河联运系统任务表现为整个运输通道终端的快速转运任务，所以在内河港口开展的铁水联运中，多以中短距离铁路运输为主。

（三）系统运作的计划性

内河铁水联运系统在运作上的计划性由以下两方面决定。

①运输供给的计划性。无论是船舶还是铁路运输都有各自的计划周期。船舶运输到达各港口的时间随机性较大，但是进入内河航道的船舶总量是有限的，物资运送总是根据船舶总运载量和数量来安排的，不会发生因船舶数量陡然减少或增加发生联运系统输入量大幅度变化的情况。在月度、季度、年度内，依然是按照计划完成从近海港口物资或大型船舶到内河港口的转运任务。而铁路运输方面，计划性有着更为具体的表现。根据货运运输计划编制的列车运行图、按日常客户需求制定的货运运输计划等，是铁路运输组织工作的基础和主要依据。

②运输需求的计划性。区域内厂矿企业为保证生产持续稳定进行，总是在一定范围内安排生产，消耗物资速度和总量都不会发生大范围的波动。那么原材料的运输需求也是均衡的、有计划性的。对于内河铁水联运系统来说，周期内在某一个方向上的运能需求是均衡的、有计划性的。

三、铁路运输在内河铁水联运系统中的作用

随着铁路运输高铁网络的完善和货运运输组织改革的不断深化，高铁客流分流释放了更多既有线运能，以此为前提，货物运输计划模式有了很大改变。敞开受理、实货制配空，运输部门也在进行着供给侧的改革。一方面，铁路服务对象即生产企业同样因适应市场不断进行着物流体系优化，在时效性、可靠性方面对物流服务的要求更加细致和具体；另一方面，改革也是出于铁路运输企业自身发展的要求。因此，如何根据客户需要，在内河铁水联运系统中如何发挥自身优点，不断优化组织水平，协调上下子系统的技术作业流程，采取有效措施消除生产企业卸车积压，调整货物发送计划，以保证物资均衡到达等问题，为客户和自身谋求更大的利益是当前铁路运输主要目标。

在内河铁水联运系统中，货物通过铁路网在港口和企业之间流动，港口与车站间、车站与企业间为一一对应关系，为便于制定铁路运输方案，在进行能力研究时，每一个港口和对应的车站在铁水联运系统中可作为一个生产单元来确定其输出（输入）能力，车站与生产企业同理组成一个生产单元。在确定了两端的生产单元能力后，影响整个系统效率的关键在于铁路运输组织问题。那么，铁水联运系统的研究重点就集中到铁路疏运组织优化上。而整个联运系统的效率，则可以看作在港口和生产企业资源约束条件下的车流组织优化问题。车流组织方式是否先进，意味着能否高效地完成港口物资的疏运，直接影响着整个联运系统的效率。

四、内河铁水联运的铁路疏运组织

内河港口沿水运航道分布，根据各自接轨站和与货物最终到达站之间的径路情况，将水运货物分配到各港口换装运输。铁路运输则按一定的车流组织方法，按照港口接轨站的分布、周期内装出重车数量的不同，将港口疏运车流编入不同类别的列车送达卸车站。既要注意联运系统各个子系统之间的衔接问题，又要满足不同客户的运输要求。

（一）组织原则

在内河铁水联运中，铁路运输环节仍然是在既有的路网上完成运输任务，所以依然要遵从整个路网车流的组织原则，以局部服从整体为前提，正确制定区域内运输方案。除了服从整个路网运输原则之外，结合内河铁水联运系统的整体特征，港口铁路疏运组织还应当遵循以下原则。

1. 系统协调原则

内河铁水联运运输组织涉及多个子系统的协调运作。各个子系统之间相互承接，相互制约。联运流程的联运各个环节之间必须相互协调运作，才能顺利发挥出系统的功能。铁路疏运组织既要满足前端"港口—接轨站"生产单元的输出能力，也要考虑到后端"车站—生产企业"生产单元的输入能力，在部分能力紧张的区段，还要考虑运能限制。制定疏运方案是需要考虑各方面条件的约束，使各个子系统协调运作才能取得良好的整体效益。

2. 市场导向原则

在制定运输方案的时候，应适当站在市场需求的角度来考虑方案的经济效益与社会效益，而非单纯追求自身高效运转的目标。在确保路网车流调整任务顺利完成的前提下，根据客户在运输时间、运输总量、运到时刻等方面的个性化需求来制定运输方案，甚至有时需要通过路网局部车流调整的方式来换取具有市场竞争力的运输方案。

3. 稳定持续原则

生产企业运输需求一旦形成，则与持续、稳定的物资供应产生战略性的依存关系，这是生产企业的根本所在。对于采用内河铁水联运的钢厂、电厂而言，稳定、持续的铁路疏运服务应当以班列的形式体现出来，并且应当考虑到物资运输条件季节性波动、原材料储备需求、生产企业产能调整、铁路部门运能调整等因素，在运输方案中予以一定的运能预留，以满足周期物资持续、稳定供应的要求。

4. 灵活适用原则

疏运方案的制定首先需要考虑的是各个港口现阶段常态下的组织模式。例如目前运价条件下各类货物在区域内港口的运量分布情况、地区路网内车流特征、系统既有设备条件等因素，它们是制定运输方案的先决条件。但是任何事物又都是在不断变化的，在制定运输方案时，应当根据历史经验和风险预判来对方案进行优化，使其具有一定容差性，才能适应各方面因素的偶然波动。例如船期的大范围调整导致港口库存的变化、各环节设备的临时故障维护、路网车流波动与接续问题等。

所以，内河铁水联运中的铁路疏运组织要以基本运量为根据，充分利用港口、车站、路网、生产企业的设施设备能力，与港口合理衔接，制定经济实用的运输方案，适时适量地完成物资从港口至生产企业之间的转运。制定的运输方案既要符合路网车流组织的要求，又要最大程度地提高联运系统的运作效率；既要能在一个时期内稳定持续的运转，又要能适应各类因素偶然的波动。这就要求对区域内多个港口与生产企业之间按照合理配空、均衡组织、图定开行的原则尽可能地组织装车直达列车进行疏运。

（二）组织方案

由内河港库货源批量大、去向固定、品类构成简单的特点，以及目前客户对运输时效性、稳定性的要求，决定了从装车组织直达列车是最经济、最有效、最合理的疏运组织方案。装车地直达能促进铁水联运系统中各个子系统的密切协作，使区域内港口物资的流通与车流组织更好地结合起来，最大限度地减少中间作业环节，提高疏运组织的可控性，从而提高整个铁水联运系统的可靠性，为系统的组织优化创造有利条件。装车地直达方式依据组织条件主要开行以下两种类型。

1. 始发直达列车

在较大港口，大部分货物主要通过始发直达的方式疏运到目的地。

始发直达是内河铁水联运铁路疏运方案中最为便捷的组织形式，按照编组计划编制原则来说也是车流组织的最优先级方式。在内河铁水联运中，组织始发直达一般应具备以下条件。

①港口货源充足稳定，且港口或换装堆场装车能力、货物线长度、工业站场具备整列出车条件，即港口端生产单元具备整列输出能力。

②生产企业具备整列或成批卸车能力，同样包括线路长度、卸车机具、仓储

能力等条件，再加上生产企业接轨车站调车机、站线等站场综合条件，一并组成了生产企业端生产单元的输入能力。

③港口空车充足。为保证整列出车的需求，港口需有足够数量、可用车种的及时供应。

2.基地直达列车

基地直达是临近港口在组织完始发直达之后剩余的疏运车流的主要组织方式，或者是因港口规模限制无法独自整列出车时，将一个区域内两个及以上港口产出的同一去向的车流集成整列后发出。基地直达是始发直达的重要补充形式，同时也是为了适应内河铁水联运车流特征的一种组织形式。

①区域内分布多个港口，且均有不足以成列的车流，或者不都具备整列出车的能力。内河港口往往规模较小，为了充分利用水运资源，发挥铁水联运的优势；同时也受到内河航道不同航段通航能力、港口起泊和堆存能力的影响，客户通常会以不同级别船舶将物资运送到不同港口同时转运。

②区域内多个港口的车流去向一致。依据车底运用角度来看，此方式下又可分为固定车底循环直达和不固定车底非循环直达两种。但对于管内中短运距的快速转运运输组织来说，同一到站的车流按照直达组织才具有其经济效益的价值，否则因增加的技术作业而产生的车小时与其他组织形式的必要车小时之间将不具备明显优势。

③车流集结时间较短。这一条件要求区域内不同港口在装车完成时间上要有统筹计划，并且能确保该区域内车流均能及时取送，保证因车流集结产生车小时与采用其他组织形式的必要车小时之间具有显著的车小时节省，否则将失去开行直达的意义。

依据港口大小和主要客户需求情况，有定期直达和不定期直达两种。

依据港口与企业之间径路长短，还有一类不经过技术站的整列短途列车，是企业自用港口的主要疏运组织方式。

内河港口之中也存在无法独自整列装车，且自身接轨站其他港口接轨站之间距离较远，甚至货流不在一个方向的情况。该类港口产生车流采用摘挂列车、小运转列车的形式集结运输，运量在全部铁水联运中的运量极小。

五、内河铁水联运的疏运组织优化

内河港口铁水联运因其低廉的运输费用愈发受到地处内陆生产企业的重视。铁路运输企业也在不断地探索优化港口物资的疏运组织，以达到提高运输效率、

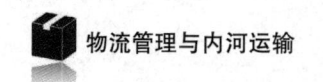

降低运输费用的目的,从而增强自身在运输行业的竞争力。经过近几年的发展,铁路部门开展内河铁水联运已从被动地解决港口疏运问题,转向主动地提高客户服务质量的问题,通过优化车站取送车组织、线路使用方案、货运作业流程、"路—港—企"三方联劳协作等环节,不断挖掘联运系统的潜能,提高联运效率。

通过对能力匹配问题的分析发现,内河铁水联运系统综合能力的决定因素有空间、时间上的不同,也就意味着联运系统内各环节的协调存在空间和时间上的协调。以内河铁水联运系统疏运组织流程为基础,系统协调包含了各环节能力的匹配、上下游环节时间的统筹安排、多方参与者的信息沟通等。

货运中心作为各方信息的交汇点,负责归集港口、运转部门、车辆部门、生产企业的生产信息,并按照各方需求进行处理,并传达给各方,包括:接港口的运输需求,传递给运转部门安排空车配送;收集港口和生产企业的装卸信息,传达给运转部门以适时安排取送;向港口和生产企业传递取送编组情况,以便安排装卸劳力和机具。同时将列检信息分别在装车前和取送车前向港口与运转部门,以确保车辆安全上线和编组信息正确。

货车停时是铁路运输的重要指标。同样,对于内河铁水联运系统而言,作业车停留时间可以定义为用于港口货物疏运的货车从到达港口接轨站时起,至其在企业生产单元内卸空后由车站出发时止的全部停留时间。自空车到达港口接轨站开始,分批次送入港口进行装车,再按批次取回接轨车站编成列车发往到站送入生产企业卸车,最后取回接轨车站变成列车出发,至此完成一次车辆周转。在进行内河铁水联运系统的运作模式分析时,确保满足各个港口和生产企业运输需求的同时,如何减少车辆在系统中的总车小时是铁路运输企业提高港口疏运组织效率的关键。同时,通过不断优化运输方案也可以达到降低企业的运输成本、提高铁水联运份额的重要手段。

降低车辆在系统中的总停留时间,意味着车辆和信息、货物在系统中的快速流通周转。为达到该目标,应当注意各环节能力匹配问题、时间统筹问题以及信息沟通问题。

(一)能力匹配

能力匹配问题主要有各港口作业能力与水运能力、铁路疏运能力的匹配问题,实时掌握各港口的设备状况和库存,以最短的时间,将货物从水运转移至铁路运输。其中又细分为港口起泊能力与疏运能力的匹配、港口堆存能力和短途转运能力及铁路装卸堆场库存能力之间的匹配、铁路装卸能力和铁路接轨站或港口工业站的取送能力之间的匹配、铁路疏运能力与生产企业接卸能力之间的匹配。如果忽略到站的接卸能力，一味追求多装、快装，造成车辆在到站停留时间增加，致使货车在整个联运系统中的停留时间增加，既是铁路部门的资源浪费，又给生产卸车设备造过大的负荷，并且影响后续列车的开行，港口装车计划无法继续兑现，设备闲置。因此，必须注意港口、铁路、生产企业之间的能力匹配问题，做到均衡运输，避免车辆在系统中的滞留和设备能力。

（二）时间统筹

对于港口货物的疏运组织来说，整个作业流程本存在上下游的关系，而各批次货物在系统中的流通也存在一定时间间隔。货物只有按照并保持一定的秩序在系统中流通，才能充分发挥设备的能力。不同规模的港口在作业时间安排上各有特点，一般区别于晚间是否进行装车作业，此时需要合理安排配空时间，减少空车停留时间。不同的生产企业的原材料消耗进度不同，卸车能力也不同，此时则需要考虑安排好铁路疏运计划，保持疏运系统以相对稳定的节奏运作。系统时间统筹是各环节能力保持动态平衡的重要措施。

（三）信息沟通

为了实现联运系统各个环节在时间和空间上的协调，各方生产信息的有效沟通是前提，也是提高运作效率的重要手段。在实现信息共享的基础上，扩大上下游生产计划和动态信息的共享范围，并对共享信息进行细化，对于提高铁路运输在内河港口群中的疏运效率有着重要意义。例如当铁路运能充足时，加强对各个港口船期的掌握和生产企业的卸车能力利用率，可以有效引导货物在区域内各港口之间进行分配，并实行动态调整，避免货物向个别港口集中积压；当铁路运能紧张时，加强对各生产企业和港口的库存信息的了解，则可以在确保企业生产正常有序的前提下，合理调整运输计划，提高铁路运输的可靠性。

第六章 内河运输的可持续发展

第一节 内河运输可持续发展的理论与系统构建

一、可持续发展

（一）可持续发展的含义

可持续发展是在经济发展的同时，注意环境资源的保护，以追求人类未来的长足发展。这是在现阶段生活质量提高、经济发展需求与环境保护、未来发展的矛盾间寻求的一种平衡。可以说，可持续发展是一种既满足了当代人的需要，也不伤害后代人满足需要的能力的发展模式。可持续发展要协调经济、社会、人口、资源与环境多种因素，可持续发展的标志就是可永续利用的资源情况和良好的生态环境。

（二）可持续发展的内容

可持续发展主要研究的是持续经济、可持续生态、可持续社会三方面的内容。三者是和谐统一的关系，其中基础是持续经济，条件是可持续生态，目标是可持续社会发展，三者统一构成人类可持续发展系统。在人类发展中，人们要同时关注三方面的情况，以实现经济增长效率、生态保护和谐、社会环境公平，进而实现人的全面发展的最终目标。而人类追求以人为本的自然—经济—社会复合系统的稳定、健康、持续的发展则是人们追求的目标。下面分别阐述三方面的具体内容。①持续经济方面：主要内容包括生产力布局、经济结构优化、区域开发、实物供需平衡等。②可持续生态方面：主要内容包括资源环境的永续利用、自然保护、生态平衡等方面。③可持续社会方面：主要内容包括社会分配、利益均衡、社会发展等方面。

（三）可持续发展的原则

可持续发展只是一种新的世界观，而实践才是其能够实现的关键点。可持续发展的概念涉及范围广且标准抽象，所以在制定战略方面和处理事务时，没有固定的准则可以参照，用以判断是否具有可持续性。在不同国家、不同地区、不同情况下，判断的标准也各不相同，但是这些不同的标准要遵循一些共同的原则。

①发展性原则。这一原则包含两个层次：一是当前的发展，保证社会向前发展是一切的前提和核心，只有不断地向前发展，社会才能进步，人民的生活质量才能不断提高；二是未来的发展，追求当前发展的同时必须有长远的计划，不能只顾眼前利益，而要既考虑到当前发展，又考虑到未来发展。

②公平性原则。可持续发展的公平原则也包括两个层面的公平。一是代内公平，也就是本代人间的公平，可持续发展考虑的出发点是全体人民，满足的是所有人的基本需求，是让全体人民有机会满足较好的生活愿望。二是代际公平，也就是本代人与后代人的权利是公平的。要认识到自然资源的有限性，本代人不能竭泽而渔，仅考虑到自己的发展和需求，要在发展的同时保护好自然资源与环境，使下代人甚至世世代代都有良好的生活环境、可利用的自然资源。

③持续性原则。持续性原则的核心是自然与生态环境的承载能力，人类的经济建设和社会发展都要在这个范围内进行，不可超越。所以可持续发展的公平除了人与人之间，还必须考虑自然，达到人与自然界的公平。可持续发展的发展是受到限制的，要在地球自然系统受到保护的基础上进行发展。

④共同性原则。所谓的共同是指全球共同联合行动，因为地球具有整体性。各个国家和地区的历史、文化不同，发展阶段不同，其可持续发展的目标、政策、实施步骤都可能不同。但各个国家、地区间是互相影响、互相依赖的，需要共同促进人类间的和谐以及人与自然的和谐发展。

二、内河运输可持续发展的理论

（一）内河运输可持续发展的含义

交通运输可持续发展不同于国家、区域的可持续发展，它具有自身的内涵。1996年在加拿大温哥华召开的"走向可持续性交通"OECD（经济合作与发展组织）会议是交通运输可持续发展研究历程上的一个转折点，会议制定了9个可持续性交通原则：①通达、便捷，②公平、公正，③个人和社会的责任，④健康和安全，⑤教育和公众的参与，⑥整体规划，⑦土地和资源的利用，

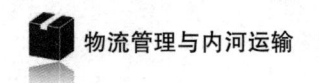

⑧污染物的控制，⑨经济的效益。与"温哥华会议"具有同等重要意义的另一个国际性研究是1998年在加拿大的首都渥太华举行的可持续交通专题研讨会。"温哥华会议"和"渥太华研讨会"真正地把"社会"这一子系统纳入交通运输可持续发展的研究中去，自此，交通运输可持续发展的内涵和主要含义得到了丰富和完善。

因此，内河运输作为一个行业，它的可持续发展的内涵既要体现可持续发展的基本原则，又要体现出其自身的行业特点。因此，内河运输可持续发展可以定义如下：在不危害后代人满足其需要的前提下，以满足当代人的运输需求为目的，实现内河运输与社会、经济、资源和环境的协调发展以及内河运输内部各要素之间的协调发展。该定义包含以下三层含义。

①它强调内河运输可持续发展的前提，即不危害后代人满足其需要的能力，这说明内河运输要做到可持续发展，就必须把未来、把后代人的需求考虑在内，不考虑后代人的发展不符合可持续发展的原则，危及后代人对内河运输的需求满足的发展不是可持续发展。这反映了可持续发展的持续性原则。

②它强调内河运输可持续发展的目的，是满足当代人的内河运输需求，即满足当代人的内河运输需求是内河运输可持续发展所需要优先考虑的。这反映了可持续发展的发展性原则。

③它强调内河运输的协调发展，包括适应社会、经济、资源和环境发展的状况，适应综合运输发展的状况，以及内部要素之间的协调发展。这反映了可持续发展的协调性原则。

（二）内河运输可持续发展的原则

内河运输可持续发展的原则应与可持续发展的基本原则相一致，同时要考虑内河运输的特点。

1. 发展性原则

我国在内河运输方面拥有的资源非常丰富，内河运输行业在我国历经了许多年的发展，逐渐在我国综合运输系统中占据重要地位。但是和我国其他运输产业相比，内河运输的发展步伐还是比较缓慢的；与欧美部分拥有较高内河运输发展水平的国家相比，我国内河运输行业的发展稍显滞后。但是从内河运输的整体来看，其拥有保护生态环境、占用土地面积少、运输量大和节约能源等优势，与我国实施的可持续发展战略要求相符合，所以说，在现在和将来很长一段时间内，内河运输都是我国重要的运输方式，在社会经济迅速发展的过程中它所拥有的可持续发展优势和特征将发挥重要作用。同时，我国是人口大国，在土地资源方面受到一定限制，所以对于我国社会经济可持续发展战略目标的实现来说，内河运输迅速发展的意义非常深远、作用非常重要。

2. 协调性原则

可持续发展的共同性和公平性原则，在内河运输可持续发展中可以通过协调性来体现。内河运输是综合运输体系的一部分，内河运输的发展应与社会经济的发展相协调，与综合运输的发展相协调，同时也应保持自身各要素之间的协调。

3. 持续性原则

持续性原则是可持续发展战略目标的核心思想和重要内容，具体表示人类要在自然和生态环境可承载的范围内建设社会、发展经济。内河运输行业积极倡导可持续发展，是指它要对地球自然生态环境进行保护和尊重，要对其中包含的部分限制因素加强重视——以对支持地球生命生存的大气、土壤、生物和水等自然生态系统不产生危害为基础，以资源的临界性作为重要依据和因素，在发展船舶、建设航道和港口上消耗的自然资源速率上进行慎重考虑。即要根据持续性原则规划港口、航道和船舶的建设。

（三）内河运输可持续发展的目标

经过综合分析，内河运输可持续发展系统的战略目标可以概括为以下六个目标。

1. 保持内河运输系统各要素量的增长

这种量的增长有两层含义：一是指内河运输系统服务能力的增长，这既是内河运输可持续发展的需要，也是内河运输可持续发展的必要条件；二是指这种增长是一种健康的增长，健康增长才是可持续所强调的增长方式。结合内河运输的特点，内河运输的健康增长是在一定的发展阶段内，通过各组成要素的量或规模的扩大，去满足人们在既定条件约束下的内河运输需求。

2. 提高增长的质量

内河运输系统运输能力的增长并不局限于各个构成要素在量上的绝对增长，并不能单纯地认为凡是与可持续发展正相关的因素，只要增长，就是合理的。作

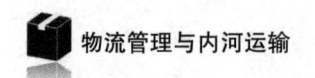

为一个系统而言,其增长应该是一个整体的增长,是一种协调的增长。内河运输系统增长质量主要体现在两个方面:一是结构的合理与优化,二是对环境、对资源和能源的消耗要不断降低。

3. 提高内河运输在经济、社会发展中的地位

内河运输的作用主要是为人类社会的经济活动和其他活动提供条件,在本质上是一种人类活动。它的这种服务功能是其自身所必然具有的一种作用与功能,因此,内河运输的发展必须与经济和社会发展相适应,与其他运输方式相协调,否则,发展只是孤立的发展,必定会脱离可持续发展的初衷。

4. 重视科技在内河运输可持续发展中的作用

资源、环境和人口等因素对发展产生的强有力束缚是促进内河运输系统可持续发展和区域可持续发展的重要内容,只有科学技术的进步和发展才能为打破束缚提供源源不断的动力和潜力,对发展过程中遇到的难题和瓶颈进行突破,如此一来,才能真正实现内河运输的可持续发展规划和目标。

5. 合理开发利用资源和能源

众所周知,人类得以生存和发展的唯一来源是地球资源,内河运输的唯一来源也是地球资源,并且在将来很长一段时间内都是如此。所以,内河运输一定要立足于地球资源这个物质基础,对地球资源进行合理开发和利用,推动利用现有资源和能源的效率不断提升,才能促进可持续发展目标的实现。

6. 始终调控环境与发展的平衡

内河运输可持续发展不应以牺牲环境而获取,也不能因为保持环境而停止对自然资源的利用。二者之间关系的协调应该通过调节和控制来达到,使内河运输在健康发展的同时,也能相应使环境保持在较好的水平上。

三、内河运输可持续发展的系统构建

(一)内河运输可持续发展的影响因素

根据可持续发展相关理论,可以将影响内河运输可持续发展的因素概括为以下五个方面。

1. 自然资源

资源的永续利用是可持续发展的基础,没有资源的永续利用,就不可能有可持续发展。与内河运输相关的自然资源主要有天然水道、岸线、能源等。

2. 环境因素

可持续发展的一个重要方面就是对环境的保护。内河运输对环境的影响包括对水环境造成的油类污染、垃圾污染、生活污水污染、废气污染、噪声污染等。内河船舶、港口的标准化程度可对内河水域生态环境产生重大影响。

3. 经济因素

在内河运输产业，购买、制造运输设备和建设运输设施对资金投入拥有非常高的需求，国家要想大力推动内河运输的发展，必须在保证经济总量一定的基础上，将投入内河运输业的国民收入增加份额。所以，就一个国家内河运输可持续发展能力可达到的水准来说，该国所具备的经济发展水平是重要的决定因素。

4. 技术因素

内河运输系统的质量水准和供给能力受到技术水平和技术特征的重要影响。例如，航道和港口的通行能力受到内河运输建筑业发展水准的影响；船舶机械和机械装卸的工作能力受到运输设备制造业发展水准的重要影响。可以说，运输成本的减少、安全生产水平的提升、污染的降低、运输生产效率的提升、运输服务质量的提升都离不开科技技术的进步和发展。

5. 政策因素

国家为了推动运输发展而制定的相关规定和策略称为运输政策，运输政策是经济政策的重要内容。在运输政策的制定方面，不同国家会以本国国情、运输业的发展、所处的阶段作为重要依据。国家对运输政策进行制定和实施的主要目的是对运输业的发展进行调控和引导。每个国家内河运输业的可持续发展都受到交通运输政策的重要作用。

（二）内河运输可持续发展系统的结构

内河运输是一个系统的概念，需分析其系统的构成和子系统的功能。在系统论的指导下，通过内河运输可持续发展影响因素的分析，可以把内河交通运输可持续发展分解为内部具有逻辑关系的五大部分，即运输资源子系统、经济社会子系统、能源子系统、环境子系统以及辅助支持系统。这些子系统在内河运输可持续发展系统中分别担当不同的功能。

运输资源子系统是内河运输可持续发展系统最底层的支撑性子系统，包括航道、运输装备、港口及各种水运基础设施，是内河运输可持续发展系统实现其系

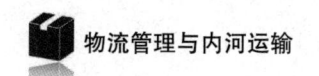

统目的的资源保障。运输资源子系统的各要素存量的多少、发展质量的优劣、资源使用效率及负荷的高低直接影响着内河运输可持续发展系统的发展进程及其可持续发展的协调性。

经济社会子系统主要包含内河运输可持续发展系统对社会的回报，是内河运输可持续发展系统价值的体现。

能源子系统与环境子系统是从可持续发展理论的内涵出发，对内河运输系统在能源消耗与环境污染方面的制约。

辅助支持系统是内河运输可持续发展系统得以有效运作的保障。为内河运输可持续发展系统的生产运作提供安全与救助方面的保障以及科技与智力的支持网。

与运输资源子系统、经济社会子系统、能源子系统和环境子系统相对应，对内河运输系统所具备的可持续发展数量指标进行反映和衡量是内河运输可持续发展制定发展度指标的主要内容。协调度指标的作用在于，对内河运输系统对社会需求的满足程度，内部各要素协调统一的程度，能否与其他运输方式、经济发展水平、社会发展水平相适应等情况进行衡量和评判。持续度指标的功能是从长期发展角度对内河运输的合理性进行评估，这里所说的持续度，是以过程或时间作为基础而对协调度和发展度两个指标进行的评判和把握。换句话来说，内河运输系统在短时间内体现出的发展质量和发展速度并不能代表该行业可持续发展能力中的协调度和发展度两个指标。它们必须建立在充分长时间上的资源、环境等方面的良性发展之中。

依据系统理论，内河运输可持续发展系统可以从内部运输资源子系统（体现内河运输的发展度）、经济社会子系统（体现内河运输协调度）、能源环境子系统（体现内河运输持续度）及辅助支持系统等子系统之间相互联系、相互制约，共同构成内河运输可持续发展这一系统上进行探讨。同时，内河通运输可持续发展系统是一个耗散系统，时刻与社会大环境进行着各种物质与能量的交换，而各个子系统之间也相互依存、相互联系。

（三）内河运输可持续发展的系统特性

①系统的目的性。内河运输可持续发展系统，是以可持续发展的观点来分析内河运输行业的发展模式，其目的是在自然资源与环境的承载力范围内使内河运输系统满足社会与经济对内河运输发展的需求。

②系统的复杂性。内河运输可持续发展系统是具有多层次、多级别、多类型、

多区域、多领域的复杂结构,各个子系统相互关联、相互制约、相互作用并紧密联系在一起。内河运输可持续发展系统是一个变量多、机制复杂、不确定因素作用显著的特殊复杂系统。

③系统的开放性。内河运输可持续发展系统本身是社会复杂系统中的一个子系统,需要与社会系统中其他子系统之间进行物质与能量的交换,具有明显的开放性特点。

④系统的层次性。内河运输可持续发展系统的各子系统及其要素之间具有明显的层次性。

⑤系统的动态性。内河运输可持续发展系统及其各种要素都不是静止的,都始终在不停地运动发展着,其功能和特点是随时间的进展而变化的。

第二节 内河运输可持续发展的对策

下面以三峡库区为例来说明对内河运输可持续发展的对策与建议。

一、将内河运输持续度的控制与优化作为重中之重

在三峡库区内河运输可持续发展系统的子系统中,能源子系统和环境子系统的 DEA 有效性较差。根据系统的短板理论,要将系统的持续度作为最重要的控制环节。针对系统优化可以采取的措施如下。

(一)大力推进节能减排

1. 认真落实节能减排政策措施

认真落实各级政府的节能减排政策措施,制定水运行业节能减排中长期规划。

2. 积极开展节能环保型船舶研究

积极开展船舶节能减排技术研究和应用,加强优良船型、新型集约船队和实用节能机务管理模式的研究;推进水运节能减排示范项目,推广节能、环保新技术和新产品的广泛应用,促进船舶节能降耗;引导水运企业适度发展大型船舶和集约化船队。

3. 实施船舶污染治理

对长江干线跨省运输客船安装生活污水处理装置,实现达标排放;对普通货运船舶生活污水等重点污染源进行治理,实现达标排放。

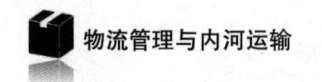

4. 加大港口码头监管力度

加强重点码头的安全监管，加大对危险化学品、滚装、客运等重点码头和重点港区的督查力度，实现化危品船舶进出港作业远程网上申报，确保港口码头生产安全有序。

（二）切实加强安全监管

1. 深化安全薄弱环节专项整治

一是深入开展"两防"专项整治，抓好通航水域桥梁等跨临河建筑物通航安全措施的落实；二是开展非法载客专项整治，重点整治农用船、渔船、小快艇等非法载客；三是继续开展砂石船超载专项治理，全面治理砂石船舶超载"顽疾"；四是加强水路运输化危品综合整治工作，以作业码头、集装箱船为重点，加强港口危险化学品作业的现场监管；五是继续深入开展渡口渡船安全管理专项整治，加强督，促确保水上交通安全。

2. 加强水上安全监管和救助能力建设

加大应急救援装备投入，启动船舶安全与防污染应急物资储备库建设，指导各地完善交通突发事件应急预案，加快水上交通应急队伍建设，形成一套与应急预案相对应、有一定覆盖面和应急反应能力的应急反应体系；建立重特大安全事故监测预警系统，提高防范和处置突发事件的应急保障能力；增加对基层巡航监管用车、艇等设施设备的投入，进一步改善和提高水上交通安全监管装备水平；加强巡航救助基地建设，建立健全相关内部管理制度，全力打造支流海事现代化管理示范航段；实现装备标准化、反应快速化、执法规范化、管理信息化，监管水平、执法能力显著提高。

3. 突出监管重点，切实加强水上交通安全监管

继续以"四区一流"（三峡库区支流、风景名胜区、渡运密集区、施工作业区、港口作业区）水域、"四客一危"（客船、旅游船、滚装船、高速客船、危险品船）、"四船一链"（船公司、船舶、船员、船长、安全管理体系链）和季节性、节假日重点时段等为安全监管重点，进一步完善安全监管工作机制，强化各项监管措施的有效落实。针对三峡库区蓄水和库区水位调度实际，强化库区支流水域安全监管和通航保障工作。加强航电枢纽工程、跨临河建筑物工程施工区域的航道维护和安全监管，实现工程建设与通航安全的良性互动。

4. 推行水上交通安全管理长效机制

进一步完善水上交通安全长效机制,规范管理行为,全面落实安全工作责任制,把好监督关,坚持专项整治与长效管理相结合,把日常管理纳入程序化、标准化;继续完善重点水域、重点船舶、重点时段和重点环节的监管措施,督促乡镇船舶进一步落实安全生产责任制,加强安全管理;建立和完善水上安全管理机构信息沟通机制、工作协作机制、人员交流机制,共筑水上安全管理链。

5. 推进科技兴安战略

充分发挥水上交通管理监控系统的作用,继续推广船载 GPS 终端的应用,加大船载 GPS 终端使用情况的检查,规范船舶 GPS 使用行为;进一步完善水上交通应急救助体系平台,提高水上交通应急救助能力;推广应用船舶"一卡通"系统,实现航行长江干线船舶 IC 卡签证,提高"数字海事"水平;在有条件的地区试点推广建设乡镇级水上交通安全监控系统,提高基层安全监管工作水平。

6. 尽快转变发展方式,增强水运可持续发展能力

利用现代科学技术、管理技术改造提升水运基础设施、运输装备的现代化水平和运输效率,适应现代服务业发展要求;不断拓展水运服务领域,充分发挥水运优势,科学合理利用土地、岸线等稀缺资源;切实保护环境,加强节能降耗,发展清洁运输,减少船舶污染排放,促进环境保护,走资源节约型、环境友好型的发展之路,实现水运可持续发展。

二、促进内河运输资源配置优化与运输能力的提高

在内河运输系统的子系统中,运输资源子系统内部的规模效率和技术效率较低,发展度的控制处在一个次重要的位置,可以采取以下措施。

(一)推进水运基础设施建设

1. 加快航运支持保障系统建设

完善航行标志、信号标志、船岸通信等助导航设施;推广内河航标遥测遥控系统,实现航标数字化。

2. 加快重点项目前期工作

一是抓好航道整治工作;二是抓好集装箱、化危品、大宗散货重点港口运输系统的工作。

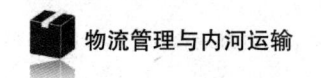

（二）加快水运行业发展

1. 加快水运企业发展

继续引导企业规模化经营和规范化服务，支持优势企业做大做强，培育大型水运、港口集团，重点整合载重汽车滚装运输及客运资源，鼓励企业兼并重组，提高企业的市场竞争力和抗风险能力。加快水路运输服务业的发展，进一步扩大对外开放，培育现代物流企业、货代企业，为西部地区通江达海搭建物流平台。积极支持引导港口企业由传统的装卸服务向综合物流服务发展。积极采取措施应对国际国内经济形势变化，整合载重汽车滚装码头资源，规范企业经营行为；积极发展船舶融资租赁，努力推进贷款担保，解决水运企业融资难问题。

2. 加快船舶运力发展

用好船舶发展贷款担保政策，加快推进船舶标准化、大型化、专业化进程。重点发展集装箱、化危品、滚装、豪华游轮等优质运力，提升船舶技术、经济、环保、安全等性能。

3. 积极发展新型运输方式

积极争取开辟长江中下游载货汽车滚装运输，促进滚装运输持续发展；加快以港口为中心的综合物流园区建设，充分利用区港联动和保税港区政策，促进港口现代物流发展；制定库区游艇经济发展规划，加快游艇基地建设。

4. 全力做好省际运输船舶过闸协调工作

为确保库区船舶顺利通过三峡船闸，三峡通航管理局、重庆通航管理局、湖北省港航管理局应建立联动协调机制，协调解决标箱集装箱快班轮优先过闸，提高集装箱运输能力。

5. 积极推进航运与口岸服务中心建设

通过搭建综合信息服务平台，整合集中政府公共服务、社会中介服务、信息服务等要素，进一步提高服务效率，完善服务功能，促进三峡库区航运中心建设，为库区内河运输的快速发展提供优质服务。

三、促进内河运输与经济社会的协调发展

在内河运输可持续发展系统的三大子系统中，经济社会系统的效率最高，说明三峡库区内河运输与经济社会的协调性较好。但是一些年度仍然存在超量投入或亏量产出，还有进一步改善的空间，因而可以采取以下措施。

（一）调整水运结构，增强保障能力

一是调整基础设施结构，重视专业化、机械化、集约化港口码头建设、支流航道的开发利用和支持保障系统建设等薄弱环节建设。二是调整运输组织结构，引导航运企业发展规模化、集约化、网络化运输，向多式联运、江海联运方向发展，同时做好各种运输方式的衔接，促进综合运输体系的完善。三是调整航运企业结构，积极引导企业向集团化、规模化、集约化、专业化调整，培育现代物流企业、大型货代企业。四是调整船舶运力结构，货运船舶向大型化、标准化、专业化、清洁化方向发展，鼓励发展集装箱、液货危险品船、豪华旅游船等专用船，促进运输产品多样化。其中，大力发展标准化、大型化船舶，不断优化运力结构是重点。

（二）加强行业管理部门建设，增强服务能力

积极推进行业管理部门转变政府职能、转变工作作风、转变工作方式，强化公共服务职能。优化发展环境，减少和规范行政审批，依法行政，努力创造水运行业各种经济成分活力迸发的新环境。转变管理观念，市级港航管理部门要从具体事务中解脱出来，将主要精力放在制定发展规划、行业政策、强化宏观调控等全局性工作上。切实发挥好行业协会的功能，做到政企分开、事企分开，积极为水运企业解决融资等方面的实际困难和问题，为企业发展创造良好条件。

（三）做好运输组织协调工作

一是做好集装箱快班轮过闸协调工作。二是做好码头道路改造期间的运输组织协调工作。三是切实做好"春运"和"黄金周"假日旅客翻坝运输组织工作，加强客运组织和运力调配，储备足够运力，保证旅客出行安全便利。四是加强与沿江省市的协调，鼓励企业积极参与长江中下游水运市场的竞争，扩大市场份额。

四、其他政策措施

（一）完善内河运输经济运行分析和统计工作

密切关注国际国内经济和金融形势变化，准确掌握内河运输经济运行状况，及时发布内河运输行业信息。做好内河运输量专项调查，强化对港口生产、运行情况的跟踪、分析。

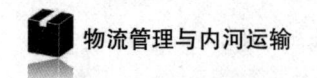

（二）推进自主创新，增强内河运输发展内在动力

内河运输作为先导产业，具有服务性和基础性的特征，为了推动内河运输业的可持续发展，必须将战略核心聚焦在行业创新能力增强方面，以优秀人才保障和科技创新作为切入点，在内河运输系统中建立起科技创新体系，推动科技创新能力不断增强，对于其中关系到内河运输生产力迅速发展和提升的重要技术加大研究和攻克力度。在内河运输领域充分利用节能减排、现代物流、新能源、信息技术、新材料、交通安全等先进技术的作用，并对这些技术加大研发力度。重视创新型人才队伍的建设，对水运方面的专业性人才、杰出人才积极培养和引进，为内河运输发展提供智力保障。

第七章 内河运输的绿色低碳发展

内河运输的绿色低碳发展是以绿色发展、碳达峰碳中和观念为指导，建设生态保护、资源合理利用、低污染、低能耗的实施路径。本章包括环境规制对内河运输绿色低碳发展的影响、内河运输绿色低碳发展的财政与税收政策、内河运输绿色低碳发展的思路与实施路径等内容。

第一节 环境规制与内河运输绿色低碳发展

一、内河运输绿色低碳发展概述

随着全球经济的迅速发展和进步，世界各个国家越来越重视绿色低碳。就我国来说，我国在内河方面拥有的丰富资源为发展内河运输业奠定了坚实的物质基础，低碳经济发展拥有无限潜力和发展空间。特别是近些年来，我国在内河航运方面的发展取得一定成绩，不断提升的内河航运服务质量和能力在区域经济和全国经济社会的发展中发挥着重要作用。

（一）内河航运绿色低碳发展的组成

内河航运绿色低碳发展不仅仅是众所周知的降低船速，还需要现代化的物流体系来支撑。现代的绿色航运是一个循环的物流系统，具体组成包括以下内容。

①低碳战略。以可持续发展的思想为核心，通过技术革新、开发新能源、产业升级、管理创新等各种方法，尽可能减少煤炭、石油等的使用。航运业可以使用双燃料电力技术，减少二氧化碳等的排放，达到经济和环境的和谐发展。

②绿色造船。在制造轮船的流程中既要做到对资源的合理利用，又要做到对环境的加以保护。在船舶设计和制造过程中，要做到对废弃物和排放物的妥善处理，以降低对于整个环境的污染，同时要注意资源的节约和循环利用，以提高企业的经济效益。

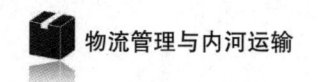

③绿色供应链体系。以供应链和可持续发展的指导体系下，对供应链的内部所有参与者之间的信息、资金、货物进行统筹规划，优化整个供应链的速度、可靠性以及对环境的保护程度，达到资源得以最优配置、环境得以最好保护、经济效益和环境保护相互和谐发展的目标。

（二）内河航运绿色低碳发展的影响因素

1. 航运企业对内河碳排放的影响

①船舶专业性和船型大小。目前，国内的运输船舶可分为货船和客船，其中货船根据不同的用途可以分成油槽船和干货船这两个船型。干货船的种类有杂货船、冷藏船、干散货船、木材船和集装箱船等，油槽船的种类有油轮和液化天然气船。此外，还有一些专用运输船舶和特种船舶分类更加详细，而每种船舶又具有很多型号。船舶类型的多样使得每个船舶型号都配有不同的零件。零件的多样性会提高船舶的制造成本，同时带来更多的碳排放。其中一些零件报废后不能循环利用也在一定程度上加重了环境的负担。船舶种类的复杂和型号种类的繁多造成了内河航运运力结构的低下以及较为落后的船舶平均吨位水平。平均吨位水平低则意味着船舶运输效率不高，因此，每单位货物运输所产生的碳排放量也会更多。

②用能耗油种类。航运企业用能耗油种类主要是燃料油和柴油两种。燃料油和柴油的能耗折算系数差不多，但二者的价格差异很大，燃料油比柴油的价格大约低了30%，因此企业更倾向于用燃料油。从环境污染的角度来看，燃烧燃料油对环境造成的危害更大，造成的碳排放量也更多。

港口装卸机械可分为用电和用油。电能转化为功的效率比燃油机械的效率高，能使能源单耗下降。更深一层来讲，由于电是二次能源，其在由煤变电的过程中、能的传输过程中以及在装卸机械用电过程中都存在能量的损失。只是在现行能源折算系数下，用电比用油更节能。另外，原油码头装卸作业需要用蒸汽加热原油，蒸汽的供热来源分为油和煤，用油的能源单耗要比用煤更低。

③科技水平。船舶制造技术高，船舶往大型化、专业化、标准化方向发展，提高吨位水平能够有效提升船舶的运输效率以及降低内河航运业的能源消耗。另外，一些科技产物的使用，也能达到节能减排的目的。目前，中国内河航运业对于低碳技术的推广和使用上，普遍情况是效益好的企业不会考虑到低碳减排问题，效益差的企业又没有能力去做有效的技术投入。科技对于内河航运业的影响，还远远没有达到它应该能够达到的程度。

2. 社会因素对内河碳排放的影响

①市场竞争。中国航运企业的船舶交易较为自由，市场上燃油和燃油添加剂价格的变化，会使企业对于是否使用添加剂、选择船舶航速等方面的决策产生影响，从而带动碳排放量变化。

②政府作为。政府对于节能可以发挥至关重要的作用。节能技术的出现虽然能够激化市场竞争来促使企业争相引进新技术来降低成本，但市场调节的作用毕竟有限，市场调节存在的缺陷也会导致出现"市场失灵"。

政府可通过两个方面有所作为：第一，当企业节能与节资目标不一致时，如何采取政策措施使二者一致，从而由企业自身的趋利行为引导企业节能。例如当使用燃油催化剂所达到的节能成本不够购买燃油催化剂的成本，则对购买燃油催化剂数量达到一定程度的企业进行补贴，以及对一些能源价格结构的调整。第二，企业能源消耗的负外部性没有在企业的投入产出中体现，这需要政府的规制来使负外部性内部化。例如征收单位货物运输能耗的燃油税来提高航运企业船舶的运输效率。总之，政府行为对内河碳排放起到的是一个正向作用。优秀的政府行为能有效减少内河航运业的碳排放量。

③经济和贸易的发展。近年来，经济与贸易的发展带动了内河航运业的整体发展。经济和贸易的发展，推动了资源的合理配置，从而减少了内河航运业的碳排放；发展过快导致行业滋生了许多的问题以及一些行业隐患开始显现，危害了行业的发展以及增加了内河航运业的碳排放量。解决这些问题和隐患，就能够对经济和贸易的发展对内河航运业的碳排放带来积极、正面的作用。

（三）内河航运绿色低碳发展的驱动机制

为了降低内河航运的碳排放量，促进内河航运低碳化发展，可以从研究内河航运低碳化的动力机制来分析。若能找出发展低碳航运的驱动因素，低碳航运的实现将指日可待。通过阅读大量的相关参考文献可知，其中内部驱动因素就是航运企业自身和航运人员，外部驱动因素包括节能减排碳汇压力、环境资源压力、政府、科技发展。

1. 内河航运低碳化发展内部动力分析

①航运企业驱动分析。航运业想要达到真正意义上的低碳化发展，最关键的原因还是航运企业自身。一些航运企业为了降低运输成本，使用成本相对较低但碳排放含量较高的能源，而未使用成本相对较高但碳排放含量比较低的清洁能源，使用了结构简单、性能低的高碳排放船舶，而未使用性能好的低碳排放船舶。作

为航运企业，不能只考虑眼前利益，而要用长远的眼光来考虑。除此之外，航运企业要注重和加强员工的低碳化意识以及航运技术，提高船员的低碳化意识和掌握专业的航运技术。航运业积极使用低排放的新能源代替煤炭、石油等高碳排放能源，广泛运用节能减排技术，减少温室气体的排放量，发展绿色低碳经济，对航运业的低碳发展和推动低碳航运的发展将起到重大作用。

②航运人员驱动分析。航运人员也是内河航运低碳化发展重要的影响因素，船员的低碳化意识以及专业的技术水平都将直接影响碳的排放量，低碳意识较高、航运技术水平较专业的船员会降低航运碳排放，促进内河航运低碳化发展。因此，航运人员要加强自身的低碳化意识，掌握专业的技术，为内河航运低碳化发展贡献力量。

2. 内河航运低碳化发展外部动力分析

①节能减排碳汇压力。低碳经济是世界各国所追求的经济发展方式，发展低碳航运是在全球低碳经济发展倡导下负责任的选择。

②环境资源压力。目前，全社会都在积极倡导低碳化的交通以及生活方式，人们不仅要从思想上养成良好的低碳化意识，还要从行动上表现出来，从思想上和行动上来缓解环境资源的压力。低碳化航运就是使用新能源、新技术将碳排放量控制在合理的范围内，促使航运业发展为环境友好型、资源节约型的经济产业。

③政府绩效驱动力。通过对政府绩效评估含义的理解，其中就包含着环境这方面的因素，环境也是影响政府绩效评估重要的原因。政府工作人员要认识到低碳发展的重要意见，制定相关政策促进航运向低碳化方向发展。

3. 科技发展驱动力

"低碳经济"在世界上的持续讨论，已蔓延到了航运业，同时掀起了航运业减能减排低碳排放的一股新潮流。低碳技术的大量运用使得人们感受到了低碳技术巨大的魅力。目前航运业采取各种技术，利用新能源的研制及开发，研究或引进节能减排技术，减少高碳能源的使用，真正做到航运低碳化。

（四）内河航运绿色低碳发展案例解读

下面以江苏内河航运为例来解读内河航运的绿色低碳化。江苏内河航运提升综合服务功能，深入推动补短板、强枢纽、促转型，增强与多种运输方式的协调衔接，加快提升效率效益，更好地服务交通运输现代化示范区建设。江苏内河航运高质量发展路径如下。

1. 提升联通水平，打造畅通高效的内河航道网络

①畅通干线航道网络。完善航道建设，提升达海、通江能力，强化省际航道互联互通，畅通内河集装箱运输通道。

②强化船闸锚地建设。开展船闸扩容可行性研究，研究推进新船闸建设，研究推进老旧船闸改造提升，同步提升航道网络运行效率。研究新建锚地设施，拓展服务新空间。

③提升航闸养护水平。开展生态护岸养护与修复技术、养护新技术的应用，积极推进预防性养护及绿色低碳养护，实现养护的标准化、专业化和现代化。

2. 发挥规模效应，打造集约高效的现代化港口

①集约节约利用资源。优化提升存量码头资源，鼓励和支持沿江、内河港口企业积极开展已建码头泊位能力升等改造，深入推进内河非法码头整治。精准配置增量码头资源，优先保障重点港区、集约高效的公用规模化港区等码头岸线需求。

②推进港口集约规模化发展。完善内河集装箱码头布局，优化大宗物资运输布局，加强清洁能源加注码头和新兴邮轮游船码头建设。

③强化港口综合枢纽功能。完善港口集疏运体系，推进重点港区与沿江开发区、物流园区的连接通道建设，推进铁路、高等级公路进港建设。提升全程物流服务功能，鼓励内河航运企业拓展信息服务、全程物流等业务。

3. 突出清洁高效，大力推进经济先进的船舶发展

①推进船舶标准化、专业化发展。加快大型标准化集装箱船舶推广应用，推动建造应用新型标准化集装箱船舶。加强河海直达船型研发推广，推进河海直达系列船型研究。

②鼓励发展绿色低碳船舶。鼓励航运企业应用新能源或清洁能源船舶，支持航运企业开展纯电动内河船舶研制，推进新能源动力内河船舶新改建，持续提高内河绿色能源船舶运力规模。

4. 突出提质增效，加强高品质运输服务供给

①加快内河集装箱发展。依托联通成网的内河高等级航道，按照"五定"班轮运行模式，发展"通江、达海、内联"航线，扩大内河集装箱航线覆盖面，实现"示范航线"向"航线网"转型，提升联动长江下游、辐射带动中上游能力。

②大力发展多式联运。完善江海河联运体系，提升内河港口与江港、海港联

动效率,着力完善江河联运、海河联运、为长江中上游及内陆地区中转联运等江海河联运体系。大力发展铁公水联运,探索推进多式联运"一单制"。

③促进港航企业转型升级。积极发挥龙头企业带动作用,推进与内河港航企业战略合作,提升内河航运规模化、联盟化经营水平,充分发挥各层次企业运营优势,促进资源由"离散型"向"集约型"转变。

5. 坚持低碳绿色,守住内河航运生态底线

①打造生态绿色廊道。以京杭运河绿色现代航运示范区为重点,全面提升航道沿线绿化景观水平,打造生态绿色廊道。因地制宜推广生态航道建设,注重新兴工艺的研发与应用,形成绿色航运标准规范和政策。

②建设绿色低碳港口。强化污染防治设施建设,完善码头水污染防治设施的建设、改造和维护。持续推进港口岸电设施建设,提高岸电设施覆盖率和使用率。持续提升港口作业机械和运输装备清洁化水平,鼓励采用新能源或清洁能源。

③创建近零碳水运示范项目。以点带面促进全行业节能降碳,创建一批近零碳水上服务区、港口、船闸等,开展纯电动试点等示范项目建设,逐步实现重点领域二氧化碳近零排放。

6. 突出智慧引领,打造内河航运智能体系

①建设智慧航运平台。加快整合现有各类信息系统,建立完善航运信息化技术标准体系,建设面向港航运融合发展的综合数据库和内河航道电子航道图,打造以港口为核心,港航运深度融合的供应链全要素服务平台。

②提升港航建管养运智能化水平。加强港航基础设施智能感知网络的体系化研究和建设,试点推进自动化船闸建设,加快推进自动化码头研究与建设,推进港口作业、船闸运行、设施养护、应急管理等模式的全面升级换代。

③创新航运服务监管应用。运用船舶自动识别、无人机、联控调度、精准定位、智能感知等技术,建成干线航道运行监测与调度系统。创建内河水上导航示范项目,开展北斗导航在内河航运中的应用研究和试点示范。

7. 全面规范管理,建立健全现代化治理体系

①深化内河水运事权改革。进一步深化港航管理体制改革,提升内河港航管理一体化融合水平。积极推进内河水运建设融资模式改革,鼓励采用多元化市场融资方式拓宽融资渠道,积极探索"财政+基金""财政+股权投资"等多种方式。

②完善安全监管体系。加强重点水域、重点港口、重点船舶、重点时段安全

监管，强化船载危化品运输、港口危化品作业、渡运安全等重要领域联防联控。完善水上应急搜救体系，提升安全保障与应急能力。

二、环境规制对内河运输绿色低碳发展的影响与策略制定

（一）环境规制对内河运输绿色低碳发展的影响

1. 对内河航运产业行业的影响

严格的环境规制，对于内河航运企业，能带来一定的创新补偿。因为环境规制的严格性，会促使企业在注重生产效率和盈利的同时，更加关注环境污染所带来的不利影响，从而注重污染的排放和对于污染排放社会外部性的治理。

政府对于内河航运企业和个人绿色低碳行为进行财政上的补贴支持，税收上有优惠激励，并且投入大量资金为企业建立环保服务体系，为企业减轻负担。所以，从长期来看，环境规制可以提升企业的生产效率，增加企业的核心竞争力，促进经济的增长。

（1）对产业转型升级的影响

产业转型升级是综合诸多经济方面因素和非经济方面因素一起共同推动作用的结果，经济发展方面的影响因素会直接或间接地影响产业转型升级。环境规制对于产业结构调整来说，主要源于环境规制中的税收，通过税率的变化，来影响产业的结构调整。

环境规制实施的目的是通过环境污染成本内部化，促使企业行为绿色低碳化，减少企业污染物排放量。环境规制迫使企业把环境污染内部化为生产成本，生产成本的增加会间接筑起市场壁垒，对其他企业的进入起到吓阻效应，进而促使产业转型和结构调整。

环境规制迫使企业把非绿色低碳行为内部化为企业经营成本，成本的增加直接会影响企业产品的销售，进而对企业利润造成影响，这将驱使企业采取绿色低碳行为，提升企业的市场竞争力，降低企业的生产成本。企业可以通过技术创新达到环境规制的标准和要求，通过直接减少生产过程中所产生的污染物排放而降低企业的生产成本，技术创新在降低企业生产成本的同时，也优化了产业结构。而企业提高产品价格，使消费者承担由环境规制引起的环境污染成本内部化所增加的生产成本，产品价格的提高会引起消费者对产品需求量的变化，导致企业销售和生产发生变化，进而影响企业经营行为做出调整，进一步促使企业产品升级，导致产业转型。

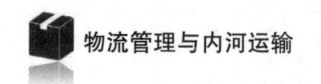

（2）对行业竞争力的影响

政府通过对环境规制的加强，促使企业加强对排污的控制，对生态环境环保引起足够重视，有利于环境的可持续发展，与此同时，缴纳相关的排污费用以及处理污染带来的费用，减少了企业的利润。

企业加强对排污的控制，能树立企业绿色环保的形象，可以起到灵活应对竞争的作用，使企业处于有利地位，增强其竞争力。企业在满足环境规制的基本要求之上，积极开发环境友好型的产品，来迎合新的市场需求，有利于获得更大的市场份额，得到更多的利润。同时，企业对污染物的处理以及缴纳相关的税费，使企业的盈利空间变小。

2. 对区域经济转型升级的影响

在我国，无论从短期来看，还是从长期来看，环境规制对于区域经济的影响来说都是呈现"U"形，并不是线性关系。在短期内看，环境规制对经济增长的影响较低，且偏于负面。即随着环境规制的加强，经济增长的速度会慢慢减弱。环境规制的加强，在短期内使整个区域经济发展暂时受到一定的抑制作用，会促使整个经济体的单纯追求产出增长，而不管对环境有多大危害的生产方式进行转型升级，会采用既可以增加产出又对环境友好的可持续发展的生产方式，使整个区域经济转型更加绿色更加环保。从长期来看，环境规制对经济增长的影响是非常明显的，而且是具有明显的正向影响。在我国的绝大多数地区，环境规制的加强不但能够加强对环境的保护，提升环境的质量，而且能促进经济又好又快发展，提升人民的生活质量。

环境规制对于区域经济转型升级有明显的促进作用，但是同时也需要有差异化的环境规制政策，来缓解不同区域之间不同的负面影响。针对不同地区的经济发展水平不平衡的特点，为了更好地促进不同区域经济的转型升级，环境规制应该有所差异化。对于经济基础较差的地区，环境规制的加强会对其经济发展造成重大影响，政府需要适度考虑提供政策支持和财政补贴，帮助这些区域更好更快地进行区域转型升级。

3. 对内河航运绿色低碳发展的影响

交通运输与自然环境以及社会发展的关系十分密切，随着运输业的不断发展，运输量越来越大，在推动国民经济发展的同时，也消耗了大量的资源，而且交通运输业体系中以石油、天然气、煤等矿物燃料为主，据统计全社会70%的石油都是被交通运输业所消耗，其所排放出来的气体中含有大量的碳氢化合物、氮氧化物、一氧化碳、二氧化碳等有害气体，对环境和生态影响非常大。

从短期来看，环境规制会限制交通运输业中有害气体的排放，减少化石能源的消耗，还会增加相应的税收，这样短期内必然提高运输成本，限制我国的交通运输业的发展。

从长期来看，环境规制不仅能减少交通运输业对环境的污染，促进资源的最大限度利用，强化环境的价值观念，实现社会发展、经济发展和环境发展的协调统一，而且能够促进企业的创新，提升企业的生产效率，提高其竞争能力。

内河航运虽然一直被视为较清洁运输方式，但是因为航运业占据了全球90%以上的货物运输，其污染物排放量是巨大的。而环境规制对于污染物的排放有着严格的要求，所以环境规制的加强短期对于内河航运来说会大大增加成本，降低盈利能力，影响其长远发展，但是长期会使航运企业进行技术创新，企业间加强合作，增强竞争能力和盈利水平。

环境规制会让航运企业支付相应的污染治理费用，这会导致企业生产成本提高，降低航运企业的生产率。企业对于污染治理的投资，会挤占其生产投资从而降低产业利润率。

环境规制的加强，使目前的一些船舶不适应新的排放要求，导致这部分船舶只能被淘汰，这对企业来说，会极大地影响它们的成本和正常的运营。同时目前内河运输的相关工作人员水平参差不齐，很多管理人员都不是专业人员。环境规制的加强，会让企业的一些员工以及管理人员不适应新的环境，使企业的发展受到很大的阻碍。

环境规制能促使航运企业降低污染物的排放，促使企业减少物资、能源等的消耗，促使企业提升自己的技术水平和创新能力，增强企业的竞争力。

环境规制能让航运企业提高自身的绿色环保形象，增加企业品牌的附加价值，提升企业的声誉，从而得到更多的市场份额。环境规制能够促使航运企业积极发展绿色航运，申请绿色认证，破除各国的绿色贸易壁垒，在国际市场中占据更大的市场份额。

环境规制会促使航运企业之间加强合作，通过信息共享、资源共享来降低企业的日常成本，并且达到节能减排的目的。同时企业的工作人员的整体素质也会有较大的提升，通过学习专业的知识，能够在最小的成本和排放最少污染物的前提下，实现效益最大化，从而大大提高企业的竞争力。

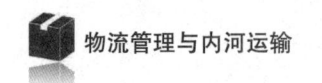

（二）加强环境规制的发展策略

环境规制的加强对于航运企业来说，一开始对航运企业的货运量影响不大。但是随着环境规制的不断加强，影响程度会快速增强，并且影响程度会一直在峰值附近，这对于企业的正常经营发展来说是一次很大的考验。而且企业要支付相应的污染治理费用，这也会导致企业生产成本提高，降低产业利润率。

环境规制的加强对于内河航运绿色低碳发展来说是非常显著的，环境规制加强，会减少化石能源的消耗，限制内河运输中有害气体的排放，环境就会得到显著的改善。具体来说，可通过以下措施加强环境规制。

1. 加快航运业的技术研发和创新

航运技术是发展绿色内河运输的核心，内河航运业要加快技术研发和创新，使船舶绿色化、自动化信息化，以及航运材料的可降解性和可重复利用，大力推进新型节能环保船舶投入运行，同时配备专业化的清污船舶，提升航运水运处理污水的技术和能力，为内河航运业的绿色发展提供强有力的技术作为支撑。

2. 加强对于航运企业成本的控制

环境规制的加强，会让航运企业的人员和技术等的成本增加，加强对成本的控制有利于缓解企业的资金问题。企业可通过以下措施加强成本控制：①进行科学预算，制定标准，使成本控制在合理的区间范围内。②在日常经营过程中，采取经济航速，合理选择航道，多使用岸电等，以减少燃油的消耗，既满足绿色航运的发展要求，又降低了成本。

3. 加强航运企业间的合作

每个航运企业都有自己的优势，当存在瓶颈现象时，企业单靠自己的力量在短时期内难以突破时，建立企业之间的战略联盟，采取共赢的方式，才是未来发展的趋势。航运企业之间的合作，在短期内不仅可以解决资金、货源等问题，而且能够有效避免同行之间的过度竞争、无序竞争，提高整体的服务水平，节约社会资源，实现共同发展。

4. 加强船舶污染物收集处置检查督查

内河航运企业自身要加强对环境保护的意识，加强企业工作人员对于废弃物处理能力的培训，对于运输过程中的废弃物要先处理，达到排放标准再排放，对于某些特殊的排放物，要集中收集起来，上交至统一的处理机构进行处理。

同时，相关的政府机构要做好自己的监管职能，加强检查的力度，学会采用多种方式同时监管，以确保监管到位。对于不按照相关法律法规处理船舶废弃物的企业，一经查出，要按照相关的法律从严处罚。

5. 加大航运污染防治支持保障力度

治理航运污染是一项浩大的工程，不仅需要很长的时间，而且要投入大量的人力、物力以及财力才能确保污染的治理。这就需要各级交通部门、港航管理部门提高思想认识，增强做好环境保护工作的责任感和紧迫感，给治理航运污染的任务提供足够的资金保障，还要因地制宜地配合好各地航运企业治理航运污染，同时还要加强对于防治污染设施设备的建造。

6. 加强航运污染防治规章建设和宣传工作

政府要研究制定船舶废弃物排放标准，废弃物收集和送交的相关法律法规，以及严格的监督机制，要使航运污染的防治工作得到法律的保障，而且相关的政府部门之间要建立良好沟通机制，统一执法标准，使各部门能够紧密配合，共同推进防治污染工作的展开。同时要利用电视、互联网、报纸等的媒介宣传治理水污染的必要性和重要性，提高广大船员的环保意识，要引导航运的工作人员能够自觉守法，并且正确地使用船舶污染防治设施设备。

7. 加强策略研究

环境规制强度对内河航运绿色低碳发展具有直接影响效应，还会通过技术创新、产业结构升级等间接带来的影响，对内河航运绿色低碳发展产生不同的影响效应研究是一个比较具有挑战性的研究领域。综合来看，关于环境规制与内河航运绿色低碳发展及内河航运业产业结构升级研究还有待于进一步研究、探索和完善。

①继续深入探究环境规制及其不同环境规制工具对内河航运绿色低碳发展的作用机理，进一步挖掘环境规制作用于内河航运绿色低碳发展的中间变量，不断充实并完善环境规制对内河航运绿色低碳发展的作用机理框架，使理论基础更加丰富和全面。

②环境规制和内河航运绿色低碳发展的衡量指标。如何准确而全面地衡量环境规制对内河航运绿色低碳发展是有待进一步研究的理论问题。

③鉴于数据的可获得性，研究了环境规制对内河航运绿色低碳发展的影响，仅涉及内河航运监管范围与强度对内河航运绿色低碳发展总体分析。环境规制对内河航运绿色低碳发展的作用效果及其影响效应较为复杂，需要继续搜集补充数

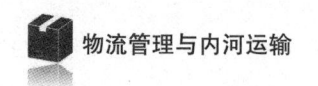

据，研究并考察不同类型环境规制工具对内河航运绿色低碳发展的作用效果是有待进一步研究的问题。

第二节 内河运输绿色低碳发展的财政与税收政策

一、内河航运绿色低碳发展的财政政策

生态经济、绿色经济和循环经济及低碳经济的相关理念是绿色低碳理念形成和发展的基础和前提。内河航运绿色低碳发展作为一项重要的工作，具有长期性和复杂性的特征，与科技进步、经济社会发展密切相关。从政策和体制机制着手营造良好的氛围和环境是实现和推动内河航运绿色低碳发展的重要因素。通过和其他运输方式的比较会发现，内河航运拥有更多优势，它以先人们建设的人工河道和天然河道作为基础，对土地面积占用少，用低成本、低消耗实现大运量和少污染，而且人们在对内河航道进行生态化整治后，可以进一步改善局部的生态环境，有利于推动旅游资源的形成和发展。所以，内河航运绿色低碳发展是促进社会朝着城市化和工业化方向不断发展、协调发展区域经济、推动我国社会经济可持续发展、我国实施生态环境保护战略和资源节约战略的必然需求。

在促进内河航运绿色低碳发展的过程中，内河航运污染社会外部性、内河航运绿色低碳发展公共性和内河航运"市场失灵"决定了需要政府介入，而政府对内河航运绿色低碳发展的引导与推动作用的不可或缺决定了财政政策必须发挥在内河航运绿色低碳发展过程中的自身职能。通过科学论证、合理设计财政政策方案和调整完善现有的内河航运绿色低碳发展财政政策，经由特定的路径和方式，可以把促进内河航运绿色低碳发展的财政政策研究作为政策目标加以实现。在全球应对气候变化进程出现新转折、中国经济发展进入新常态的时代背景下，根据我国生态文明建设和应对全球气候变化的长期需要，面向生态文明建设和体现"创新、协调、绿色、开放、共享"发展理念的内河航运绿色低碳发展转型呈现艰巨性和特殊性的特点，尚不健全的市场机制还不能够完全承担起主导内河航运绿色低碳发展的重任，政府对内河航运绿色低碳发展的推动、引导与调控作用显得格外重要。

从地区经验、典型领域和国际经验总体上看，财政政策在支持绿色低碳发展、生态环境保护和治理中发挥了重要作用。因此，财政政策是内河航运绿色低碳发

展的重要手段，财政政策的合理运用能极大地提升内河航运绿色低碳发展的效果，进而实现内河航运与生态环境的可持续协调发展。

（一）绿色低碳发展与财政政策

1. 财政政策的主要内容

为了推动宏观经济目标平稳、顺利地实现，国家会对财政收支平衡和收支规模的相关举措和原则进行调整，这便是人们所说的财政政策。从国家总体的经济政策来说，财政政策是其中的重要内容，并且和其他经济政策之间存在紧密关联。按照与财政政策相关的范围来看，可以将其分为财政政策、财政支出政策和公共政策。就财政政策来说，主要包括财政管理政策、财政收入政策和财政支出政策，具体实施方式有调节财政政策手段和财政政策目标。财政政策的重要内容之一是财政支出政策，财政政策目标实现的有效方式也是财政支出政策。具体来说，财政支出政策拥有多样化的方式和举措，一般分为间接支出政策和直接支出政策，前者主要包括财政资助和财政担保，后者主要包括政府采购和政府拨款。在绿色低碳发展过程中，由于环境资源的公共性以及污染排放带来的社会负外部性，财政政策工具的干预在绿色低碳发展中至关重要。

财政政策主要指财政支出政策，包括财政投资、财政补贴与政府采购等。财政投资主要是指政府为了推动低碳经济的发展而对低碳经济领域作财政性资金投入。直接投资和投资补助均属于国家投资性质，即政府的资本性投入。财政补贴是一种激励性机制，主要形式有价格补贴、经费补助、针对生产经营的企业亏损补贴以及银行贷款贴息。政府采购是指政府部门在采购物资和服务的过程中，优先购买环境友好、节能、低碳的绿色产品，以此来引导企业的生产和社会的消费。

2. 财政政策的适用领域

不同的财政政策所适用的领域不一致，根据与财政政策目标的不同将其适用领域主要分为以下四个方面。

①财政政策可以调节社会的总供求并使之达到相对的平衡，并通过对经济总量的调节，为经济增长方式转变和经济可持续发展创造比较好的宏观经济环境。

②财政政策通过指导社会总产品和国民收入初次分配和再分配，对经济产生反作用，从而提高资源的配置效率。作为社会再生产中的一个重要环节，财政分配结构、财政资金流量以及流向是政府影响和支持经济发展、调节经济运行、促进科技发展的重要手段。

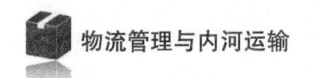

③财政政策是间接调控市场经济运行的主要政策,通过规范政府、企业和个人等经济主体的经济行为,间接影响和控制经济运行,使之符合经济可持续发展的要求。

④财政政策是政府弥补市场失灵的主要政策,通过各种政策对市场的作用,可以达到解决市场失灵问题的目标,而且能提高经济运行的质量。

3. 财政政策对绿色低碳发展的影响

我国为了实现应对气候变化的目标,需要向绿色低碳发展转型。绿色低碳发展转型是落实党中央提出的生态文明建设和"创新、协调、绿色、开放、共享"发展理念的重要体现。财政政策与绿色低碳发展都以满足社会公共需求为核心。绿色低碳发展能逐步扭转过去粗放的经济发展模式,减少能源消耗,缓解环境污染,从而给公众提供一个良好的生态环境。生态环境作为稀有的公共产品,是社会的公共需求,是绿色低碳发展的本质目标。

在现代市场经济体制下,随着政府职能的变迁,财政政策成为政府发挥公共管理职能和宏观调控国民经济的主要手段之一。除了公益性组织,企业都是以盈利为目的的,这也就决定了其本质为利益趋向性,企业趋利性和自身局限性导致了污染外部性,也决定了其不可能成为绿色低碳发展的主导者,因此,政府必然成为绿色低碳发展的主导者。绿色低碳发展需要进行全方位的变革,这就需要各方面大量的资源投入,财政政策的强力支持就成为绿色低碳发展的基础支撑。

财政政策对绿色低碳发展具有引导和促进性。正面的促进和引导是财政政策的重要作用和功能,例如,有些区域存在严重污染,政府为了干预和推进环境治理,在污染治理方面加入投资力度,从而取得了较好的治理成效。政府利用绿色采购或转移支付的方式,将政府的补贴和支持给予一些从事环境治理工作的微观个体,一方面表示政府的鼓励和肯定,另一方面可以提高企业参与环境治理的积极性和主动性。绿色低碳发展有利于对公共利益进行维护。所谓公共利益,是指一定范围内不特定多数人的共同利益,包括国家利益、阶级利益、民族利益、集体利益在内的公共物质利益和精神需要。

我国以往一些地方发展经济的方式以高污染、高能耗和高消耗为主,负外部性较强,这样的方式不仅会对大量的资源进行消耗、产生资源浪费,而且会污染和危害到自然生态环境,绿色低碳发展便是要对这些发展方式进行改变。政府积极发挥财政政策的引导作用、实施宏观调控政策是推动绿色低碳发展的重要方式。

不管是生产制造绿色低碳设备、建设相关设施、产业进行升级转型，还是创新绿色低碳技术，都需要政府积极利用财政政策，将大量资金投入这些环节，这些方面仅仅凭借企业和市场的力量很难实现，除此之外，要想提高企业实施绿色低碳发展战略的主动性和积极性，必须激发企业的低碳环保意识。让社会公众在良好的生态环境和社会经济可持续发展方面的需求得到满足，是实现绿色低碳发展的主要目的，因为涉及公众利益，所以需要政府来主导。综上所述，只有政府充分利用行政手段，才能推动践行绿色低碳发展。其实绿色低碳发展是将污染社会外部性等内化到绿色低碳产品和服务中。

众所周知，市场经济的主体和主要参与者是企业，在市场经济环境中实施绿色低碳发展战略就是要政府发挥主导作用，引导企业积极参与其中，而且绿色低碳发展对这两者提出了更高的要求。对企业来说，绿色低碳发展战略要求企业在转型升级时，一并改变自己的管理方式和经营方式，同时为了推动绿色节能减排目标的实现，企业需要从制度、技术和产品以及管理等方面着手，大力推进创新。改革和创新是企业实施绿色低碳发展的必然环节，但是企业的改革和创新必然有风险存在，企业会本能地对风险进行避开。大众群体对绿色低碳产品的接受度和认可度较低，再加上需要投入大量资金推动绿色低碳发展，所以可以发现，仅仅依靠市场机制的力量，绿色低碳发展难以独立实现。所以，绿色低碳发展战略实施的过程中，要想提升企业参与的积极性，政府要充分发挥公共财政的职能和作用，对经济系统进行宏观调控，通过对税收减免、财政增加投资和财政补贴等政策的运用，增强对企业的吸引力，将更多的政府资金投入绿色低碳技术研发和绿色低碳设备制造生产中，对财政补贴和价格机制等有效方式进行合理利用，在市场中提升绿色低碳产品的竞争力和份额。

绿色低碳发展转型涉及经济转型和产业升级、个人和组织行为改变、能源系统变革和国际气候治理体系创新等问题，是一项复杂的系统工程，存在很多的挑战和不确定性，因此离不开政府的财政政策调控。首先，我国还是发展中国家，人们已有生态环境的保护意识，但还不是十分强烈，政府可以作出宣传及措施来改变人们的一些思想方式和行为方式。其次，制度变革需要政府作用。要变革一切与经济可持续发展不相符合的制度，需要政府的积极调节。最后，市场调节也需要政府的政策参与。如生态环境和公共性自然资源的价值，只有通过政府的调节才能得以实现。

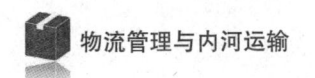

（二）财政政策对内河航运绿色低碳发展的作用机制

财政政策支持内河航运绿色低碳发展的理论依据是内河航运污染排放社会外部性和内河航运市场失灵。内河航运绿色低碳发展是一种公共产品，具有外部性，一些内河航运企业追求自身经济利益最大化，对内河航运污染排放的防治积极性不大，导致其航运活动污染排放对内河流域空气、居民、内河水质和生物产生负面影响。在市场机制下，这种内河航运污染排放负面影响不能直接反映在内河航运市场运价体系中，不构成内河航运企业的经营成本，最终导致内河航运企业经营成本低于社会成本。这部分差额成本由社会承担，最终导致内河航运市场失灵，内河航运污染排放加剧。因此，市场机制对内河航运市场环境资源配置存在"失灵"现象，即内河航运污染排放具有社会外部性，需要政府采取宏观手段对内河航运污染排放社会外部性进行调控和管理。

需要明确的是，财政政策在内河航运绿色低碳发展过程中要以顺应市场机制和弥补市场失灵的方式来调控内河航运市场所不为、难为之事；财政政策发挥作用往往是为了助内河航运市场一臂之力，不能因此导致内河航运市场过度的行政干预或政府依赖。财政政策支持内河航运绿色低碳发展的目标通常可以分为经济方面的目标和环境方面的目标。

财政政策支持内河航运发展的经济目标通常通过内河航运企业发挥作用，通过影响内河航运企业的运价、成本、产出变化率、利润率等，进而影响内河航运企业的经营效益。

财政政策支持内河航运绿色低碳发展的环境目标并不是追求内河航运污染排放为零，而是在不干扰内河航运市场机制运行的前提下，把内河航运污染排放控制在内河及其流域环境承载能力范围内，促使内河航运产生的油污水、生活污水、船舶垃圾、粉尘、化学物品、废气等排放达标，保证内河流域环境不对沿河流域居民身体健康产生危害，保证内河航运排放的尾气等符合相关环境标准，促进内河航运可持续发展。为此，用政策效应、政策路径、制度保障三方面的要素来说明财政政策支持内河航运绿色低碳发展的基本作用机理，意在分析说明财政政策在促进内河航运绿色低碳发展过程中所应该追求的政策效应，发挥作用的政策路径以及相应的政策保障条件。

1. 财政政策推动内河航运绿色低碳发展的政策效应

财政政策之所以有必要、有可能实现促进内河航运绿色低碳发展的目标，是由于其在内河航运绿色低碳发展过程中可以重点发挥以下三方面的效应。

（1）支付转型成本

支付转型成本包括为粗放型内河航运发展方式的退出承担部分成本、为内河航运绿色低碳发展方式的形成解决经济外部性问题。

内河航运绿色低碳发展转型隐含着改变、转型的成本。我国内河航运粗放型发展已经具备了一定的路径依赖特征，如果向着绿色低碳发展的目标对粗放型发展路径进行改革或转型升级，则涉及许多方面的因素和成本，如研发和运用新型技术、建设和完善内河航运绿色低碳发展设施设备、升级和改造以往的技术和设施设备，这些条件的实现是绿色低碳发展方式代替粗放型方式的重要前提和基础。需要注意的是，市场很难对这些基础和前提产生的成本、内河航运实现绿色低碳发展产生的转型升级成本进行消化，政府财政是最有效和最迅速的解决方式。此外，对生态环境的保护和避免内河航运产生社会外部性的污染排放是内河航运实现绿色低碳发展的关键，为了合理解决这个问题，政府需要发挥引导和干预作用。

财政政策支持内河航运绿色低碳发展主要有政府直接投资、财政转移支付。其中，政府不会利用内河航运的市场微观客体的作用，而是直接将资金投入内河航运污染防治方面；环境专项资金和财政补贴共同组成财政转移支付，这两种支付方式则需要将内河航运市场中微观个体的作用充分发挥出来。当环境专项转移支付发生在纵向层面，类似于政府直接将财政支出投入内河航运污染防治的作用一样，将会对环境防治产生直接作用。

①财政政策直接投资内河航运污染防治对内河航运绿色低碳发展的作用机制。对内河航运污染防治直接投资是促进绿色低碳发展的财政政策的独有功能，具有明确的政策导向和意义。财政政策支持内河航运绿色低碳发展的投资力度对内河航运污染防治投资规模和投资效率有较大影响，主要在于通过对内河航运绿色低碳发展足够的政府投资，建立内河航运绿色低碳发展涉及内河航道、航道标识、内河船舶污染监控以及内河生态环境监管等，保证内河航运各类主体履行绿色低碳发展的职责。

内河航运绿色低碳发展具有非排他性和非竞争性的特点。一些内河航运相关企业和个体船东追求私利，不愿参与内河航运污染防治和内河生态环境防治。因此，直接投资内河航运污染防治作为政府履行内河航运绿色低碳发展职能的重要手段，将发挥推进、引导和激励内河航运绿色低碳发展，促进内河航运可持续发展的直接性作用。

②政府转移支付对内河航运绿色低碳发展的作用机制。财政补贴是政府转移支付的重要内容，这里以财政补贴来说明财政转移支付支持内河航运绿色低碳发展的作用机制。财政补贴是政府为鼓励或者激励内河航运相关企业淘汰污染大的老旧船舶、改造内河船舶（油改气）、给船舶按照环保设施设备和船舶垃圾及油污水接收上岸等向内河航运相关企业支付的财政拨款，是对内河航运相关企业的正面引导。财政补贴之所以能作为促进内河航运绿色低碳发展的工具，主要是出于以下考量：一是扶持因积极防治内河航运污染排放而导致内河航运相关企业成本支出费用增加过多、负担过重，从而在内河航运市场竞争中处于劣势的内河航运相关企业，给予其适当的补偿，符合一般经济原则；二是促进内河航运相关企业提供低污染航运服务产品的消费，对相关内河航运服务产品的消费者给予间接的价格补贴。

（2）引导、激励和约束

财政政策对内河航运绿色低碳发展的作用机制的本质是对内河航运企业以及内河航运相关方的绿色低碳行为的激励机制。政府通过对内河航运污染治理直接投资、财政转移支付等财政政策，激励内河航运相关企业积极对内河船舶及设施设备的污染排放进行防治，鼓励内河航运相关企业积极采用符合绿色环保标准产品。通过财政政策，可以减轻内河航运相关企业经营成本，调动内河航运相关企业的积极性，增强内河航运相关企业绿色低碳管理能力，从而优化内河流域环境资源要素的分配和使用，提高内河航运资源要素的利用率，促进内河航运绿色低碳发展和可持续发展。与政府直接支付内河航运绿色低碳发展转型成本相比，财政政策的引导、激励和约束则带有一定的间接性，但往往更具有规范性和长效机制特征。以改变内河航运粗放型发展、形成内河航运绿色低碳发展为导向，财政政策可以通过特定的作用方式和工具组合，以经济参数、经济杠杆来重新调度和配置一部分经济利益，起到引导、激励和约束内河航运相关企业经济行为的作用。

（3）支持配套设施建设

提供和改进鼓励内河航运相关企业绿色低碳行为的外部配套环境完善、有序的内河航运绿色低碳发展的外部配套设施和体制制度对内河航运相关企业绿色低碳行为是具有重要意义的配套环境。其中，财政政策所提供的防治内河航运污染排放的社会公共产品、公共服务的质量和数量，与内河航运绿色低碳发展之间有着密切的关系。良好的防治内河航运污染排放的基础设施等是促进内河航运绿色低碳发展的基础条件和配套条件，也是对内河航运绿色低碳发展转变最有效的支持。

2. 财政政策推动内河航运绿色低碳发展的政策路径

以宏观政策为基础开展的微观化导向的政策具有区别对待的特点,包括征缴特别收益金和收取污染费在内的约束性举措,以及以政策性资金为基础支持的信用担保、税收优惠、补助特定目的、贴息、政府采购等激励性举措,是政府利用财政政策调节内河航运市场微观主体的主要方式,归根结底,也是政府利用调整企业主体利益的方式对他们的经济行为产生影响和作用。在内河航运绿色低碳发展的过程中,政府要将实施收入或支出政策与发展需求相结合,对与绿色低碳发展相应的制约性目标和支持性目标进行合理选择从而推动实现。例如,通过给予特定内河航运相关企业以各种财政补贴待遇,来引导、扶持内河航运相关企业绿色低碳行为,刺激内河航运相关企业对绿色低碳环保设备的投资意愿。

3. 财政政策推动内河航运绿色低碳发展的制度保障

要想充分发挥财政政策的作用必须以合理的制度安排作为基础和前提,只有在财政制度和相关制度方面建设起合理的框架、完善的规范和正确的导向,才能在内河航运绿色低碳发展上让财政政策产生积极推动作用,让政府职能的发挥落到实处。

(三)内河航运绿色低碳发展财政政策绩效测评模型构建

1. 财政政策绩效测评

(1)财政政策绩效测评的内涵

财政政策绩效评价是基于结果导向、运用科学方法、规范流程、相对统一的指标及标准,对财政政策的投入产出进行综合性测量与分析的活动。财政政策绩效测评有利于检验财政政策效果,实现财政政策资源的有效配置,是进行财政政策调整、提出政策建议的重要依据。

理论上说,财政政策和制度的绩效受到多种因素的共同影响,政策与其绩效之间不是完全的一一对应和直接对应关系,绩效一方面是一种客观存在,另一方面又是一种主观判断,所以对财政政策开展绩效测评是对比政策产生的实际结果与期望值之间的判断,是一种相对性的判断。

(2)财政政策绩效测评的基本原则

财政绩效评价不同于微观经济组织的效益评价。财政绩效评价不仅要分析计算直接的、有形的、现实的投入和产出,而且要分析计算间接的、无形的、预期的投入与产出,绩效既反映为可用货币衡量的经济效益,又反映为大量的无法用货币衡量的政治效益和社会效益,而财政政策追求的最终目标是社会福利最大化。这表明,财政政策绩效评价远比微观经济组织的效益评价复杂。开展财政政策绩效评价应遵循以下原则。

①客观性原则。财政政策绩效评价必须在充分调研的基础上,以问题为导向,以事实为准绳,运用指标和数据,对财政政策制定、执行和政策目标实现情况进行全面、客观评价,不以评价者的个人喜好影响评价结论的准确性。

②公开、公平和公正性原则。财政政策绩效评价应在客观基础上,坚持面向社会公开评价,让百姓参与,所有政策受益群体都应纳入评价范围,评估结果不受各种利益集团左右。

③重要性原则。财政政策绩效评价不是事无巨细,而应根据政策目标和社会大众期待,科学设置指标体系,围绕核心目标开展评价。一方面,这有利于降低评价成本;另一方面,也有利于提高评价效率。

④可比性原则。财政政策绩效评价需要针对政策实施前后的效果和政策目标达成度进行前后比较分析,以显示政策实施的真正绩效。指标和数据采集成为前后效果比较的重要方式。

⑤结果导向原则。财政政策绩效评价的根本目标是完善政策,让好的政策更好地执行,让百姓受益;让有问题的政策退出,避免政策的负效应。政策评价的结果只有得到应用,才能真正推动政策制定的科学化和政策执行的有效性。

(3)财政政策绩效评价目标

财政政策绩效评价的目标如下:立足于合理优化配置财政资源、满足财政预算管理需求,通过评价财政政策决策的公正性、规范性和政策执行的有效性,检验政策资金分配、使用的经济性、效率性、效益性和公平性,反思政策本身的必要性和合理性,对政策修订完善、清理整合、组织实施和资金分配使用提出优化建议,为有关部门提供重要决策参考依据。评价目标具体可以归纳为三个方面。

①通过梳理财政政策的出台背景、政策依据、决策过程和政策目标,对政策决策程序的规范性、政策内容的完整性、政策目标的合理性进行分析,发现政策决策中存在的问题,对优化政策决策程序、调整完善政策内容和政策目标提出客观建议。

②通过回顾财政政策执行过程,对政策管理要素展开分析,就政策管理规范性和执行有效性进行判断,总结政策执行过程中的经验做法,发现在相关配套政

策制定、组织实施与资金管理中存在的问题和薄弱环节，有针对性地提出改进政策执行和项目管理的建议。

③通过考察政策资金分配、使用的实际情况，反映预期政策绩效目标的实现程度，对财政政策资金分配的公平性和合理性，政策资金使用的经济性、效率性、效益性和公平性进行客观分析，结合政策受益者满意度调查，就政策实施是否总体有效或阶段性有效做出总体判断，从而为政策终结或延续提供决策参考依据。

（4）财政政策绩效测评方法

财政政策绩效评价方法的选用应坚持简便有效的原则，根据评价对象的具体情况，综合选用多种评价方法，对财政政策进行客观评价。

良好的财政绩效评价方法是财政绩效评价体系的重要组成部分，对财政政策绩效评价结果的准确性具有决定性影响。财政绩效评价目前主要有以下方法。①成本效益分析法，是指将一定时期内的支出与效益进行对比分析，以评价绩效目标实现程度。②比较法，是指通过对绩效目标与实施效果、历史与当期情况、不同部门和地区同类支出的比较，综合分析绩效目标实现程度。③因素分析法，是指通过综合分析影响绩效目标实现、实施效果的内外因素，评价绩效目标实现程度。④最低成本法，是指对效益确定却不易计量的多个同类对象的实施成本进行比较，评价绩效目标实现程度。⑤公众评判法，是指通过专家评估、公众问卷及抽样调查等方法对财政支出效果进行评判，评价绩效目标实现程度。⑥模糊综合评价法。模糊综合评价法是一种基于模糊数学的综合评价方法。该综合评价法根据模糊数学的隶属度理论把定性评价转化为定量评价，即用模糊数学对受到多种因素制约的事物或对象做出一个总体的评价。它具有结果清晰、系统性强的特点，能较好地解决模糊的、难以量化的问题。

2.财政政策绩效测评指标

（1）财政政策绩效测评指标确定的原则

绩效评价指标是指衡量绩效目标实现程度的考核工具。绩效测评指标的确定应当遵循以下原则。

①相关性原则。财政政策绩效测评指标应当与绩效目标有直接的联系，能够恰当反映目标的实现程度。②重要性原则。财政政策绩效测评指标应当优先使用最具测评对象代表性、最能反映测评要求的核心指标。③可比性原则。对同类测评对象要设定共性的绩效测评指标，以便于测评结果可以相互比较。④系统性原

则。财政政策绩效测评指标应当将定量指标与定性指标相结合，系统反映财政政策所产生的社会效益、经济效益、环境效益和可持续影响等。⑤经济性原则。财政政策绩效测评指标应当通俗易懂、简便易行，数据的获得应当考虑现实条件和可操作性，符合成本效益原则。

（2）财政政策绩效测评内容

财政政策绩效测评指标体系由政策制定、政策执行、政策效果三部分内容组成。财政政策绩效测评相关信息的采集和取证，要综合运用政策背景调研、政策文本解读、测评指标取数、社会调查、现场勘查和专家咨询等方法，全面收集财政政策决策、执行和效果的相关信息，以及政策利害关系人、政策基层执行人和社会公众的意见、建议。

财政政策绩效测评具有多重目标和多元取证方式。测评过程会产生大量绩效信息，有些信息以货币计量，有些不能货币计量；有些客观数据是量化的，也有些信息是无法量化的。因此，财政政策绩效测评应坚持"价值标准"和"事实标准"并重的原则，采取定量与定性相结合的分析方法，以定量分析为主，定性分析为辅。定性分析方法主要包括两个方面：一是政策回应性分析，主要借助问卷调查和社会访谈等公众评判法进行政策满意度的综合测量和分析；二是政策公平性分析，主要从政策的程序正义、政策资源分配的公平性、政策受益的公平性这三个角度来进行分析。财政政策绩效定量分析可以根据具体情况，选择过程对比分析、目标比较分析、成本分析、定量模型分析四类不同的方法。

财政政策绩效测评体现在测评内容上，要涵盖公共政策评估与财政绩效测评两个层面，包括政策制定、政策执行与实施、政策执行后的效果及价值三个方面。其中，政策的效果是测评的核心，而其决策过程和执行是取得预期效果的重要保证。这三个方面又可进一步细分为政策设立的必要性、设计的合理性及可行性、政策任务的分解、落实及监督、政策目标实现程度、成本有效性、受益群体满意度等。

3. 内河航运绿色低碳发展政策绩效测评模型

在进行内河航运绿色低碳发展政策绩效测评时，可以运用主成分分析法、费用效益分析法、模糊综合评价法和层次分析法等方法。其中，模糊综合评价法是在模糊数学的基础上将定性评价转为定量评价，也就意味着对被制约的事物进行综合评价。层次分析法是一种定性和定量相结合的、系统化、层次化的分析方法，是指将决策问题的有关元素分解成目标、准则、方案等层次，在此基础上进行定性分析和定量分析的一种决策方法。

采用模糊综合评价法构建的内河航运绿色低碳发展财政政策绩效模糊综合测评模型主要包括两个部分：首先，采用层次分析法确定内河航运绿色低碳发展财政政策绩效测评指标的权重，采用1~9分位标度法进行指标间重要程度的两两比较确定绩效测评指标的权重；其次，在层次分析确定的绩效测评指标权重的基础上，采用多层次模糊综合评价法对内河航运绿色低碳发展财政政策绩效进行综合测评分析。

采用不同的评价方法，一般会得到不同的结果，有时甚至相差悬殊。而且，每种评价方法各有其优缺点，且都会不同程度地受到评价者主观因素的影响。因此，在具体开展评价时，可综合运用多种评价方法，并对评价结果进行一致性检验，以尽可能减少单一方法评价产生的片面性，使评价结果更客观、可靠。

（四）内河航运绿色低碳发展财政政策的推进措施

财政政策是国家治理的基础和重要支柱。财政政策作为国家实行宏观经济调控的重要政策手段，对于完善市场机制、促进社会经济的综合协调发展有着重要影响，对促进绿色循环低碳发展具有引导作用。由于绿色循环低碳发展具有一定的公共产品属性，其外部性造成的市场失灵必须依赖政策手段加以解决，因此实施财政政策加以引导的必要性更加显著。特别内河航运绿色发展，合适的财政政策安排，能推动内河航运节能和环保，推动能源替代和新能源的使用，从而推动内河航运绿色发展。具体可实施以下财政政策推进措施。

1. 加大财政支持内河航运绿色发展的投入倾斜力度

切实加大财政投入，鼓励、支持内河航运绿色发展的正外部性，政府对内河航运市场行为有利于资源节约和环境保护的正外部性给予其相应的财政补贴，通过财政投资、财政补贴、加速折旧、投资抵免等税式支出政策，鼓励对老旧船舶拆解改造、船舶标准化、新能源船舶、船舶节能和环保设备的补贴，加大对内河船舶采用环保和节能技术和设备等方面的支持，把外部效益转化为内河航运市场主体的内部效益。

2. 优化财政支持内河航运绿色发展的投入结构

加大支持内河航运节能减排投入。整合现有节能减排专项资金、可再生能源专项资金等多种专项资金，形成统一的、具有一定资金规模的节能减排发展专项资金，提高资金使用效率，强化节能投资力度，鼓励新能源技术、节能技术、环保新技术的开发和推广。加快支持节能和环保服务产业的培育和发展，支持内河航运节能减排科技的研发、示范和推广。

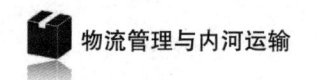

3.创新财政支持内河航运绿色发展的投入形式

结合内河航运特点，综合运用财政预算投入、设立基金、补贴、奖励、贴息、担保等多种形式，最大限度地发挥财政投入的效益。在财政投入使用方式上，多地采用财政贴息等间接优惠方式，调动银行贷款和其他社会资金投入内河航运绿色发展，以发挥财政资金的引导调控作用，放大财政资金的支持功效。

4.探索建立多元化投入机制

鼓励和支持民间团体等社会资本投入内河航运绿色发展，明确内河航运企业、内河船东环保投资的主体地位。通过出台相应优惠政策，积极发挥财政的引导作用，吸引企业投融资于内河航运绿色发展。设立生态环保投资基金，对发展前景良好的内河航运环保项目进行投资，弥补环保资金供求缺口。引导银行加大对内河航运绿色发展的投资，解决企业和政府的资金需求问题。

二、内河航运绿色低碳发展的税收政策

近年来，绿色低碳逐渐成为人们关注的重点。党的十九大报告中指出"绿水青山就是金山银山"。国家发展要以建设生态文明为根本，注重环保和绿色低碳，坚持节约资源和保护环境的基本国策，完善消费法律制度，规范生产环节，加强政策保护，从而建立绿色低碳循环、可持续发展的经济体系。

为使我国经济可持续发展，建设美丽中国，就要有序发展绿色低碳的社会环境。其中需要多方面进行统一协调，不仅要创建绿色生产环境，完善消费法律制度，坚持政策导向，还要推进绿色技术创新和发展，完善市场调节机制，促进绿色金融发展。由于市场经济体制发展尚不完善，生态环境保护问题需要从多个层面入手。市场主体多是根据自身经济利益制定发展目标，容易忽略宏观经济效益和生产要素影响及环境成本因素，所以市场上一些高消耗、高污染、生产量低的产品会在高额利润的驱动下肆意发展，造成社会资源和环境污染加剧、生态效率降低等负面影响。为了弥补市场这种不完善的机制，政府需要采取多方手段和政策进行调节。除了完善的法律和政府手段，还需要采取税收等政策来进行宏观调控，规范市场运作。税收是政府保护环境发展、践行绿色低碳的一种重要调控手段和策略，在当今社会中具有重要的影响和意义。其中绿色税收体系已逐渐应用到各大生产环节中，以此来帮助整个社会向低消耗、低污染、绿色节能的方向发展。

（一）税收政策与内河航运绿色低碳发展

政府采取税收政策是通过对造成环境污染者进行税收，而对生产商和企业采取税收减免政策，鼓励它们建设自己的排污治污体系，引进最新的科学技术，帮助它们实行技术创新，提高环境保护的水平，节省资源。为践行"绿水青山就是金山银山"的理论，绿色税收是重要措施之一，这不仅可以促进市场向绿色低碳方向发展，而且能够保护内河流域生态环境，促进内河航运绿色低碳发展。

作为政府宏观调控经济的重要途径之一，税收政策与纳税人实际收入息息相关，不同的收入水平则决定了纳税人的行为活动。税收优惠形式丰富多样，包括税收抵免、减税、投资抵免等，对市场经济调节产生积极和消极两种效应。实行税收优惠有利于促进企业向绿色低碳方向发展，加快技术革新速度，形成税收激励，促进它们生产结构优化，从而达到经济可持续发展的目的。同样，税收政策通过增加企业经营成本，产生消极效应，限制企业污染行为，从而起到保护生态环境的目的。

所谓税负转嫁，就是指在商品交换过程中，纳税人通过提高商品销售的价格或者是压低商品购进的价格等办法把税负转移给他人负担的一种经济现象。由于社会经济基础不同，所产生的经济现象也有较大的差异。税收所存在的意义就是规范纳税人向国家无偿提供利益，但是为了弥补纳税人因这种无偿提供收益所造成的损失，商品的交换和市场的供求变动为其提供了便利，使纳税人由负转正。商品经济为这种税负转嫁提供基础条件，但与此同时也使价值与价格之间的差距越来越大。

淡化税负的转嫁可以有效弥补因其所带来的负面效应，也从根本上符合国家税收的最初目的，将国家与纳税人之间的利益关系呈现最大的公平化，这样可以有效维护国家税收的公共利益，可将税收利用在公共事业发展上，使每一个公民都能从中获益。税收政策支持绿色低碳发展就是合理转嫁税负。环境税属于间接税，存在税负转嫁问题，这是税负转嫁理论的一般常识。但税负转嫁也是有条件的，并非所有的税负都能顺畅地转嫁出去。不过，对待环境税的转嫁问题，要辨证看待，并非不转嫁就是好事。

对于环境税来说，面对市场激烈的竞争，纳税企业需调节自身生产经营模式，提高生产效率，压缩资源成本，将一部分税负抵消。长此以往，反而使企业自身拥有了先进的生产技术，强迫它们加大技术改革力度，因为只有这样才能消化税负。但对于无法抵消的税负只能通过涨价的方式向下传导，转嫁给其他生产方或消费者手中。如果在下面的生产厂家承接了税负，那么在激烈的市场竞争中这也会对其他生产厂家造成更大的损失，慢慢地，所有上级厂家都以这种传导方式向下游厂家转移，最终商品价格被大大提升，进而使消费者受到影响，而消费者则会减少购买，节约成本，对市场又造成了不利的影响。由此可见，偏激的税负转嫁对市场调节产生的负面影响不容小觑。

为了使企业投入更多精力在改革生产技术、加大环境保护上，政府出台的环境税显得尤其重要。这种税收政策将本应该内在消化的生态环境成本纳入企业核算成本范围之内，在市场竞争机制的影响下，使企业不得不加大技术创新和改造力度，引进先进的清洁技术和设备，最终使生产朝着绿色节能低碳方向发展。

说到底，环境税只是一种税收工具，不是解决所有环境问题的标准答案。实现绿色低碳发展，还需要其他手段和配套措施的跟进和有效配合。如健全法律法规和政策体系；严格污染物排放标准和环境影响评价制度；强化执法监督，健全重大环境事件和污染事故责任追究制度；建立完善社会监督机制；建立健全环境产权交易机制；完善民事诉讼和赔偿制度；完善环保产业发展的财税政策等。

（二）税收政策对内河航运绿色低碳发展的作用机理

1.税收政策对内河航运绿色低碳发展的激励与约束

无论哪一种经济活动都会从外部对市场经济产生正外部性或负外部性的影响。对于其他经济主体来说，环境的正外部性会给其带来收益，而负外部性则会对其造成损失。市场无法体现出环境外部性带来的成本以及收益，因此，市场机制并不能对外部性产生任何作用，这就是"市场失灵"。正外部性的扩大以及负外部性的发展都是市场无法控制的。例如，内河航运发展促进了社会经济发展，但是内河航运发展会消耗能源、污染生态环境，产生负外部性。在经济可持续发展的过程中，始终存在负外部性，如资源逐渐耗尽、生态环境不断恶化的情况越发严重，经济可持续发展赖以支持的基础越发薄弱，导致市场无效率甚至失灵，而且市场失灵现象不断出现。如果不对负外部性有效遏制，市场价格体系就会失灵，经济可持续发展所赖以存在的社会、经济、环境终将持续恶化，经济发展将失去最终的基础条件。

要消除这种市场失灵和负的外部性,就需要政府的介入,税收制度和税收政策就是其中的有效方式。税收政策除了可以合理配置资源,还能够有效抑制"市场失灵"。税收政策在激励内河航运绿色低碳发展的同时也会对其产生约束。一方面,从税收方面给绿色低碳行为一定幅度的优惠,让企业可以用低廉的价格购买到节能产品和污染治理设备,进而提高它们的生产积极性和采购积极性,最终达到节能减排的目的。另一方面,用提高环境税的方式增加企业的排污费用。当企业需要为排污缴纳更多的税费时,就会开始进行污染治理,进而达到绿色低碳发展的目的。

2. 税收政策促进内河航运绿色低碳发展的作用机制

生态环境具有公共物品属性,内河航运绿色低碳发展问题与外部性所导致的市场失灵密切相关。不可否认,市场制度具有有效性,但是并不是所有的市场调节都能带来有效的结果,进而产生绿色低碳发展。市场机制失灵,无法单纯依靠市场机制激励市场主体减少污染排放,只能由政府干预,用税收政策对企业的粗放式发展进行制约,让企业花费更多的费用排污,进而让企业对能源进行充分利用,实现绿色低碳发展。绿色低碳对于社会经济可持续发展来说意味着节能、环保以及环境友好和生态文明,是发展必不可少的条件,所代表的是人民对美好生活的愿望。为了实现可持续发展,共同建设美丽中国,就一定要坚持创新、开放、绿色、协调及共享的发展理念。税收不仅是国家宏观调控的一种方式,而且是国家财政的主要收入来源,对促进绿色低碳发展中具有重要作用。围绕绿色发展做好税收,扶持好"绿色税源",引导好"绿色低碳行为",可以推动内河航运绿色低碳发展。

税收政策促进内河航运绿色低碳发展的作用机制可以分为两个方面:征收环境税和税收优惠。征税可以把内河航运相关企业产生的负外部性内在化,把导致的社会成本纳入私人成本,加重污染排放者负担,约束其污染物排放量;税收优惠通过降低私人生产成本,提高企业污染排放防治的积极性,从而促进节能减排。两者作用方向相反,但是目的一致,都是为了推动环境治理,改善环境质量。

市场调节可以通过征收环境税实现。环境税的征收可以实现资源的合理利用,降低环境污染,达到节能减排的目的。如果环境税有着完善的制度和严格的执行标准,那么在追逐经济利益时,企业或个人就可以同时实现环境政策目标和社会效益。

征收环境税对内河航运相关企业的长期影响表现在促使其采用节能绿色船舶及设施设备，提高资源的利用效率，减少能源消耗，节约生产成本，同时，寻求其他节能环保替代品，从而刺激环保产业发展，带动经济转型和可持续发展。生产过程不可避免会产生污染物排放。因此，征税不是杜绝污染物排放，而是在一定程度上促进生产者减少污染物排放。

综上所述，合理设定内河航运污染排放的环境税税率，可以发挥税收政策的市场调节作用，抑制内河航运相关企业的内河航运污染排放。在追求自身经济利益最大化的导向下，如果环境税征税高于内河航运相关企业的边际治理成本，其就会选择内河航运污染防治；反之，如果征税单位税额低于其边际治理成本，内河航运相关企业就会选择缴纳税费。因此，要实现税收政策支持内河航运绿色低碳发展的作用，必须使单位税额高于内河航运相关企业的边际防治成本。

（三）内河航运绿色低碳发展税收政策的推进措施

我国实施生态文明建设和绿色发展战略，决定了税收政策在内河航运绿色低碳发展方面被赋予了新的使命。通过相关税收政策对资源浪费、高耗能、高污染船舶等的限制和惩罚，把产生的负外部性内部化，提高资源、能源的有效利用率，实现内河航运、内河船舶与内河环境的可持续发展，减缓温室气体排放的压力。根据内河航运绿色低碳发展的要求，创新完善税收政策、加大税收政策扶持力度的具体措施有以下方面。

1. 完善以环境保护税为核心的绿色低碳税制体系

绿色低碳税收体系的关键在于环境保护税，在完善环境保护税的同时还要完善车船税、车辆购置税以及其他税种和税收政策，做到奖惩并举。在构建绿色低碳税制体系的过程中，污染产品税、一般环境税、稀缺可再生资源环境税以及直接污染税等都属于环境保护税。凡是在我国境内有排污行为和对环境产生污染的生产者，无论是单位还是个人，都要依法缴纳环境保护税。环境保护税的税率为差别制，其征收标准是按照污染物的特点和污染的程度进行划分的，其中，可再生能源产品、"绿色产业"以及资源可替代产业为零税率；不利于环境保护，但又没有对环境保护产生不利影响的为基本税率；污染环境，但又没有危害环境的为惩罚性税率；已经给环境带来了严重危害，税收调控在此时也无法发挥任何作用，国家应通过法律或行政手段明令禁止其继续生产，或是要求其转产。

2. 加快完善相关税收优惠政策

应以当前内河航运企业的所得免征或减征企业所得税为基础，对其在环境保护和节能等项目上进行不断调整和完善，扩大其范围。例如，开发和转让项目、生产环保产品的项目、环境咨询、环保技术研究以及信息和技术服务等所有可以促成内河航运企业环保的项目，均可纳入免征或减征范围。

3. 强化资源税的环保功能

设立统一的资源税，充分发挥其促进资源节约利用的功能。①扩大征收范围，将所有必须加以保护开发和利用的资源如矿产资源、水资源、土地资源、草场资源、森林资源、海洋资源、生物资源、新能源等列入征收范围。②将资源性的税种以及各类资源性收费并入资源税，避免对同一资源既收费又征税的现象。③调整税负，根据各类资源的外部成本、稀缺程度及经济效用等因素确定税率。对非再生性、非替代性、稀缺性资源课以重税，对资源回收利用、开发替代资源等行为予以税收扶持。④改进资计税方法，全面对所有资源由从量征收改为从价征收，限制掠夺性开采与开发。

4. 引导消费者的绿色消费

绿色消费指的是尽量减少消费时产生的污染和资源浪费，选择的产品和服务要高效且环保。对损害生态环境的消费品，就要征收相应的消费税。对生产过程中需要使用大量资源，不能回收利用且无法降解，而且会在使用过程中危害环境的消费品都要征收一定的消费税。为了节约使用资源，还要从重征收需要使用稀缺以及不可再生资源才能制造出的产品，此外，对于不符合国家能源消耗要求的产品也要加大征收力度。在绿色消费上，对于清洁产品、绿色产品，以及对于使用"绿色"燃料、可循环利用资源或新型能源的已经符合节能和环保标准的车辆可不征收消费税；对于节约资源、不污染环境的绿色交通工具可适量减少消费税，进而让消费者和制造商自觉地选择和制造对环保有利的产品。

5. 突出企业所得税绿色发展的引导作用

企业用于节能和环保产品的费用，可在当年企业所得税前据实列支；可采取减免税额、延期纳税等直接优惠和加速折旧、税前列支、投资抵免和再投资退税、专利免税等间接优惠相结合的多种优惠形式，以更好地发挥企业所得税鼓励节能降耗的作用。

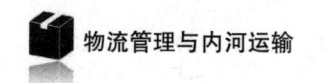

6. 全面落实税收政策支持内河航运绿色低碳发展

支持内河航运绿色低碳发展，全面落实政策是关键。遵循产业经济生态化、生态经济产业化的理念，在国家政策范围内，强化税收政策的产业导向功能，综合运用减税、免税、缓税、退税以及加速折旧、税前扣除、投资抵免等多种方式，充分发挥税收政策对产业结构的调节作用，引导资源、资金等生产要素合理流动，鼓励和支持内河航运向资源消耗低、环境污染少、经济效益好的方向发展，全面提升产业层次和综合竞争力，走科学发展、绿色低碳发展之路。

7. 强化税收宣传引导绿色低碳发展

进一步创新宣传形式，拓展宣传平台，强化税收政策促进内河航运绿色低碳发展的宣传、咨询和辅导力度，让内河航运相关企业及时了解和掌握有关税收优惠政策，从绿色低碳发展方面对内河航运相关企业进行税收引导。

第三节　内河运输绿色低碳发展的思路与实施路径

一、内河航运绿色低碳发展的时代要求

（一）推进生态文明建设要求交通运输实现绿色低碳发展

"五位一体"是中国特色社会主义事业的总体布局，其中包含了生态文明建设。推进生态文明建设，将其与经济建设、文化建设、政治建设以及社会建设相结合，以中华民族的永续发展为出发点，共同擘画美丽中国的宏伟蓝图。《生态文明体制改革总体方案》以及《关于加快推进生态文明建设的意见》是中共中央和国务院共同出台的，其中从整体上明确了生态文明建设的内容，要求同时发展信息化、工业化、农业现代化、城镇化以及绿色化，大力攻克生态文明建设领域的种种难题，既要实现绿色化的生产方式，又要实现绿色化的生活方式。《中华人民共和国国民经济和社会发展第十四个五年规划和2035年远景目标纲要》中明确指出，实现绿色发展，保证人与自然的和谐统一，以生态和绿色发展为前提，完成资源的全面节约、总量管理、循环利用以及科学配置，在快速发展经济的同时保护好生态环境。

在发展过程中，交通运输既属于资源消耗型行业，又属于污染排放型行业。在大力倡导绿色发展的前提下，交通运输行业既要对资源进行合理且充分的利用，

又要达到生态安全的要求，实现人与自然的和谐统一，进而保证该行业实现绿色低碳循环发展。在绿色化发展及生态文明建设的过程中，交通运输业绿色发展较之于其他行业覆盖面更广、系统性更强、辐射意义也更大，不仅覆盖交通运输全行业，而且涉及区域规划、装备制造、工程建设、科技创新、营运管理等诸多方面。交通运输的绿色发展是生态文明建设的重要基础性要素。因此，交通运输行业应不断完善自身的结构和制度，使用先进的技术，以实现资源的合理高效利用，在大力保护环境和生态系统的过程中，用交通运输的绿色发展来推动绿色化的经济发展，为国家生态文明建设提供强有力的支持。而在综合交通运输体系中，内河运输是不可缺少的一部分。它基本不会用到土地，与可持续发展的要求是非常相符的。内河运输可以节约资源，促进环境友好型社会的建设与发展，是低碳交通和经济的首选。在发展低碳经济的过程中，应不断完善内河运输的结构，使其得到快速发展。

站在省级的角度来说，应在地方区域贯彻落实建设美丽中国、促进生态文明建设、加快社会主义生态文明的步伐。具体来说，应大力发展低碳综合交通网络，降低道路交通产生的能源消耗，减少其温室气体排放；落实好"公交优先"的战略，积极发展和建设公共交通、城市轨道交通以及水上公共交通，建立健全智能交通服务体系。

（二）应对气候变化新目标要求交通运输实现绿色低碳发展

交通运输行业会对生态环境产生很大的影响，如交通设施会给沿线带来噪声污染，交通基础设施建设会破坏周围的生态环境，机动车尾气会污染大气，船舶溢油、污染物排放以及危险品运输泄漏等都会对环境造成污染。交通运输不仅是能源消耗型行业，还是大量排放温室气体的行业，我国已经作出承诺，我国的二氧化碳排放会在2030年达到峰值并努力早日实现该目标，因此，为了实现我国在2030年二氧化碳排放的目标，交通运输业需要在未来完成难度巨大的减排任务，除了要制定和实施更加有效的减排措施之外，还要尽可能地减少燃料消耗，完善用能结构，减少温室气体排放和污染物排放，加快绿色低碳化进程，有效支撑国家应对气候变化的战略，缓解能源供需矛盾。

（三）加快现代交通运输发展要求行业实现绿色低碳发展

近年来，交通运输部明确要求全行业必须以加快转变发展方式、发展现代交通运输业为主线，将努力建设资源节约型、环境友好型行业作为重要着力点，加

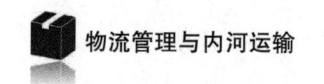

快建立以绿色低碳为特征的交通运输体系。绿色交通对于推进交通运输现代化具有引领作用，成为行业发展的重要抓手、"四个交通"战略的重要组成部分，是加快现代交通运输发展的本质要求和必然选择。

当今时代，绿色经济和低碳经济已经成为世界经济的发展主流，交通运输业要想在当下有更强的核心竞争力，就必须做到节能环保，这也是应对环境问题强有力的手段。经济全球化的快速发展以及我国经济水平的不断提升都给交通运输企业带来了巨大的压力，使其竞争越来越激烈，但企业的核心竞争力还是在于经营成本、可持续发展能力以及管理服务能力。因此，进一步加强交通运输节能减排能力，一方面可以减少企业的经营成本，使其获得更多的核心竞争力，另一方面能为交通运输构建一个绿色、和谐、低碳以及高效的环境，使其拥有更高的现代化水平，在实现可持续发展的同时承担更多的社会责任。为此，交通运输行业需要借助发展绿色交通和两型社会建设的有利契机，切实补短板、兜底线、发挥比较优势，提升和打造交通运输企业和全行业的绿色低碳竞争力。

（四）行业转型升级要求交通运输向绿色低碳纵深发展

伴随着工业化和城镇化进程的加速推进，交通运输发展仍将处于重要战略机遇期，各种交通运输方式的客货运输量必将快速增长，虽然交通运输能耗强度会有所下降，但是能源需求总量仍将持续增长，将给能源、资源与生态环境、社会管理造成巨大压力和冲击，依然繁重的交通运输发展任务与日益刚性的资源环境约束之间的矛盾将会愈加凸显。面对能源资源短缺、生态环境恶化所带来的严峻挑战，交通运输发展不可能再依托单纯扩充能力的粗放式发展方式，必须加快转变交通运输发展方式，把绿色低碳交通发展摆到更加突出的位置，强化交通运输行业节能减排和环境保护工作。交通运输行业要依靠结构调整、技术进步和制度创新，推进绿色低碳交通运输向更大范围、更深层次、更高要求发展，努力实现能源资源利用效率的显著提升和生态环境的持续改善。这既是交通运输行业破解能源、资源、环境约束，实现自身发展的需要，也是加快交通运输转型升级的重要途径，以及实现交通运输与资源环境和谐发展的应有之义。

二、内河航运绿色低碳发展的思路、基本目标与重点任务

（一）内河航运绿色低碳发展的总体思路

内河航运绿色低碳发展的总体思路如下。

①紧紧围绕国家"五位一体"总体布局和"四个全面"战略布局的要求，牢固树立"创新、协调、绿色、开放、共享"新发展理念，深入贯彻"绿水青山就是金山银山"的发展思路。

②以"绿色低碳、提高能效、控制排放、节约资源、保护环境"为主题，坚持生态优先、绿色低碳发展。以推进供给侧结构性改革为主线，围绕解决内河航运绿色低碳发展短板和内河港口功能转型拓展等重点领域的突出问题。

③以内河流域生态环境承载力为约束，以资源节约集约利用为导向，以生态内河航道、绿色低碳港口、绿色低碳船舶、绿色低碳运输组织方式为抓手，着力改善内河航运通航条件、推进内河航运转型升级、强化内河航运安全管理、完善内河航运绿色低碳发展的体制机制，促进航道、港口、船舶等内河航运要素协调发展。

④以供给侧结构性改革推进内河航运绿色低碳转型升级，提高内河航运供给体系的质量和效率，推动多模式内河航运运输服务体系绿色低碳发展，建设绿色生态内河航运基础设施，推广内河船舶及设施装备节能环保，发展集约高效内河航运运输组织模式，强化内河航运科技创新与信息化建设，夯实内河航运绿色低碳监管能力，努力推动形成绿色发展方式。促进航运绿色循环低碳发展，构建与现代化交通运输发展要求相适应的内河航运绿色低碳运输体系，打造具有区域带动力、国际影响力的绿色低碳内河航运业，为促进流域经济繁荣、社会和谐、生态良好提供有力支撑。

根据总体思路，内河航运发展的特色是"科学发展、绿色低碳、智慧安全"。

①科学发展。应统筹推进内河航运业协调发展，突出重点，补齐短板，优化运力结构，全面加快转变内河航运业发展方式，拓展内河航运业港航服务功能，提升内河航运业发展质量与效益，有序推进多模式的内河航运基础设施建设，统筹内河港口与区域经济、产业、城市等内河航运业生态链的协调发展，实现内河航运科学发展。

②绿色低碳。绿色低碳发展是内河航运发展的引领，源于生态文明、资源节约、环境友好、循环经济、节能减排、低碳经济的顶层发展理念，贯彻生态文明、节约资源和保护环境的基本国策。应按照"统筹、创新、绿色、低碳"的原则，加强生态环保，进一步集约利用内河航运资源、控制内河航运污染排放、保护生态环境，积极推进绿色低碳港航与生态航道建设，全力构建绿色循环、低碳环保的内河航运运输体系，实现内河航运业可持续发展。

③智慧安全。智慧港航是内河航运业创新发展的重点。应坚决贯彻创新驱动

发展，充分发挥智慧港航在促内河航运发展、转内河航运发展方式、调内河航运业结构中的主导作用，以实现"倍增"效率推进内河航运绿色低碳发展。应坚持安全发展理念，切实落实内河航运安全主体责任和监管责任，完善内河航运安全管理制度，将安全理念贯彻在内河航运各个环节、各个方面，积极推进平安港航和智慧港航建设，促进内河航运提质增效。

（二）内河航运绿色低碳发展的基本目标

内河航运绿色低碳发展的基本目标如下：建成低能耗、低污染、低排放和高效能、高效率、高效益的航道网络有效衔接、港口布局科学合理、船舶装备节能环保、航运资源节约利用、运输组织先进高效的绿色低碳内河航运体系，内河航运基础设施更加绿色生态，内河航运船舶及装备更加节能环保，内河航运运输组织模式更加集约高效，内河航运信息化、智能化水平不断提高，内河航运绿色低碳管理能力大幅增强，内河航运科学发展、生态发展、安全发展、集约发展的良好态势基本形成，在综合运输体系中的作用进一步提升，生态内河航道、绿色低碳内河港口、绿色低碳内河船舶和绿色低碳运输组织方式等重点领域进展显著，促进内河航运与生态环境协调发展。该目标着重体现为以下几个方面。

①行业生态保护取得明显成效。航运基础设施生态友好程度明显提升，符合生态红线要求。建成一批生态内河航道、绿色低碳内河港口示范工程。

②行业污染物排放得到全面有效控制。船舶污染物全部接收或按规定处置；内河水域船舶硫氧化物、氮氧化物、颗粒物明显下降，船舶使用能源中液化天然气占比显著增长，新建煤炭、矿石码头堆场100%建设防风抑尘等设施，内河港口的港作船舶、公务船舶靠泊使用岸电，主要港口和排放控制区内的集装箱、客滚船、邮轮、3000吨级以上客运和干散货专业化泊位具备向船舶供应岸电的能力。

③节约集约利用水平显著提高。港口单位岸线通过能力增长明显，营运船舶单位运输周转量能耗和港口生产单位吞吐量综合能耗显著下降。内河船舶船型标准化，平均吨位显著增加，运输组织效率明显提升。

（三）内河航运绿色低碳发展的重点任务

1. 加快内河生态航道建设

（1）完善内河航道发展规划

积极落实国家战略要求，贯彻新型城镇化建设、产业布局调整、生态绿色低碳发展以及综合交通运输体系发展的新要求，按照水资源综合利用的原则，完善内河生态航道规划。从满足内河航运长远发展和资源保护需要出发，科学确定航道等级，统筹通航建筑物、跨江通道等建设标准，实现内河航运可持续发展。

（2）推进生态航道建设

注重把生态环保理念和要求贯穿于航道规划、建设、管理、养护的全过程，注重航道建设与周围景观、建筑物的协调。实施生态航道建设示范工程，积极推广植物、植被型生态混凝土等生态护岸（坡）技术，保护水生态。研究和倡导使用环保型疏浚设备与工艺，提高航道疏浚土综合利用水平。

（3）优化内河高等级航道

完善内河高等级航道网，实施"加密、提级"工程，逐步推进碍航桥梁改造，全面提升内河航运干线通过能力，全面提升内河航道等级，提升内河船闸通行效率，进一步提高干线枢纽通过能力，提高内河港口的内河集疏运能力。

（4）加强通航建筑物管理

引导和支持梯级枢纽通航建筑物统一运行管理，推进梯级枢纽通航建筑物联合调度，加强与水利、电力部门梯级枢纽水量调度协调。制定水系统一的通航建筑物运行规则和服务标准，强化服务质量监督考核。加强通航建筑物保养维修，保障船舶通航畅通安全。

（5）提升航道保障服务能力

积极争取地方政府落实航道养护经费。进一步完善航道养护技术、管理、服务标准体系，加大航道资源保护力度，提高航道养护专业化、标准化、规范化水平。完善航标配布设置，及时发布航道图。积极推进航标遥测遥控、电子航道图、数字航道建设。加快建立综合信息服务平台，完善航道公共服务信息发布机制。

2. 加快结构调整，推进内河航运创新发展

坚持"强主体、优管理、促服务"，加快航运要素优化与结构调整，完善统一开放、竞争有序的内河航运市场。

（1）推进运力结构调整

继续推进内河船型标准化工作，完善标准船型系列，加快标准船舶建设。综合运用法律、经济、技术、行政等措施，加快淘汰老旧船舶，引导支持建造节能、环保、高效的新船型，发展集装箱、滚装等专业化船舶。严格客船、液货危险品船舶运输市场准入管理，促进内河航运运输市场有序竞争。加强运力市场供需信息发布。

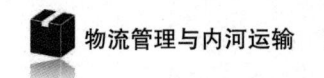

（2）引导内河航运企业规模化和集约化发展

继续推进统一开放、竞争有序的内河航运市场建设，强化内河航运市场监管，完善信用体系，促进内河航运企业公平竞争。支持内河航运企业做精做强主业，创新技术、管理与商业模式，促进集约化发展。加强内河航运企业间的合作，引导内河航运企业与货主、港口、物流企业的联合，延长产业链，增强内河航运行业服务能力。

（3）强化内河航运船员队伍建设

完善内河船员培训、考试、发证制度，强化船员实际操作能力培训，提高船员业务技能和综合素质。

3. 推进内河航运绿色低碳发展

坚持"法规推动、政策拉动、技术驱动、示范带动"，推进内河港口绿色低碳发展。推广船舶使用清洁能源和大宗散货陆转水绿色低碳运输。鼓励港口企业应用清洁能源，建设靠港船舶岸电系统，继续推进港口"油改电"，推行能效管理。加强港口环境监测，建立监测、检测、考核机制。推动建设港口的船舶废水、固体垃圾接收设施，并对接城市垃圾收集、转运、处置系统。做好原油、成品油、码头油气回收试点及推广工作。加强港口粉尘、噪声污染防治。推广应用节能、节水、环境保护等新产品、新技术、新工艺。

（1）加快内河船舶污染物接收处置体系建设

统筹规划、协调推进内河港口、码头企业加快船舶油污水、洗舱水、生活污水和垃圾等污染物接收、转运和处置设施建设，在有条件的船舶锚泊服务区、船舶签证点，设立公共船舶垃圾接收点、船舶油污水接收点，提高污染物接收处置能力。

港航管理部门应加强船舶垃圾接收点、船舶油污水回收点检查，现有港口、码头要完成船舶垃圾接收等相关功能的配套设施改造建设，满足环保标准要求，督促设立必要的船舶垃圾接收点、船舶油污水接收点。加快建立健全船舶污染物收集接收处理和运营管理机制。

（2）研究推进内河港口（港区）和内河船舶污染物排放控制

整合现有内河港口岸线资源。配合相关部门对规模小、污染重的内河码头作业点实施搬迁、改造、拆除，实现内河港口的规模化、集约化、现代化。矿区码头要根据装卸货物的种类，针对性地逐步建立陆域前沿挡水装置、堆场喷淋除尘设施，建设码头货场污水收集、沉淀设施。加强内河船舶与港口污染事故应急处置水平。

开展内河船舶大气污染物排放控制研究,有序推进内河船舶大气污染物控制。研究推广内河船舶使用低硫油、废气处理技术及装备,加快推进内河港口、码头船舶岸电设施建设,推广靠港船舶使用岸电等技术应用,推广港口机械"油改电"技术和节能运行控制技术。加强内河船舶污染防治研究。开展船舶节能减排技术及管理机制研究,提升船舶发动机及减排设备技术水平。

（3）加快推进内河船舶标准化,推进船舶结构调整

采取政府引导、企业为主的方式,以经济鼓励政策和提高船舶技术标准为手段,改造、配备相应的防油污、防垃圾污染设施（设备）,并取得相应的船舶检验证书。加快现有非标准船舶、老旧船舶的环保设施更新改造,对达不到要求的船舶,船检机构不予检验发证,海事管理机构不予办理船舶进出港签证。依法强制报废超过使用年限的船舶。积极推广使用标准船型,鼓励节能环保船舶建造,加快淘汰老旧落后船舶,规范拆船行为,严格限制新建不达标船舶进入运输市场,建立健全船型标准化工作协调机制。

（4）推广内河船舶使用清洁能源

完善技术标准规范和扶持政策,积极引导船舶使用清洁能源,推广应用污染物排放控制和监测技术。通过试点示范,积极推动船舶使用岸电技术、水上应用液化天然气,做好有关配套设施规划布局和建设。推进液化天然气等清洁能源在内河航运中的应用,加快内河船舶液化天然气燃料加注码头布局规划,加快推进液化天然气加注站及配套设施建设,积极推广内河液化天然气等新能源船舶。积极开展太阳能、风能等清洁能源以及低硫油的应用研究和推广工作,严格执行国家和地区船舶排放控制标准。

（5）推动大宗货物陆转水运输

发挥内河航运低碳、环保、节能的比较优势,加大水运基础设施建设力度,鼓励地方出台引导政策,吸引大宗货物陆转水运输,推动交通运输绿色发展。

4.加强智慧安全港航管理

坚持"完善法规制度、落实主体责任、强化监督管理、提升保障能力",完善安全责任体系和预防控制体系,建设"智慧平安港航"。

（1）加强内河航运运输监管

严格落实危险货物港口作业和船舶报告制度,加强港航监管,改善通航秩序,严格查处危险货物瞒报、谎报和匿报,以及超等级、超品类、超数量靠泊作业的行为。加快运用船舶综合监管系统、AIS、GPS等信息化手段,强化内河航运信息化。

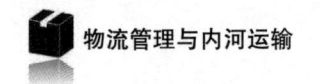

（2）落实安全责任

落实港航企业安全生产主体责任，依法依规从事安全生产活动，加强人员教育培训，落实保障资金，推进安全生产标准化建设，深入开展危险货物运输及作业安全治理。落实部门安全生产监督管理责任，制定权责清单，加强对危险品船和港口危险货物作业场所的安全监管，强化渡运安全管理。

（3）完善预防控制

着力构建安全风险分级管控和隐患排查治理双重预防性工作机制，重点强化客船、危险品船运输和港口危险货物作业的风险管理。落实安全生产监督检查各项要求，及时发现处置违规行为。完善社会监督机制。

（4）加强水上应急救助能力建设

推进实施水上巡航救助一体化，完善救助组织、指挥与协调机制，建立健全水上搜救区域合作机制，加强预案衔接。合理布局内河水上应急救助力量，加快水上应急救助队伍和志愿者队伍建设。

（5）加强内河航运保障能力建设

加大信息化建设投入，实现信息化系统对内河航运的全覆盖。建立健全安全信息播发系统，逐步构建布局合理、层次分明、功能完善、性能可靠的综合内河航运保障体系。

（6）强化污染物排放监测和监管

加强开展干散货码头粉尘污染治理，加强港口作业、施工扬尘监管，开展干散货码头粉尘专项治理，全面推进煤炭、矿石码头防风抑尘设施配备。加快内河航运运输环境监测网络建设，加强对船舶发动机、船舶污染排放设施设备、船用燃料油质量的监督检查。

（7）将绿色生态理念融入航道规划、建设、管理、养护全过程

利用"互联网＋航道"等信息化手段提升航道管理智能化水平和公共服务能力，协同推进航道信息化建设与船舶污染物接收处置设施建设。

5. 设立内河水运转型发展示范区

积极构建立体化综合交通网络体系，加快推进河海联运发展，加快内河港口优势的转化，并在内河航运创新发展的各项政策和举措上先行先试，对落实国家区域战略、助推区域经济发展具有重要意义。因此，有必要通过设立内河航运转型发展示范区，探索可复制、可推广的成果经验，带动更广大范围的内河水运城

市实现复兴崛起。另外，设立"内河水运转型发展示范区"正是体现了创新发展、协调发展、绿色发展、开放发展、共享发展的五大理念，是在保护的前提下走集约发展、低碳发展的道路。

三、内河航运绿色低碳发展的实施路径

（一）完善内河航运绿色低碳发展规划

优化内河港口和内河航道规划布局。加快形成内河航运干支衔接、互联互通的内河高等级航道网，进一步优化内河港口布局和功能分工。完善主要内河港口总体规划，统筹内河港口岸线与其他岸线利用需求，合理确定内河港口岸线开发规模与开发强度。强化内河港口和航道规划与区域规划、城市规划等的衔接与融合，综合利用过江通道资源。加快制定实施绿色航运发展专项规划。加快出台内河港口岸电布局方案，研究制定内河化学品洗舱基地布局规划等专项规划，加快推进危险化学品锚地建设。

（二）建设生态友好的绿色低碳内河航运基础设施

1. 推进生态内河航道建设

优先采用生态影响较小的航道整治技术与施工工艺，积极推广生态友好型新材料、新结构在内河航道工程中的应用，加强疏浚土等资源综合利用。在航电枢纽建设和运营中采取修建过鱼设施、营造生态环境和优化运营调度等生态环保措施。推动开展造成显著生态影响的已建航道工程与航电枢纽工程生态修复。加强航道水深测量和信息发布，充分利用内河航道水深资源，引导船舶进行科学配载。建设智能化、绿色化水上服务区。

2. 开展绿色低碳港口创建

完善多模式的内河港口集疏运体系，打通内河港口集疏运"最后一公里"。完善绿色低碳港口创建制度，深入开展内河港口绿色低碳等级评价，高标准建设新建绿色低碳码头，因地制宜制定老旧码头的升级改造方案，鼓励有条件的港区或港口整体创建绿色低碳港区（港口）。推进内河港口和船舶污染物接收设施建设，做好与城市公共转运、处理设施的衔接，促进内河港口环保设施高效稳定运营，确保污染物得到合规处理。全面推进内河港口既有煤炭、矿石码头堆场建设防风抑尘等设施。

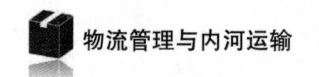

（三）推广绿色低碳的航运技术装备

1. 持续提升内河船舶节能环保水平

严格执行内河船舶强制报废制度，加快淘汰高污染、高耗能的客船、老旧运输船舶、单壳油轮和单壳化学品船。深入推进内河船型标准化，调整完善内河运输船舶标准船型指标，加快推广江海直达船型和节能环保船型，开展内河集装箱（滚装）经济性、高能效船型、船舶电力推进系统等研发与推广应用。进入内河的国际航线船舶加装压载水处理装置或者其他等效设施。鼓励船舶改造油气收集系统，加装尾气污染治理装备。鼓励内河船舶安装生活污水收集存储或收集处理装置。加快推进清洁能源船舶开发应用，完善船舶能效管理体系。

2. 强化内河港口机械设备节能与清洁能源利用

加强内河港口节能环保技术改造，加快淘汰能耗高、污染重、技术落后的设备，积极推广清洁能源和可再生能源在机械设备和港口生产生活中的应用。提高码头前沿装卸设备、水平运输车辆、堆场装卸机械等关键设备的自动化水平，进一步提升内河港口装卸作业效率。开展智慧港口示范工程建设，优化内河港口物流流程和生产组织，促进内河港口物流服务网络化、无纸化和智能化。

（四）创新节能高效的绿色低碳内河航运组织体系

大力发展绿色低碳运输组织方式，优化物流通道布局，优先发展干散货、集装箱江海直达运输，鼓励内贸适箱货物集装箱化，促进江海联运和水运中转。进一步提升运输组织效率。利用移动互联、大数据、云计算等先进技术，积极推进"互联网＋"水运融合发展。加快建设数字航道。优化船闸调度运行管理，推动梯级船闸联合调度，完善运行调度机制，进一步提升船舶过闸效率。

（五）提升绿色航运治理能力

1. 加强港口资源节约集约利用

严格内河港口岸线管理，探索建立内河港口岸线资源有偿使用制度。积极引导小、散、乱码头集中布置，鼓励企业专用码头社会化经营管理，促进规模化公用港区（码头）建设。开展非法码头专项整治工作，推动依法取缔安全隐患大、环境影响突出、非法建设的码头和装卸点。开展船舶水上过驳非法作业治理，禁止和取缔内河危险品水上非法过驳作业。

2.加强船舶污染防治和节能环保监管

加强防污染设施建设和污染物排放的监督检查,坚决制止和纠正违法违规行为,加大对违规企业的惩处力度。严格实施船舶与港口污染防治专项行动实施方案,推动建立港口和船舶污染物排放的部门间联合监管机制。加强船用燃油联合监管,严格落实内河和江海直达船舶使用合规普通柴油、船舶排放控制区低硫燃油使用的相关要求。加强水运基础设施和船舶的能耗监测。坚持问题导向,全面排查船舶污染风险隐患。紧抓船舶航行与作业安全,加强风险防控。坚持系统治理,建立与完善船舶污染"防、治、赔"的综合治理机制。加强化学品洗舱作业专项治理。按照危险化学品洗舱基地布局,积极推进化学品洗舱基地建设。全面开展化学品洗舱水治理,进一步规范和强化化学品洗舱基地和洗舱作业管理。引导建立危险化学品洗舱基地和配套设施建设产业基金,鼓励社会资本投资建设和运营管理危险化学品洗舱基地。

3.大力推广靠港船舶使用岸电

完善船舶检验法规和建造规范,积极推进新建船舶建设岸电受电设施,鼓励既有集装箱船、客滚船等客船改造岸电受电设施。新建码头必须建设岸电设施,引导现有码头增加或改建岸电设施。推进水上服务区、待闸锚地等船舶密集区建设岸电设施。完善岸电供售电机制,健全船舶使用岸电的激励机制,积极推进靠泊船舶优先使用岸电。

4.强化危险化学品运输安全治理

积极推进危险化学品运输安全保障体系建设,加快推进水源保护区和自然保护区内的危险化学品码头搬迁工作。建立内河禁运危险化学品遴选标准。严格危险化学品运输市场准入,实施企业分类分级管理。严格执行内河单壳油船、单壳化学品船禁航相关规定,加强危险品运输船舶安全监管。完善危险化学品水路运输企业信息库,建立危险化学品运输动态监管信息共享平台,推进共享危险化学品运输相关信息。结合危险化学品运输规模和码头布局,强化水上溢油及危险化学品泄漏事故应急处置能力建设。

(六)加快内河航运绿色低碳发展的法治体系建设

1.加快内河航运绿色发展的法规建设

加强法规标准制修订工作,按照法律法规的新要求,制修订绿色航运发展相关的规章制度。研究制定内河航道生态建设技术导则，完善绿色低碳内河港口评价标准。完善内河船舶建造规范和检验法规，研究制定绿色低碳内河航运发展综合示范区评价体系。加快内河船舶与港口污染防治相关法规、标准、规范的制定和修改。按照国家污染防治总体要求，完善相关管理制度，强化标准约束。研究出台促进内河航运绿色发展的条例，清理修订与内河航运绿色发展相冲突或不利于内河航运绿色发展的地方性法规、规章和规范性文件。通过健全法律法规体系，促进绿色发展、资源节约和环境保护，将内河航运绿色发展纳入法制化轨道。

2. 严格内河航运绿色发展的执法监管

坚持依法行政，加大对内河航运中环境违法行为的监督和处罚力度。实现内河环境的"刚性制度、铁腕执法"，严厉打击污染环境、浪费资源、破坏生态等违法犯罪行为。加强部门协调与协作，建立健全港航、海事、环保等多部门联合执法机制。

（七）建立内河航运绿色低碳发展调节机制

1. 健全多元化投入机制

强化政府投入对内河航运绿色发展的引导作用。整合内河航运绿色发展的相关专项资金，发挥财政资金使用效率，重点支持内河航运绿色转型发展、节能减排、污染防治、生态保护和环境基础设施建设等。积极利用市场机制，支持民间资本广泛参与内河航运绿色发展，形成政府引导、市场运作、社会参与的多元化投资机制。

2. 推进内河航运绿色发展税费改革

建立污染物排放许可有偿使用和交易制度，推进排污权有偿使用和交易试点工作。探索建立碳排放权配额管理制度，开展碳排放交易试点，建立区域碳排放交易系统，加强碳排放总量控制。实行差别化排污收费政策，全面推行企业生态环境行为评级制度，实施有差别的信贷政策。

（八）建立内河航运绿色低碳发展考评机制

1. 建立科学决策制度体系

积极推进政策环评、战略环评与规划环评，建立生态环境与发展综合决策机制。在岸线规划、资源开发利用、产业布局、土地开发等重大决策过程中，优先考虑生态环境影响和生态效益，对可能产生重大生态环境影响的事项，行使环保"一票否决"，避免出现重大决策失误。

2. 建立内河航运绿色发展考评体系

完善干部政绩考核体系，将资源消耗、环境损害和生态效益纳入内河航运绿色发展评价体系，体现科学发展、绿色生态发展的要求和导向，根据区域发展现状和生态环境特点，实行绿色发展考核政策。

3. 完善环境责任追究制度

将生态环境保护和生态建设指标层层分解到各部门，落实到重点单位，确保约束性指标落实到位。将环境保护与干部选拔重用相挂钩，对重视绿色环保建设、生态环境保护工作取得成效的领导干部予以提拔重用。

（九）加强绿色内河航运文化体系建设

1. 建立全方位的绿色内河航运文化体系

健全绿色内河航运文化网络，拓宽绿色内河航运文化渠道，深入推进绿色内河航运文化进机关、进学校、进企业，深入开展绿色内河航运文化主题教育实践活动。创新绿色内河航运文化宣传的形式，扩大绿色内河航运文化宣传展示基地。

2. 积极引导参与绿色内河航运创建

充分调动各部门、内河航运企业、内河船舶和船员在绿色内河航运建设中的主体作用，广泛开展绿色内河航运文化公益活动和创建活动。积极推动绿色内河航运示范工程、绿色企业和绿色船舶等绿色创建活动。

（十）建立绿色内河航运科技支撑体系

1. 加大科技攻关和推广应用

加强绿色技术、材料、工艺在航运领域的转化应用，制定发布绿色航运技术和产品推广目录，优先支持重点节能环保技术和产品的推广应用。鼓励企业加大科技攻关力度和资金投入，开展船舶尾气后处理、液化天然气柴油双燃料动力设备、过鱼设施等重大装备与关键技术研发。

2. 加快绿色科技研究开发

针对内河航运绿色发展的现实紧迫要求，积极开展基础研究、关键技术研究和管理类技术研究，力求在环保、节能减排、污染防治等重点领域关键技术上取

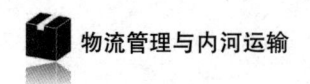

得突破，加强地方环境标准、污染成因及机理、预警及防控、环境管理政策等技术研究。

3. 推广应用绿色科技成果

发挥高校、科研机构、企业等多重主体的协同作用，促进产学研用协同创新相结合，建立集绿色科技研发、集成应用、成果产业化、产品商品化于一体的绿色科技产业链。推动科技成果转化，加快绿色科技在污染治理、低碳循环、环境监测预警等领域的应用推广。

4. 营造绿色科技创新环境

加强和提升企业绿色科技创新能力，培育和发展绿色技术市场，引进和集聚创新要素。优化人才发展环境，大力培养和引进绿色产业发展急需的领军型创业创新人才，以及各类高技能人才和经营管理人才。创建环境保护重点实验室。建立科技成果的绿色评价体系，加快发展节能环保产业。

结 束 语

随着我国经济的不断发展，我国运输行业也充满了活力。在过去的10年中，我国现代物流业的发展取得了巨大进步，如今已成为国民经济的新支柱产业。现代物流和交通运输的发展是相辅相成的。现代物流作为交通运输的核心部分，在促进国民经济发展中起着关键性的推动作用。而内河运输是综合运输网中重要的组成部分，为社会经济发展有着巨大的贡献。内河航运绿色低碳发展是生态文明建设的重要基础性要素，加快推进内河航运绿色低碳发展也是贯彻落实"创新、协调、绿色、开放、共享"发展理念的重要体现。促进内河航运的绿色发展、低碳发展、循环发展，努力实现我国内河航运发展与生态环境改善的共赢目标，对促进我国社会经济全面深化改革、实现转型发展具有重大意义。

参考文献

［1］计国君，蔡远游.物流管理［M］.厦门：厦门大学出版社，2012.

［2］王欣兰，孙丹，李相林.现代物流管理概论（第3版）［M］.北京：北京交通大学出版社，2018.

［3］张倩，张世宁.物流管理［M］.郑州：河南大学出版社，2014.

［4］赵亚鹏.内河航运绿色低碳发展机理、测度与政策研究［M］.北京：经济科学出版社，2018.

［5］卜聃，柯赟.关于内河航运绿色低碳发展建议［J］.中国水运，2022（3）：16-17.

［6］蔡芝.综合运输体系下内河铁水联运发展机制和运营方式探究［J］.现代商业，2020（16）：142.

［7］陈志飚.内河集装箱运输的绑扎系固现状与改进［J］.航海技术，2013（1）：29-32.

［8］方芳.内河运输发展之研究［J］.交通运输工程学报，2001，1（1）：45-48.

［9］付芳，周万洋.仓储密集区域物流配送点储位分配优化仿真［J］.计算机仿真，2022，39（2）：83-87.

［10］甘少炜，徐建勇，张良力.内河运输危险化学品船舶应急处置信息系统开发［J］.船海工程，2010，39（4）：108-109.

［11］高处，彭亚康，王志超，等.内河汽车运输船结构强度直接计算［J］.船海工程，2019，48（4）：29-33.

［12］龚月琴，雷勋平.我国物流产业与信息产业协调发展评价及障碍因子诊断［J］.物流技术，2022，41（2）：12-19.

［13］韩京伟.低碳经济时代的内河运输发展对策［J］.综合运输，2010（5）：19.

[14] 韩丽萍, 李明达, 刘炯. 中国物流业碳排放影响因素及产业关联研究[J]. 北京交通大学学报, 2022, 21 (1): 86-93.

[15] 贺登才. 现代物流发展的新方式及其路径: 基于《"十四五"规划和2035年远景目标纲要》[J]. 北京交通大学学报, 2022, 21 (1): 18-23.

[16] 黄勇, 高捷. 内河班轮运输的航线设置优化[J]. 水运工程, 2006 (12): 38-40.

[17] 蒋惠园, 王皓. 基于熵权法的内河运输供给评价研究[J]. 水运工程, 2008 (6): 1-6.

[18] 蒋锦华. 现代物流业与交通运输经济协调发展分析[J]. 中国商论, 2022 (1): 72-74.

[19] 李巍, 张娇凤. 新时代江苏内河航运高质量发展路径与对策[J]. 中国水运, 2022, 22 (2): 17-19.

[20] 李学斌. 发展内河集装箱运输的政府功能定位[J]. 水运工程, 2009 (6): 1-3.

[21] 李跃旗. 欧洲集装箱内河运输经验借鉴[J]. 中国航海, 2007 (1): 89-92.

[22] 李振福, 刘诗炎, 徐梦俏. 中国集装箱内河运输网络的结构脆弱性研究[J]. 地域研究与开发, 2018, 37 (3): 11-16.

[23] 刘志强, 温颖, 卢崇煜. 政府间转移支付、物流专业化与企业出口行为[J]. 南方经济, 2022 (3): 74-95.

[24] 吕微, 巩玲俐. 中国物流发展与农业产业化的灰色关联度分析[J]. 湖北农业科学, 2022, 61 (2): 5-9.

[25] 马聚波. 物流运输合理化研究[J]. 知识经济, 2014 (13): 115.

[26] 何凡. 智能仓储管理系统的设计与实现[D]. 西安: 西安电子科技大学, 2019: 12-36.

[27] 李伟. SDDQ公司智能仓储管理系统优化研究[D]. 株洲: 湖南工业大学, 2021: 12-47.